BEGINNING ·
SLOVAK

A COURSE FOR THE INDIVIDUAL
OR CLASSROOM LEARNER

by

OSCAR E. SWAN
and
SYLVIA GÁLOVÁ-LORINC

Slavica publishes a wide variety of scholarly books and textbooks on the languages, peoples, literatures, cultures, history, etc. of the USSR and Eastern Europe. For a complete catalog of books and journals from Slavica, with prices and ordering information, write to:

Slavica Publishers, Inc.
PO Box 14388
Columbus, Ohio 43214

ISBN: 0-89357-214-4.

All statements of fact and opinion are those of the authors, and may or may not agree with those of the publisher, which takes no responsibility for them.

Printed in the United States of America.

TABLE OF CONTENTS

(šťastný etc.); Negating an Adjective with ne-; Names of Relations (otec, matka, etc.); Persons (osoba, človek, etc); Personal Pronouns (ja, ty, on, ona, ono, my, vy, oni, ony); Possessive Pronouns (môj, tvoj, jeho, jej, náš, váš, ich, čí); Verbs Followed by an Infinitive (budem, musieť, chcieť, mať, môcť, smieť); "Verbals" Followed by an Infinitive (možno, treba); Expression of Prohibition with nesmie sa; Expressing Opinions (podľa mňa, etc.)

IV. ŠTVRTÁ LEKCIA: Konverzácia:

Gramatika: The Instrumental Case of Personal Pronouns; The Verb báť sa be afraid; Reflexive Verbs; Third Person Pl. Pronouns oni and ony; Plural of Adjectives; The Past Tense (Introduction); Present, Past, and Future of byť to be; Time Expressions (včera, dnes, etc.); Days of the Week (pondelok, utorok, etc.); Day (deň), Night (noc), Week (týždeň), Month (mesiac), Hour (hodina), Minute (minúta), Second (sekunda), Year (rok); The Expression o tri dni in three days; "All Day" (celý deň) "Every Day" (každý deň); Numbers 1, 2, 3, 4 (jeden, dva, tri, štyri); Perfective Verbs; Imperfective Verbs; The Expression of Contingency (ak... tak...; keď; akonáhle; lenčo); "Alone," "By Oneself" (sám).

anglicky, etc.); Language Names (angličtina, etc.); Scientific and Professional Names (chémia, chemik, chemička, etc.); Indefinite Pronouns, Adverbs, and Adjectives (niekto, dakto, ktokoľvek, etc.); The Comparative and Superlative Adverb (dobre, lepšie, najlepšie, etc.).; Verbs of the niesť nesiem nesú *carry* Type; Expressing "prefer" with radšej

ÔSMA LEKCIA: Konverzácia:

Gramatika: Locative Case After Prepositions (v, na, o, pri, po); Locative Sg. of Feminine Nouns and Adjectives; Locative Sg. of Masculine Nonpersonal and Neuter Nouns and Adjectives; Locative Singular of Masculine Personal Nouns; Locative Plural of Nouns and Adjectives; Locative Case of Personal Pronouns; The Use of v, na, po, o Plus the Accusative; The Negative Polarity Item žiaden žiadna žiadne; "Each," "Every," "All," "Everything" (všetok všetka všetko; každý); Imperfective-Perfective Verb Pairs; Sequence of Tenses in Reported Speech; Some Slovak Towns (Banská Bystrica, Bratislava, etc.); Some Liquids (voda, džús, etc.); Colors (čierny, biely, etc.); More Adjective Opposites (mŕtvy : živý, etc.); Containers (pohár, fľaša, etc.) 218

the Verb; Verbs of Liking (**mať rád, páčiť sa, ľúbiť, tešiť sa, chutiť**); The Verbs "Feel" (**cítiť (sa)**, "Please" (**tešiť (sa)**)); The Factual Connective (**to**, etc.); Food Items (Sweets (**torta**, etc.), Beverages (**pivo**, etc.), Fruits (**jablko**, etc.), Vegetables (**fazuľa**, etc.), Seafood (**pstruh**, etc.), Meat (**mäso**, etc.), Side Dishes (**halušky**, etc.) . 277

JEDENÁSTA LEKCIA: Konverzácia:
Gramatika: The Genitive Case of Nouns and Adjectives; Uses of the Genitive; Genitive of Possession; The Genitive After Prepositions (**do, od, bez, okrem, u, z, podľa**); Genitive after Verbs; Genitive After Negative Existentials (**niet, nebyť, nebolo by**); Formation of Genitive Singular of Nouns; Genitive Singular of Adjectives and Adjectival Pronouns; Summary Chart of Genitive Sg. Endings; Genitive Case of Personal Pronouns; Personal Possessive Adjectives (**bratov, sestrin,** etc.) 314

DVANÁSTA LEKCIA: Konverzácia:

TRINÁSTA LEKCIA: Konverzácia:

Gramatika: Past Tense of the Verb (Summary);
The Placement of the Past Auxiliary and the
Reflexive Particle; Meanings of the Past Tense; The
Aspect Choice in Past Frequentative Situations;
The Conditional Mood; Perfective-Imperfective
Verb Pairs; Expressing Clock Time; Travel
Expressions (chytiť, meškať, na čas); Sports
(basketbol, etc.); Compass Directions (sever, juh,
východ, západ); Continents and Countries. . .384

ŠTRNÁSTA LEKCIA: Konverzácia:
Gramatika: The Dative Case of Nouns and
Adjectives; The Dative After Certain Adjectives
(poslušný, vďačný, podobný, rovnaký); The
Declension of Masculine Personal Nouns in -a
(turista); Complete Declension of Numerals;
Collective Numerals, Fractions; Reified Numerals;
Adverbialized Numerals in -krát; Plural-Only
Nouns; Indefinite Quantifiers; Expressing "One
Another" (jeden druhého, etc.); Using Pronominal
Adjectives with Numerals; The Expression of
Calendar Years; Adverbs of Peripheral Location

INTRODUCTION

This book is intended for the first year of Slovak language study at the college level. Primarily designed for a course that meets three or four times per week, **Beginning Slovak** is suitable for home study when used in combination with accompanying tapes. Computer drills are also being developed for use with this textbook.

Each lesson, designed to be covered in approximately two weeks of study, consists of dialogues, grammatical commentary, vocabulary, exercises, sentences for translation, and a reading. Lessons are focussed on specific practical-use areas: greetings, family and home life, work, study, shopping, meals, and so on. Although conversations and readings are set in contemporary Slovakia, situations are chosen for their generality, their ability to apply to life in both Slovakia and the United States.

Grammar is presented matter-of-factly and ex-plicitly, on a level adequate for understanding and making creative use of the conversations and readings. The order of presentation follows the order in which the grammatical topics arise naturally out of the textual material.

The language in this book is modeled on the col-loquial speech of younger educated speakers res-iding in present-day Slovakia. The student who masters the material of this book will be able to read, understand, and communicate with people in Slovakia in informal situations, and partici-pate successfully in summer-study programs at Slovak universities.

The study of Slovak opens access to a remarkable people, culture, and country – only truly possible through knowing the language. **Veľa šťastia!** *(good luck)*.

THE SLOVAK LANGUAGE

Slovak is spoken by approximately five million residents of Slovakia (Slovensko), occupying the eastern half of the territory of Czechoslovakia (official name: Česká a Slovenská federatívna republika), and by at least a third as many Slovaks living outside the country. Although most closely related to Czech out of the other Slavic languages, Slovak is a separate language with a distinct grammar, vocabulary, and cultural heritage.

Slovaks have lived in their present territory since at least the 5th or 6th century A.D. Written records exist reflecting a 9th century Slavic dialect from Moravia, an area just to the west of Slovakia, close to the Slovak of the time. While the influence of Latin, Hungarian, and Czech on the Slovak lexicon has been pronounced at various times over the centuries, modern Slovak is of special interest to Slavists precisely because of its preservation of many archaic linguistic features. The exceedingly rich Slovak folk heritage, preserved in songs, tales, textiles, costumes, woodcrafts, and other traditions, is of special interest to folklorists and ethnographers.

Present-day Slovak is divided into the Western, Central, and Eastern dialects. A standard literary language, based on the Central dialects, was cultivated as a medium of literary and journalistic expression beginning from the early part of the 19th century. Today Slovak ranks as a national literary language, cultivated and used for all purposes - artistic, educational, commercial, and practical. It has been the official national language of Slovakia since 1918.

The United States and Canada are home to what are estimated to be from one to three million people of Slovak ancestry. The precise figure is difficult to determine among other reasons because of the shifting national boundaries of the territories from which the Slovaks emigrated. The most sizable emigrations, prompted by the poor economic situation in the countryside, took place in the latter part of the 19th and the early part of the 20th centuries, when the territory of present-day Slovakia was under the rule of Austro-Hungary. Of course, emigration from Slovakia continues, in reduced numbers, to the present day. Although the Slovaks of the United States and Canada have been quick to join the mainstream of American life and culture, Slovaks are nevertheless remarkable for their preservation of their sense of ethnic identity - a fact due in part to the activities of the many Slovak fraternal, benevolent, social, and cultural organizations.

Many Americans of Slovak ancestry - often in the third or fourth generation away from the "old country" - are interested in learning about the language and culture of their heritage. Travel to Slovakia, where many families still have close ties, is becoming more frequent, as is participation in summer or year-long study programs in Slovakia. It is the aim of the

authors of the present textbook to make the
process of learning more about the language and
culture of Slovakia, for whatever purposes,
enjoyable and rewarding - for students of all
ages.

ACKNOWLEDGEMENTS

This work, having as its primary purpose the
furtherance of Slovak studies in the United
States and Canada, was undertaken by the
authors on their own initiative, without the
financial support of any organization or institu-
tion. Of the two authors, Oscar Swan was
primarily responsible for: the overall format
and order of presentation of topics; the content
of the conversations; the grammatical
descriptions; the exercises; the glossary; the
index; photographs and other illustrative
material; the majority of the typing and layout.
Sylvia Gálová-Lorinc wrote the readings for
lessons 1-9 and the questions to both readings
and conversations, and supplied vocabulary for
many of the exercises. Ms. Gálová-Lorinc is also
generally responsible for the grammatical and
stylistic accuracy of all texts. Importantly, Ms.
Gálová-Lorinc taught from successive versions of
the textbook over the course of three years,
thus ensuring the suitability of the textbook's
use in the American college environment. The
Slovak texts have been read by various persons,
most important of whom are the following:
Štefan Baštin, Juraj Šikra, Eva Ružicková, Iveta
Greková, and Pavol Kvetko, all of Bratislava, and
Maria Zúbková of Columbus, Ohio. The authors are
indebted to all the above for their many helpful

corrections, and suggestions.

The ink drawings used throughout the book are taken from *A Treasury of Slovak Folk Songs* by Leonhard Deutsch, Crown Publishers, New York, and are used by permission of the publishers. Some of the readings are adapations from *Detská Encyklopédia*, Mladé letá publishers, 1989. Photographs and other illustrative material were collected in Slovakia by Oscar Swan pursuant to an exchange agreement between the University of Pittsburgh and Matica Slovenská. The folk songs have been especially arranged for this book by ethnomusicologist Robert Metil.

CLASSROOM METHODOLOGY

Preliminary versions of *Beginning Slovak* have been used with success in both regularly paced and intensive Slovak language courses at the university level, with both college and post-college-age students. This book is also appropriate for instruction at the high school level, and for individualized instruction outside the regular classroom.

It is particularly important for the home learner to understand conceptually exactly what he or she is studying, reading, listening to, or practicing. The authors have taken pains to keep the needs of the home learner in mind at all times, through the judicious ordering of grammatical topics selected for presentation, the detailed and explicit grammatical commentaries, and the careful annotation of constructions or forms not specifically mentioned in the grammar sections. The accompanying taped dialogues, readings, vocabulary, and selected exercises to this textbook will be an essential component of the course for the home learner in particular.

In addition to the audio tapes, a set of accompanying computer exercises designed for the Macintosh family of computers will be of use both to the regular classroom learner and to the home learner having access to a computer. Inquiries concerning audio tapes or computer disks should be directed to the Department of Slavic Languages, University of Pittsburgh, 15260.

Ideally, this book should be the primary text in a traditional four-skills course, with approximately equal emphasis given to reading, writing, listening, and speaking. Of these four skills, most weight is accorded, both by the authors and by contemporary language methodologists generally, to practical spoken language proficiency, and the material in this textbook is subordinated to this aim. Of this material, first place in importance is occupied by authentic-language conversations, extracted from contexts that would be valid, culturally and situationally, in Slovakia. The material of the conversations is expanded by accompanying questions, to be used to propel the situations in the conversations in different directions. The questions themselves provide models for question formation, itself an important conversational skill. It is worth noting that the questions themselves often contain constructions slightly in advance of the grammatical level of the lesson. This device is employed intentionally, in accord with the view that students should constantly be exposed to material at the "i+1" level, that is, at a level just beyond the current level of proficiency

In general, conversations need not be memorized, although this is a possible and often useful optional activity. Instead, students should know the material of the conversations well enough to be able to enact a similar conversation on a similar subject, with either the instructor or another student taking the opposite role. Conversations are intentionally written with a clear ideational or dramatic structure, so as to make the idea behind the conversation instantly memorizable, without one's having to rely on the memorization of individual words and phrases.

The promotion of conversational ability is reinforced in the section of the exercises consisting of first lines from potential conversations. The student is given the task of developing these first lines in his or her own original way. By such exercises, students are encouraged to think of the lines of a conversation as nodes of possibilities which can branch out in a variety of directions, depending on one's own interests and the responses of one's interlocutor.

Repartee, the ability to respond quickly, appropriately, and succinctly, is reinforced both by the occasionally bantering content of many of the conversations themselves and also by the sentences for translation at the end of each lesson. These sentences are themselves for the most part two-line conversations consisting of a statement or question, followed by a short appropriate response.

xx

Readings in this textbook are of two kinds – grammar-controlled, and non-grammar-controlled, the former gradually giving way to the latter. Readings controlled for grammar, appearing in lessons 1-10, are intended to give the student confidence in approaching the written word. Such readings are primarily of use for generating discussion on the basis of the reading. Readings not controlled for grammar, occurring in lessons 7-15, approach what are known as "authentic texts," texts whose grammar and vocabulary have not been altered for the sake of the learner. Such readings are intended to accustom learners to working with material beyond the level of current mastery through guessing the meaning of words and constructions on the basis of context and general knowledge of the world.

In any effective language classroom, any textbook, including this one, will be used principally as an organizer of topical presentation and activities, as a tool toward an end, not as something whose mechanical implementation constitutes an end in itself. On the surface, most grammar exercises and pattern drills at the end of the lessons appear to be of a fairly mechanical variety; however, users of this textbook should not be misled as to the authors' instructional aims, and should not use these exercises merely mechanically and imitatively. The authors are far from believing that the mere successful ability to manipulate correctly grammatical endings in the performance of various kinds of grammatical pattern drills will lead by itself to oral proficiency. However, in a language as structurally complex as Slovak, great care must be taken to ensure that the student does have this mechanical ability first, as the prelude to using this ability fluently in communicative situations.

Generally speaking, there are three stages in the acquisition of grammatical structure – the mechanical, the meaningful, and the genuinely communicative stage. The aim, of course, is to progress from the mechanical stage through to the meaningful stage in order eventually to attain full communicative ability. As an example, take a simple pattern drill of the form

MODEL: he, she, tall: He is taller than she.
CUES: we, they, smart; this, that, interesting; you, I, lazy; swimming, cycling, enjoyable.

The mechanical stage of employing this exercise would consist in the instructor's "feeding" the cues to the students, and in the students' forming correct responses of the type "Cycling is more enjoyable than swimming" or "Swimming is more enjoyable than cycling." In order to give a correct response in a mechanical drill, it is not even necessary for the student to understand the meaning of the words, merely to give the grammatically correct forms. Ideally, to ensure proper acquisition, mechanical drills of this sort should be performed three times: once orally with the book, once orally without the book, and once in writing. By "orally" is meant either aloud in class or aloud outside class using recorded tapes. In order to combat the tendency to "turn one's mind off" in the execution of such drills, the student should be encouraged, particularly when writing, to translate the construction into English. It is a mistake to think that at this stage some kind of "harm" results from reminding oneself in English what a word, phrase or construction actually means.

The meaningful implementation of the above drill might consist in having students respond to questions using this construction, related to actual persons, things, or situations present in the classroom or vicinity, e.g. "Is lesson six more difficult than lesson five?"; "Are the women students in this class harder-working than the men students?"; "Is it colder today than yesterday?"; and so on. The defining characteristic of the "meaningful" drill is that the instructor still controls the topic; and the main object is still to practice the construction, not to communicate information, but rather to "pretend to communicate" information. The student's response is still tightly constrained, being limited to a few possible correct responses. For these reasons, the "meaningful" drill might be more appropriately termed the "quasi-meaningful" drill.

The communicative implementation of a construction occurs when the topic embedded in the construction, and not the construction itself, begins to dominate and, in fact, leads to a longer discourse, that is, an exchange of ideas or information, concerned with the kinds of real-world things and ideas for whose discussion the grammatical construction exists in the first place. Characteristics of the communicative stage of language use are: a) length, that is, a communicative exchange usually lasts over several sentences and involves an equal interplay of all speakers; b) constructional heterogeneity, i.e., sentences are no longer subordinated to the practice of any construction in particular; c) the intellectual, physical, or emotional involvement of the participants is lodged in the topic being discussed, i.e. not in the grammar.

Language learning should never be approached simply as the learning of words and phrases to be mechanically applied to the reality of the foreign country. In rough terms, the probability of any given sentence, however carefully chosen, ever actually occurring, is approximately zero. One should never overestimate, or under-estimate, the usability of any given word or expression. While words in a textbook should be ordinary and everyday, the concept of "ordinary and everyday" is actually considerably broader than one might at first suspect. Slavish reliance on "frequency word counts" in composing dialogues severely constrains the naturalness of conversations. The value of a phrase consists not so much in the phrase itself as in its creative commutative potential. A method that makes use of this insight is called "reality displacement": the use of words or phrases that strike one as so unlikely to occur in the exact form or instance given in the book as to force one to examine the structure and generative potential of the phrase. An example would be a sentence taken from one of the sentences for translation in this book: "Why does your dog look so funny?" In the first place, one should not jump to quick conclusions as to the usability of this phrase itself: almost every sentence we utter in the course of a day has at least as much probability of occurrence as this one. But, in the second place, the apparent unusability of this sentence has a conscious purpose and pedagogical intent. One is forced to do a kind of double-take and examine not merely the literal phrase but also its creative potential. Sentences of the type "Why does X look so Y?" are both commonplace and, in fact, possibly more usable in true "real-life" situations than memorized "tourist" phrases of the type "Do you have a double room with a bath?", a sentence tied to a limited "survival" need with much more limited generative potential than the ostensibly less useful question about the dog. Obviously there is need in a textbook for both kinds of sentences, and both kinds of dialogues. Both have their usefulness and pedagogical justification, but possibly one learns much more, even if subconsciously, from the kinds of sentence exhibiting "reality displacement."

Virtually any dialogue fragment, pattern drill, or sentence for translation in the present textbook - regardless of the superficial appearance of usability - can serve as the springboard into meaningful and communicative language practice. For example, the sentence for translation "Are you knitting that sweater yourself?", which ostensibly practices the vocabulary item "knit" actually practices the "do something oneself" construction, being in this sense a possible realization of a pattern drill of the type [he, repair, car: Is he repairing that car himself?] The same sentence can serve as the impetus for an unlimited variety of interesting conversations of sophisticated content based on the variety of things one can "do oneself", concerned with the reason for "having to do them oneself", and so on. The present authors defer to the ingenuity, good sense, and professional expertise of individual instructors in seeing that constructions covered in this book are implemented not only mechanically, but meaningfully and communicatively as well.

An important aspect to language use is one's ability to use language in real-life physical settings, responding appropriately not only with the right words but "totally", using socially and culturally appropriate language, gestures, and expressions so as to "make one's way" successfully in the foreign country in situations that can be expected to arise, whether publicly or in private. Without presuming to usurp the instructor's own talents and initiatives in this area, at the end of each lesson are outlined a few of the kinds of situations students could be expected to enact or participate in on the basis of the material covered up to that point in the textbook. Students without access to the traditional classroom will find it useful, as a surrogate for playing out an actual situation, to write an extended scene, with parts indicated as if in a playscript, bringing to realization at least one way in which the situation might naturally develop.

Almost all language training is conceived by students themselves as preparatory for travelling to the country and participating, day-by-day more effectively, in the life and culture of the country. All topics and situations in this book have been chosen with eventual in-country functionality in mind, and it is the hope of the authors that as many students of this book as possible may have the opportunity to put their acquired knowledge to use while getting to know in person the people and country of Slovakia. However, a word of warning: The authors strongly feel that careful formal training at the initial stage of language learning will in the long run result in the most efficient acquisition of the foreign language beyond the level of mere "survival". To teach mainly for "survival skills" in an introductory course is an easy temptation, but it virtually ensures that a student will be forever frozen in a highly imperfect state of language competence, unable to progress to a more fully integrated command of the language. Our best advice, therefore, is to be patient: foreign language acquisition is not an overnight proposition. The authors have done their best to ensure that the process of learning Slovak is enjoyable and rewarding in the short run, while keeping long-range objectives constantly in mind.

ON "STANDARD" SLOVAK

The right of Slovak to exist as a national language has been won over the course of the 19th and 20th centuries, the collective achievement of Slovak political activists, linguists, journalists, and writers who devoted much effort to the task of codifying a standard Slovak literary language out of divergent regional and social dialects. Often this work involved the exclusion from Standard Slovak of words and expressions considered to be foreign or purely regional.

Although the battle for the independence of Slovak, mainly from Czech, has been won a long time ago, the effort of codification and standardization continues to the present day. While Standard Slovak can be heard in Slovak cities and towns, one still encounters over the Slovak lands a variety of competing words, expressions, forms, and pronunciations. Because of rapid changes taking place in the language, Slovak as spoken abroad often contains features that strike the contemporary resident of Slovakia as old-fashioned or countrified.

The amount of attention devoted to language issues in the Slovak mass media even today is truly surprising to the foreigner. What is more, in trying to elaborate the "best" way to express an idea in Standard Slovak, the educational establishment is often apt to respond to regionalisms in a spirit of purism that strikes the bystander as intolerant of legitimate diversity. Such a situation is reflective both of the emotion many people invest in the concept of "Standard Slovak," and of the actual state of flux in which the language still finds itself today.

A country where asking three different people how to say a "pack" of cigarettes may yield three different responses (**škatuľka**, **krabička**, **balíček**), or where two different informants will disagree vehemently about how to say "watch television," presents special challenges both for the textbook writer and the student. Obviously, in a textbook, one needs to make a choice as to the "standard" form and not burden the exposition with footnotes. For their part, students need to be prepared to encounter alternate forms and not to be flustered or confused when occasionally "corrected" by well-meaning people for using perfectly valid forms learned from home, at school, or on the streets of Slovak towns.

In general, it would be difficult to find anywhere a national population more receptive to, and tolerant of, foreigners speaking their languqage than the Slovaks. In this sense it is an ideal country in which to be a foreign learner of the language. The average person is not obscessed with language issues, is genuinely interested in communicating and in being helpful and understood, and is positively disposed toward the Slovak-speaking foreigner.

Obviously, the student of Slovak is well advised to be sensitive to, and to cultivate forms and expressions considered correct by language authorities. At the same time, one may keep an open mind. In the long run, one should form one's own impression as to what constitutes Standard Slovak on the basis of everyday immersion in the language itself.

SOUNDS, SPELLING, AND PRONUNCIATION.

THE ALPHABET. The Slovak language uses the Latin alphabet in combination with additional diacritic marks. In addition, certain letter-combinations - so-called digraphs - represent separate sounds.

The Slovak letters, given in alphabetical order, are the following:

a á ä b c č d ď dz dž e é f g h

ch i í j k l ľ í m n ň o ó ô p q

r ŕ s š t ť u ú v (w x) y ý z ž .

Note that the digraph ch follows h in alphabetical order. Note also that, except in the case of an absolute "tie," the difference between ď and d, l and ľ, n and ň, and t and ť is not taken account of when arranging items in alphabetical order, nor is the difference between a and á, e and é, i and í, o and ó, u and ú, y and ý, r and ŕ, l and í. On the other hand, ä always follows a, ô follows o, č follows c, š follows s, and ž follows z. The letter w, pronounced the same as v, is used only in a few words of foreign origin: **waltz, watt**, etc. The letter x represents the sound combination **ks** in various foreign words: **taxi, v praxi, komplexný**.

xxx

PRONUNCIATION.

STRESS AND SYLLABLE DIVISION. Stress in Slovak typically occurs on the first syllable of the word. Syllable division in a word typically occurs following a vowel: **ry-ba, po-chva-la.** This is a rule of both pronunciation and writing. In writing, syllables may optionally be split between consonant clusters: **od-po-ve-dzte** or, usually, **od-po-vedz-te.** Consonant clusters are split following a nasal consonant (**n, ň, m**) or **j**: **slo-ven-ský.**

VOWELS. There are five main vowels, which can be either short or long. Long vowels are indicated by the mark ´ placed above the vowel. The indicated English equivalent of the Slovak vowels is approximate only. Long vowels are pronounced the same as short vowels, except that they are approximately one and one-half times longer.

a	u in cup	ale, tam, na, kam, teda
á	a in father	áno, aparát, káva, mám, dobrá
e	e in get	je, jeden, papier, sveta
é	e in fiancé	dobré, problém, aféra

o	<u>o</u> in <u>off</u>	nos, okno, okolo, voľno
ó	<u>oo</u> in <u>floor</u>	citrón, história
u	<u>u</u> in <u>put</u>	tu, ruka, guma, trochu, nudné
ú	<u>oo</u> in <u>stool</u>	úloha, lúka, peknú, zlú, hrajú

Except for diphthongs, Slovak vowels are relatively "pure," that is, free of a following glide "y" or "w." In particular, one must endeavor not to move one's lips after the onset of é, o, ó, u, ú.

The vowel letters i and y represent the same vowel sound. The difference between i and y has no function except when used to distinguish between a preceding hard or soft dental consonant; i.e., i signals a preceding soft dental consonant, while y indicates that the preceding dental consonant is hard (for further discussion, see below under consonants ť, ď, ľ, ň):

i/y pronounced with the length of <u>i</u> in <u>sit</u>, but the sound of <u>ea</u> in s<u>ea</u>t: piť, ulica, ty, byť

í/ý <u>ea</u> in <u>seat</u>, but without a glide:
prosím, títo, pekní, bývať, sýpka.

ä is in theory pronounced like <u>a</u> in <u>have</u>:
mäso, päta, deväť.

In practice, in most contemporary dialects,

including in the standard language, the sound of ä is indistinguishable from the sound of **e**.

In addition to the long and short *vowels*, Slovak exhibits the following diphthongs (combinations of two *vowels*):

ia   **priateľ, piaty**

ie   **mierny, mlieko**

iu   **rádium, staršiu.**

The letter ô indicates a diphthong consisting of **uo**:

ô   **stôl, môj.**

Diphthongs are long, and count as long *vowels* in the so-called rhythmic law (see below).

CONSONANTS. Consonant letters b, *v*, d, g, m, n, f, z, and s have the same phonetic *value* as in English:

b   **balet, huba, obraz, vôbec**

v   **veľmi, výborne, povala, vari**

d   **dobrý, odísť, kedy**

g   **gram, logika** *(mainly in words of foreign origin)* m   kam, mala, pomal*y*, *v*olám

n   noc, áno, jeden

f   fajka, farba, šafár

z   za, zošit, ceruza

s   **sa, smútok, stôl, mäso**

The consonants **p, t, k** are similar to English but are not as aspirated; that is, less air is expelled during their pronunciation:

p   **papier, hop, pero, práca**

t   **ten, tu, kto, toto, huta**

k   **kam, kto, ako, ruka, krok.**

The palatalized dental consonants **ť, ď, ň**, and the palatalized lateral **ľ** are produced by pronouncing the sounds t, d, n, l while holding the tongue against the palate, more or less in the position of English *y*. The effect is that of simultaneous "t^y", "d^y", "n^y", "l^y":

ť   **ťahá, p*ý*tať sa**

ď   **ďakujem, ďaleko**

ň   **míňať sa, kôň**

ľ   **mašľa, m*y*seľ, ľuto*v*ať.**

The sounds ť, ď, ľ (in the press usually written t', d', l') and ň are written without indication of softness before the vowels e, i, í or before the diphtongs ia, ie, iu:

    decko "ďecko"   priateľ "priaťeľ"
    nikto "ňikto"   tiež "ťiež"

and so on. In the West Slovak (Bratislava) dialect, the softness of the dentals ť, ď, ľ, ň is strongly reduced before the vowels i and e.

The sound written with the letter h is pronounced with slight voicing; the voiceless counterpart of h is written ch. It will take time and practice to pronounce correctly the difference between h and ch.

h   huba, pohyb, mohla, hrad

ch   chyba, pochod, chlieb, chvost .

The sound written with the letter j is pronounced like English y in yes, boy:

j   ja, jeseň, môj, krajný, tajomník.

The so-called palato-alveolar consonants č, š, ž are similar to the English sounds chop, shop, zh (as s in pleasure), except that the tongue is farther retracted than in English:

č   čo, červený, nič, vínečko, terč

š   škola, taška, ideš, zošit

ž   žaba, žena, môžeš, vždy.

The liquid sound l is slightly more palatal than the l-sound in English. The liquid **r** is trilled on the tongue, similarly to Spanish **r**, but not as energetically.

l   **loď, lúka, bol, povala**

r   **ryba, Praha, papier, ceruza.**

The syllabic sonants l and **r** are pronounced like an extended l and **r**. These sounds occur between consonants and have the status of vowels:

l   **plný, vlk, vlna, dlhý**

r   **smrť, trh, srp, srdce.**

Occasionally, syllabic **r** and l are long, having the status of long vowels:

ĺ   **hĺbka, dĺžka, stĺp.**

ŕ   **fŕkať, tŕň, vŕba.**

The sound written **c** is pronounced like English <u>ts</u>. The voiced counterpart of **c** is written as it sounds, **dz**:

c   **ceruza, cena, práca, noc**

dz   **bryndza, zvádzať.**

The sound combination **dž** is not common:

dž   džem, džbán, džavot.

SOME RULES OF PRONUNCIATION

1.   The consonants **t, d, n, l** are not pronounced as soft before the vowels **e** and **i** in the following positions:

a.   in adjective endings, cf. **piatemu, jednej**, and so on.

b.   in the pronouns **ten, tento, onen,** cf. **ten, tej, tí, tie; tento, tejto, títo, tieto: onen, onej,** and so on.

c.   in compounds formed of a preposition ending in **d** and a following vocalic root: **ísť** and derivatives: **odísť, predísť, predizba, odišiel,** and so on.

d.   in the words **jeden, hoden, žiaden, terč, temer, teraz, teda, vtedy.**

e.   in the suffixes **-ika, -ečko: pijatika, vínečko,** and so on.

f.   in many words of foreign origin, for example: **termín, idea, paleta, študent, matematika, politika, tiger, krokodíl.**

g.   in certain sound-imitative words, e. g. **tik-tak.**

ASSIMILATIONS OF VOICE. By *voiced* consonants are meant consonants pronounced with the participation of the *voice* box, or larynx, particularly those for which *voiceless* counterparts exist. Voiced consonants, and corresponding *voiceless* counterparts, are the following:

voiced: b d ď g dz dž z ž h *v*

voiceless: p t ť k c č s š ch f.

Voiced consonants without *voiceless* counterparts include **m, n, ň, ľ, r, j.**

1. Voiced consonants become devoiced (i. e. pronounced like their *voiceless* counterparts) at the end of a *word* or before a *voiced* consonant:

mráz "mrás" **bodka** "botka"
dub "dup" **dížka** "díška"
sneh "snech" **híbka** "hípka".

For purposes of this rule, prepositions are considered to be part of the word before which they occur:

v piatok "fpiatok" **z plota** "splota".

2. Voiceless consonants become *voiced* before *voiced* consonants:

kresba "krezba" **modlitba** "modlidba"
k mame "gmame" **s mamou** "zmamou".
nášho "nážho".

3. In normal-paced speech, final consonants will be *voiced* before a *voiced* consonant or before a *vowel* of a following word:

kúp múku "kúbmúku"
kúp ovocie "kúbovocie"
pes hryzie "pezhryzie"
s otcom "zotcom".

THE PRONUNCIATION OF *v* AFTER A VOWEL.

After a *vowel* at the end of a word or before a consonant, the consonant **v** is usually pronounced as a labial glide ("w"):

domov "domou"   **Stanislav** "stanislau"
pravda "prauda"   **dievča** "dieuča".

THE RHYTHMIC LAW.

Standard Literary Slovak does not tolerate two long *vowels* in succession. According to the so-called law of rhythmic shortening, the second of two successive long *vowels* will be shortened. Thus, when the ending **-ám** is added to **pošt-**, the result will be **poštám**; but when the same ending is added to **prác-**, the result will be **prácam**. Because of the rhythmic law, any grammatical ending beginning with a long *vowel* will have a counterpart with a short *vowel*. Compare:

dobr<u>ý</u>   ôsm<u>y</u>
chod<u>ím</u>   kúp<u>im</u>
mest<u>á</u>   miest<u>a</u>
plač<u>ú</u>   píš<u>u</u>

and so on. Exceptions to the rhythmic law can arise in certain derivations. For example, the

participle-forming suffix -úci does not shorten
after an adjacent long vowel: **píšúci**.

SENTENCE INTONATION

In describing sentence intonation, one refers to
three main pitches – high, middle, and low, and
to whether the sentence ends in a rising or a
falling direction. Below are described the main
Slovak sentence intonation patterns.

1. A Slovak declarative sentence begins at mid
level and drops to low level at the end, following
the accent of the last stressed word:

On nikde nejde bez manželky.
-    -   -   -   -   -   -   - ╮

Chcem ísť nakupovať.
       -    -   -   -   - ╮

2. A longer declarative sentence indicates pauses
by a rise at the pause-points. Following the
next-to-last pause, the intonation will usually
remain high until the drop at the end.

Veľmi sa ponáhľa, lebo pred prácou chce
-    -   -   -   -   ◢   - -   -   -   ◢   -

nakupovať.
   -    -   - ╮

3. Commands begin at high level and fall off to
low:

Objednaj mi kúsok torty!
-   -   -   -   -   -   - ╮

4. A pronominal or adverbial question (one that asks "who," "where," "how," "why,", "what kind," and so on) typically places high stress on the question word, falling to low for the rest of the question:

Aké bude dnes počasie?
```
‒   ‒   _   _     _     _   _   ⌐
```

Čo budeš robiť dnes večer?
```
‒     _   _   _   _     _     _   ⌐
```

5. A yes-no question in Slovak (a question that expects either "yes" or "no" for an answer) has a quite distinctive intonation. The question begins at low level and jumps to high on the last word, staying at high, perhaps falling only slightly, for the rest of the question:

Je tu niekde jazero?
```
_   _   _   _   _     ‒   ⌐
```

Máte skúšku v pondelok?
```
_   _     _   _     _     ‒   ⌐
```

WORD ORDER

1. The order of words in a Slovak sentence is based on the principle that the last part of the sentence, usually consisting of the verbal complement, contains the most important information. The next most important information, usually expressed by the

grammatical subject, is placed at the beginning of the sentence. Information of lesser importance, usually including the verb, is placed in the middle of the sentence. In practice, the most common word order is the same as in English, namely, subject + verb + verbal complement:

Brat má zaujímavú prácu.
subj. + verb + verbal complement

Usually a pronominal subject will be missing or, rather, it will be expressed by the verb:

Ideme do kina.
verb + verbal complement

A reversal of subject-complement order occurs in case it is the subject, not the complement, that contains the most important information. Sentences with reversed subject-complement order are usually contrastive with, or elaborative of, a previously mentioned situation. For example, sentence a) below illustrates normal subject-verb-complement order. This order would be used in opening a conversation:

a) **Veľmi rád chodím do kina.**

Sentence b), by contrast, using the same words placed in a different order, would be found embedded in a context where **kino** was already established as the topic of conversation:

b) **Do kina chodím veľmi rád.**

2. Adjectives usually occur before the noun. However, an adjective expressing strong contrast, or an adjective naming the type of a noun, rather than some characteristic of the noun, may occur following the noun:

obyčajný kliešť *an ordinary tick*
kliešť obyčajný *The Common Tick.*

3. Particles — that is, inherently unstressed words, tend to line up following the first stressed word in a clause, in the following order: 1) conditional particle, 2) past tense auxiliary 3) reflexive particle, 4) dative or accusative pronoun (rarely are all items present in the same sentence):

Mohli   **by**   **ste**   **sa**   **ho**   opýtať.
      cond.   *aux.*   *refl.*   *pron.*

Na prednáške *at a lecture*

CLASSROOM PHRASES AND EXPRESSIONS

General:

1. **prosím** *please*
2. **ďakujem** *thank you*
3. **dobre** *fine, good, well*
4. **zle** *bad, not good*
5. **lepšie** *better*
6. **veľmi dobre** *very good*
7. **výborne** *excellent*
8. **teraz je to dobre** *now it's all right*
9. **skoro (temer) dobre** *almost right*
10. **v poriadku** *all right, o.k.*
11. **jasne** *clearly*
12. **jasnejšie** *clearer, more clearly*
13. **hlasno** *loud(ly)*
14. **hlasnejšie** *louder, more loudly*
15. **ešte raz** *once more, once again*
16. **nasledujúci (-a)** *next (next person)*
17. **po slovensky** *in Slovak*
18. **po anglicky** *in English*
19. **naspamäť** *by heart, from memory*
20. **úlohy na zajtra** *assignment for tomorrow*
21. **domáca úloha** *homework*
22. **ústne** *orally*
23. **písomne** *in writing*
24. **zapamätajte si** *remember!*
25. **počúvajte** *listen!*
26. **napríklad** *for example*
27. **odpovedzte** *answer*

For the student:

1. **Mám otázku.** *I have a question.*
2. **Čo to znamená?** *What does that mean?*
3. **Ako sa to povie?** *How does one say that?*

4. Ako sa to píše? *How does one write that?*
5. Ako to bude? (Ako by to bolo?) *How would that be?*
6. Ja rozumiem. *I understand.*
7. Ja nerozumiem. *I don't understand.*
8. Ja viem. *I know.*
9. Ja neviem. *I don't know.*
10. Nepamätám sa. *I don't remember.*

For the teacher:
1. **Prosím, počúvajte pozorne!** *Please listen attentively!*
2. **Prosím, opakujte!** *Please repeat!*
3. **Prosím, otvorte knihy!** *Please open your books!*
4. **Prosím, neotvárajte knihy!** *Please don't open your books!*
5. **Prosím, zatvorte knihy!** *Please close your books.*
6. **Prosím, zapíšte si to do zošitov!** *Please copy this into your notebooks.*
7. **Prosím, povedzte to po slovensky!** *Please say that in Slovak!*
8. **Prosím, buďte opatrný (-á, -í)!** *Please be careful!*
9. **Prosím, dávajte pozor!** *Please pay attention!*
10. **Prosím, čítajte!** *Please read!*
11. **Musíte sa zaoberať výslovnosťou. (Musíte pracovať na vašej výslovnosti).** *You need to practice your pronunciation.*
12. **Prosím, pripravte si nasledujúce cvičenia!** *Please prepare the following*

exercises.

13. **Prosím, pripravte si toto ústne (písomne)!** *Please prepare this orally (in writing)!*

14. **Prosím, odpovedzte na otázky!** *Please answer the questions!*

15. **Prosím, porozmýšľajte chvíľu!** *Please think a moment!*

16. **Prosím, neponáhľajte sa!** *Please don't rush!*

17. **Prosím, nevzrušujte sa!** *Please don't get upset (flustered).*

18. **Všetko je jasné?** *Is everything clear?*

19. **Hovorte hlasnejšie!** *Speak louder*

20. **Sú nejaké otázky? (Má niekto nejaké otázky?)** *Are there any questions? (Does anyone have any questions?)*

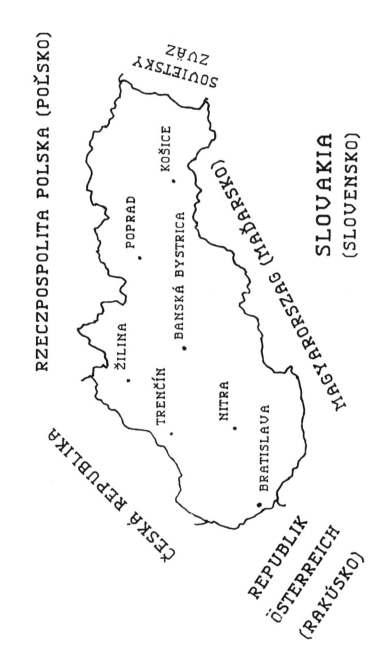

RZECZPOSPOLITA POLSKA (POĽSKO)

SOVIETSKY ZVÄZ

KOŠICE

POPRAD

SLOVAKIA
(SLOVENSKO)

BANSKÁ BYSTRICA

ŽILINA

TRENČÍN

MAGYARORSZÁG (MAĎARSKO)

NITRA

BRATISLAVA

ČESKÁ REPUBLIKA

REPUBLIK
ÖSTERREICH
(RAKÚSKO)

Prvá lekcia

first lesson

A. Dobrý deň

- **Dobrý deň! Ako sa máte?** *Hello! How are you?*
- **Dobre, a vy?** *Fine, and you?*
- **Dosť dobre. Kam idete?** *I'm also fairly well. Where are you going?*
- **Idem na prechádzku. Poďte so mnou.** *I'm going on a walk. Come with me.*
- **Ďakujem, ale nemôžem. Musím niečo vybaviť (nakúpiť).** *Thanks, but I can't. I have to take care of (buy) something.*
- **Tak teda dovidenia!** *Then goodbye!*
- **Dovidenia!** *Goodbye!*

1

Idem na prechádzku

Otázky: *Questions*
1. Ako sa máte?
2. Kam idete?
3. Idete na prechádzku?
4. Chcete ísť so mnou?
5. Idete niečo nakúpiť (*vybaviť*)?

B. Dobré ráno

- Dobré ráno! Kam sa tak ponáhľaš? *Good morning! Where are you hurrying to?*
- Servus. Idem do školy (na univerzitu). A ty kde ideš? *Good morning. I'm going to school. And you?*
- Ja idem do práce. Veľmi sa ponáhľaš? Mám chvíľu času. *I'm going to work. Are you in a hurry? I have a bit of time.*
- Bohužiaľ, musím bežať. Prídem neskoro. *Unfortunately, I have to run. I'm going to be late.*
- Tak ahoj! *Well, so long!*
- Ahoj! *So long!*

Otázky:
1. Kam ideš?
2. Ponáhľaš sa?
3. Ideš do školy (na univerzitu)?
4. Ideš do práce?
5. Máš chvíľu času?
6. Musíš bežať? Prídeš neskoro?

C. Ahoj!

- Ahoj! Čo tu robíš? *Hi! What are you doing here?*
- Čakám na kamaráta. A ty tu čo robíš? *I'm waiting for a friend; and what are you doing here?*
- Nič. Idem domov na obed. *Nothing. I'm going home to dinner (lunch).*
- Tak ahoj! *Well see you!*

Otázky:
1. Čo tu robíš?
2. Čakáš na kamaráta?
3. Ideš domov?
4. Ideš na obed?

D. Dobrý večer

- Halo? *Hello?*
- Dobrý večer. Tu je Mária Urbanová (Ján Urban). Je Katarína (Artúr) doma? *Good evening. This is Maria (Jan) Urban. Is Katarina (Artur) at home?*
- Nie, nie je doma. Príde neskôr. *No, she's (he's) not at home. She'll (he'll) come later.*
- Tak zatelefonujem neskôr. *Then I'll call later.*
- Dobre. Dovidenia. *Fine. Good-bye.*
- Dovidenia. *Good-bye.*

Otázky:

1. Je Katarína doma?
2. Kto je to?
3. Kedy príde Artúr domov?
4. Zatelefonuješ neskôr?

E. Ako ináč?

- **Kam ideš?** *Where are you going?*
- **Na poštu. Musím poslať list.** *To the post-office. I have to send a letter.*
- **Idem s tebou, ja musím kúpiť známky.** *I'll come with you, I have to buy some stamps.*
- **Ideme pešo?** *Are we going on foot?*
- **Áno, ako ináč?** *Yes, how else?*

Otázky:

1. Ideš na poštu?
2. Musíš poslať list?
3. Musíš kúpiť známky?

známky
stamps

POZNÁMKY *Notes*

kam *where (to)?* Slovak uses separate words for expressing motion-location ("where to") as opposed simply to location ("where"). Occasionally, however, the "where" of simple location (**kde**) is used informally in place of **kam**.

poďte *come!* The command form of the verb **ísť**.

mám *I have,* **máš** *you (sg. informal) have,* **má** *he, she, it has,* **máte** *you (pl. or sg. formal) have.*

idem *I am going,* **ideš** *you (sg. informal) are going,* **ide** *he, she, it is going,* **idete** *you (pl. or sg. formal) are going.*

musím *I have to,* **musíš** *you (sg.) have to,* **musí** *he, she, it has to,* **musíte** *you (pl. or sg. formal) have to.* Note: for more on formal and informal address, see the grammatical commentary to this lesson.

na obed *for dinner (lunch).* The main, and usually hot, meal - **obed** - is consumed in midafternoon. English "lunch" differs from **obed** in being lighter and in being consumed earlier in the day. The evening meal, usually light, is **večera** *supper.*

príde neskôr *he'll come later.* **zatelefonujem neskôr** *I'll call later.* Some verbs, called Perfective, often have future tense meaning.

neskôr *later, in a little while.*

pešo *on foot.* **peši** is often heard in the same meaning.

GRAMATIKA *Grammar*

FORMAL VERSUS INFORMAL ADDRESS. Slovak uses different pronouns and verb forms when addressing someone with whom one is on an informal, as opposed to a formal, basis. The pronoun of informal address is **ty** *you*. This pronoun combines with forms of the verb in **-š**:

> (**ty**) **ideš** *you are going (informal)*
> (**ty**) **čakáš** *you are waiting (informal).*

The pronoun **vy** means 'you' in a plural sense, and it also functions as the pronoun of formal singular address. **Vy** combines with forms of the verb in **-te**:

> (**vy**) **idete** *you are going (plural or*
> *singular formal)*
> (**vy**) **čakáte** *you are waiting (plural or*
> *singular formal).*

The pronouns **ty** and **vy** are omitted unless stressed, cf.:

> **Ideš?** *Are you going?*
> **Ty ideš?** *Are you going?*

The command form of the verb also has informal and formal versions:

> informal: **prepáč!** *excuse me!*
> formal: **prepáčte!** *excuse me!*

> informal: **poď!** *come!*
> formal: **poďte!** *come!*

In general, one should use formal speech forms with a person until invited to do otherwise. Among school- and university-age youth, however, informal address is automatic.

COMMON GREETINGS. Certain words and phrases of greeting are reserved for informal speech; others are characteristic of more formal speech.

Informal:

>   **ahoj** *hi, bye (colloquial)*
>
>   **nazdar** *hi, bye (used by older people; going out of style)*
>
>   **servus** *hi, bye (colloquial student speech; not as common as* **ahoj***; going out of style)*

Formal:

>   **dobrý deň** *hello, good day*
>   **dobré ráno** *good morning*
>   **dobrý večer** *good evening*
>   **do videnia** *good-bye*
>   **dobrú noc** *good night.*

The expression **dobrú̱ noc** shows an Accusative adjective ending. For the time being, learn this phrase as though it were an idiom. Here are some other common words of social exchange:

>   **ďakujem** *(I) thank you*
>   **vďaka** *thanks*
>   **veľmi pekne ďakujem** *thank you very much*
>   **veľmi rád (f. rada)** *I'm very glad*
>   **prosím** *please, you're welcome*
>   **prosím (vďačne)** *you're very welcome*

nech sa páči *go ahead; help yourself; this way please; etc.*
nie je za čo *don't mention it*
prepáč(te) *excuse me*
pardon! *sorry!*
hej! *right!*
no... *yeah; uh-huh.*

GENDER OF NOUNS AND MODIFIERS. Slovak nouns may be of masculine, feminine, or neuter gender. It is often possible to make a good guess as to the gender of a noun from its dictionary form:

a. **Masculine** nouns usually end in a consonant: **deň** *day*, **dom** *house*, **obraz** *picture*, **papier** *paper*, **stôl** *table*, **večer** *evening*, **zošit** *notebook*, **strop** *ceiling*, **študent** *student*, **učiteľ** *teacher* **Slovák** *Slovak man*, **Američan** *American man*. Some masculine personal nouns end in -a: **turista** *tourist*.

b. **Feminine** nouns usually end in -a: **ceruza** *pencil*, **kniha** *book*, **krieda** *chalk*, **podlaha** *floor*, **guma** *eraser*, **stena** *wall*, **stolička** *chair*, **pošta** *post-office*, **škola** *school*, **tabuľa** *blackboard*, **taška** *bag*, **študentka** *fem. student*, **učiteľka** *teacher (f.)*, **Slovenka** *Slovak woman* **Američanka** *American woman*.

Some feminine nouns end in consonants: **vec** *thing*, **noc** *night*, **tvár** *face*, **zem** *earth, land*. Abstract nouns in -osť like **starosť** *concern*, **mladosť** *youth* are also of feminine gender.

I

c. **Neuter** nouns usually end in -o: **pero** *pen*, **okno** *window*, **ráno** *morning*, **drevo** *wood*. Some neuter nouns end in -e, for example **pole** *field*, **vrece** *sack*. Some neuter nouns end in -a, for example **dieťa** *child*, and a few neuter nouns end in -um, for example, **múzeum** *museum*.

Noun gender cannot necessarily be predicted from the nature of the object referred to, even when the object has a distinct natural gender. For example, the word **dievča** *girl* is neuter in gender. The gender of a noun is mainly of significance for choosing the correct ending of a modifying adjective. Adjectives modifying a masculine noun will take one ending, those modifying a feminine noun will take another, and those modifying a neuter noun will take another:

masc. (-ý)	*fem.* (-á)	*neut.* (-é)	
dobrý	dobrá	dobré	*good*
zlý	zlá	zlé	*bad*
nový	nová	nové	*new*
starý	stará	staré	*old*
pekný	pekná	pekné	*pretty*
škaredý	škaredá	škaredé	*ugly*

masculine:
   dobrý deň *good day (hello)*
   starý turista *old tourist*
feminine:
   zlá študentka *bad (fem.) student*
   dobrá noc *a good night*
neuter:
   dobré ráno *good morning.*
   pekné dievča *pretty girl*
   staré múzeum *old museum.*

I

DEMONSTRATIVE PRONOUNS. The demonstrative pronoun **ten** *(masc.)* **tá** *(fem.)* **to** *(neut.)*, meaning "that (over there)" also has gender forms:

> **ten dobrý obraz** *this good picture*
> **tá stará podlaha** *this old floor*
> **tá nová vec** *this new thing*
> **to pekné ráno** *this pretty morning.*

By adding to this pronoun the particle **-to** one obtains the demonstrative pronoun meaning "this (here)":

> **tento nový stôl** *this new table*
> **táto pekná noc** *this beautiful night*
> **toto staré vrece** *this old sack.*

THE NUMBER "ONE". The number 1 has masculine, feminine, and neuter forms similar in appearance to **ten tá to,** except that the feminine form ends in **-a,** not in **-á:**

> **jeden obraz** *one picture*
> **jedna vec** *one thing*
> **jedno vrece** *one sack.*

THE ABSENCE OF DEFINITE AND INDEFINITE ARTICLES. Slovak does not have definite and indefinite articles corresponding to English a, an, the. The definiteness or indefiniteness of a noun is determined by context:

> **Kde je obraz?** *Where is a/the picture?*

MIXING THE   to je (toto je) EXPRESSION AND THE MODIFIER ten tá to (tento táto toto). The expression **to je** *that is* , **toto je** *this is* does not change according to the gender of the noun being introduced:

>**To je krieda.** *That is the chalk.*
>**Toto je zošit.** *This is a notebook.*

The expressions **to je** and **toto je** often occur together in a sentence with the modifier **ten tá to (tento táto toto)**, which does change according to the gender of the noun:

>**To je tá krieda.** *That is that chalk.*
>**Toto je ten zošit.** *This is that notebook.*

MODELS. The following sentence models, illustrating uses of the expression **to je** *that is* and **toto je** *this is*, occur frequently and are drilled in the exercises of this lesson:

1. **Čo je to?** *What is that?*
   Čo je toto? *What is this?*
2. **Kto je to?** *Who is that?*
   Kto je toto? *Who is this?*
3. **To je obraz.** *That is a/the picture.*
   Toto je obraz. *This is a/the picture.*
4. **To je študent.** *That is a/the student.*
   Toto je študent. *This is a/the student.*
5. **Je to obraz?** *Is that a/the picture?*
   Je toto obraz? *Is this a/the picture?*
6. **Áno, to je obraz.** *Yes, that is a/the picture.*
   Áno, toto je obraz. *Yes, this is a/the picture.*
7. **Nie, to nie je obraz.** *No, that is not a/the picture.*
   Nie, toto nie je obraz. *No, this is not a/the picture.*

Notice above that in the negative response to the yes-or-no question the word **nie** occurs twice, in different functions: **nie** can mean both 'no' and 'not'.

8. **Je to podlaha alebo strop?** *Is that a/the floor or a/the ceiling?*
   Je toto podlaha alebo strop? *Is this a/the floor or a/the ceiling?*
9. **To je buď stôl alebo stolička.** *That is either a/the table or a/the chair.*
   Toto je buď stôl alebo stolička. *This is either a/the table or a/the chair.*

13

10.   **To je stôl a to je stolička.** *That is a/the table, and that is a/the chair.*

   Toto je stôl a toto je stolička. *This is a/the table, and this is a/the chair.*

11.   **To nie je stôl ale stolička.** *That is not a/the table but a/the chair.*

   Toto nie je stôl ale stolička. *This is not a/the table but a/the chair.*

12.   **To nie je ani stôl ani stolička.** *That is neither a/the table nor a/the chair.*

   Toto nie je ani stôl ani stolička. *This is neither a/the table nor a/the chair.*

13.   **To je aj stôl aj stolička.** *That is both a/the table and a/the chair.*

   Toto je aj stôl aj stolička. *That is both a/the table and a/the chair.*

pred použitím zatrepať *shake before using*

CVIČENIA *Exercises*

Use the word or words according to the pattern exhibited in the model. Be prepared to translate the model sentence and all cue words.

1. **ceruza: To je ceruza. (Toto je ceruza.)**

drevo, kniha, krieda, pošta, vrece, obraz, okno, pero, stena, stôl, strop, škola.

2. **študent: To je študent (Toto je študent).**

študentka, učiteľ, učiteľka, Slovák, Slovenka, Američan, Američanka.

3. **taška: Je to taška? (Je toto taška?)**

strop, škola, tabuľa, študent, pošta, univerzita podlaha, papier, obraz, Američanka.

4. *Answer the questions in 3 "yes" and "no":*
   taška: -Je toto taška?
   a. Áno, toto je taška.
   b. Nie, toto nie je taška.

5. **stôl, stolička: Je toto stôl alebo stolička?**

úrad, škola; učiteľ, študent; kniha, zošit; pero, ceruza.

6. stôl, stolička: Toto je stôl a to je stolička.

Use the vocabulary of exercise 5:

7. pošta, škola: To nie je pošta ale škola.

okno, obraz;   povala, podlaha;   krieda, ceruza;
papier, drevo;   úrad, univerzita.

8. *Use an expression for "either-or", "neither-nor", or "both-and", according to logical possibility. Use the vocabulary of Exercises 5 and 7.*

pošta, škola: To nie je ani pošta ani škola.

9. lampa: a. Toto je lampa.
             b. Toto je tá lampa.
             c. Toto je tá nová lampa.

Use different adjectives:
učiteľka, stôl, taška, obraz, pero, dom, ceruza,
krieda, podlaha, drevo.

10. *Use different adjectives:*
      škola: a. Je tá škola stará?
             b. Nie, tá škola nie je stará.

tabuľa, kniha, dom, Slovák, Američanka, stôl,
papier, taška, úrad, tvár.

11. *new ceiling:* **Tu je jeden nový strop.**

old student (f.), good chair, pretty face, beautiful morning, bad evening, new bag, pretty picture, bad pencil.

12. *Give a logical response:*
    a. **Dobrý deň!**
    b. **Ako sa máte?**
    c. **Chcete ísť so mnou?**
    d. **Do videnia!**
    e. **Kam ideš?**
    f. **Ja idem do práce.**
    g. **Prepáč, musím bežať!**
    h. **Dobrý večer!**
    i. **Je toto stôl?**
    j. **Je Ján doma?**
    k. **Ideme pešo?**

13. *Translate the greeting into Slovak:*
    a. Good morning.
    b. Good night.
    c. Good-bye.
    d. Bye!
    e. Hi!
    f. You're very welcome
    g. Don't mention it.
    h. Good evening.
    i. Excuse me.
    j. Please.
    k. Help yourself.

I

14. *Fill in the blank:*
    a. Idem do ---.
    b. Príde ---.
    c. Dobré ---.
    d. Musím ---.
    e. Ako sa ---?
    f. Idem na ---.
    g. Kde ---?
    h. Dobrú ---!
    i. --- ďakujem!
    j. Toto je aj --- aj ---.

15. *Change to formal address:*
    a. Čakáš na kamaráta?
    b. Ako sa máš?
    c. Chceš ísť so mnou?
    d. Musíš nakupovať?
    e. Ideš na prechádzku?
    f. Kam sa tak ponáhľaš?
    g. Máš dosť času?
    h. Ponáhľaš sa?
    i. Čo tu robíš?
    j. Ja idem do práce. A ty?
    k. Prepáč! Musím ísť.

16. *Make the sentence emphatic by inserting the pronoun:*

Kam ideš?   **Kam ty ideš?**

Čo chceš? Čo robíš? Idete na prechádzku? Čo máš? Ako sa máte? Kam sa tak ponáhľaš?

17. *Translate into Slovak:*
  a. - What is that?
     - That is a school.
  b. - Who is that?
     - That is the new teacher.
  c. - Is that an American?
     - No, that's a Slovak.
  d. - That is a pretty picture. Is it new?
     - Yes, it's very new.
  e. - Is that a new school?
     - No, it's quite old.
  f. - Do you have a bit of time?
     - No, I have to run.
  g. - Is that the floor or the ceiling?
     - That's neither the floor or the ceiling.
  h. - How are you?
     - I'm fine, thank you.
  i. - Is Maria at home?
     - No, she'll come home later.
  j. - Unfortunately, I have to run.
     - Well then goodbye.
  k. - I'm going to work.
     - I have to go to school.
  l. - Do you want to come with me?
     - Thank you, but I have to go shopping.
  m. - Where are you going?
     - I am going on a walk.
  n. - Where is the new teacher (m.)?
     - There he is.
  o. - Where are you hurrying to?
     - I have to take care of something.

I

18. *Compose simple dialogues (four lines each), beginning with the following lines:*
   a. **Ako sa máte?**
   b. **Dobré ráno!**
   c. **Čo robíte?**
   d. **Halo?**

19. *Situations. First rehearse mentally, then be prepared to enact, the following situations:*

a. You meet a friend who asks you to go for a walk (or to buy something with him/her. You excuse yourself somehow.

b. You make a phone call to the home of a friend. Be prepared for various possibilities, depending on whether the friend is home or not.

c. You meet a friend who seems to be in a hurry. Ask him or her what he or she is doing, where he or she is going, and so on.

d. You meet a friend and would like him or her to stay and talk. Ask whether he or she has a little time. Be prepared for various responses.

e. You are going to the post-office. Ask a friend to come with you.

ČÍTANIE *reading*

Pán Novák

Na obrázku je pán Novák. Pán Novák ide pešo do práce. Nemôže prísť neskoro do práce. Veľmi sa ponáhľa, lebo predtým chce ešte niečo vybaviť. Musí ísť na poštu poslať list a kúpiť známky. Má dosť času. Nemusí sa tak ponáhľať. Práca môže počkať, neutečie.

predtým *before, beforehand*
môže *(he, she, it) may*
neutečie *it won't run away*

Otázky:
1. Kam ide pán Novák?
2. Ponáhľa sa? Príde neskoro do práce?
3. Čo chce robiť pred prácou?
4. Chce niečo nakúpiť? Čo?
5. Má pán Novák čas?

František Mráz

I

SLOVNÍK *Vocabulary*

a *and*

ahoj *hi, bye (informal)*

aj *also.* **aj... aj...** *both... and...*

ako *how*

ako sa máte? *how are you?*

ale *but*

alebo *either.* **buď... alebo...** *either... or...*

Američan *American man*

Američanka *American woman*

ani... ani... *neither... nor...*

áno *yes*

bežať -ím -ia *run*

bohužiaľ *unfortunately*

čakať na -ám -ajú *wait for*

ceruza *pencil*

chcieť chcem chcú *want*

čas *time.* **dosť času** *enough time*

čo *what*

deň *day*

dieťa *(n.) child*

dievča *(n.) girl*

do *(here): to*

do videnia *good bye*

dobre *good, fine (adv.)*

dobrý *good*

dobrý deň *hello*

dom *house, building*

doma *at home*

domov *(to) home*

dosť *enough;* **dosť času** *enough time*

drevo *wood*

ďakujem *thank you*

ešte *still, else, besides*

hej! *right!*

chvíľa *moment*

ináč *else, otherwise*

ísť idem ideš idú *go*

ja *I.* **so mnou** *with me*

jeden jedna jedno *one*

kam *where to*

kamarát *friend (m.)*

kamarátka *friend (f.)*

kde *where*

kniha *book*

krieda *chalk*

kto *who*

kúpiť -im -ia *(pf.) buy*

lampa *lamp, light*

lebo *for, since*

list *letter*

mi *me, to me (Dative case)*

môže *(he, she, it) can*

musieť -ím -ia *must, have to*

múzeum *(n.) museum*

na *(here:) to, for*

22

nakupovať -ujem -ujú
   shop
nakúpiť -im -ia
   purchase (pf.)
nech sa páči help
   yourself, go ahead
neskôr later, in a while
nie no, not
niečo something
no... yeah...
noc (f.) night. dobrú
   noc good night
obed lunch, na obed
   for lunch
obraz picture
okno window
on he
ona she
papier paper
pardon sorry!
pekný pretty
pero pen
pešo on foot
počkať -ám -ajú wait
podlaha floor
pole field
ponáhľať sa -am -ajú
   be in a hurry
poslať -šlem -šlú (pf.)
   send
pošta post-office. na
   poštu to the p.o.
povala ceiling
práca work. do práce
   to work. pred prá-
   cou before work.

prepáč(te) excuse me
ráno morning
robiť -ím -ia do
servus hi, bye (informal
   speech)
Slovák Slovak man
Slovenka Slovak woman
so with (takes Instru-
   mental case)
stena wall
stolička chair
stôl table
strop ceiling
škaredý ugly
škola school, do školy
   to school
študent student (m.)
študentka student (f.)
tabuľa blackboard
tak so, then, as
tam there
taška bag
teda then, so
ten, tá, to that
tento táto toto this
tiež also
turista tourist
tvár face
ty you (informal).
   s tebou with you
učiteľ teacher
učiteľka teacher (f.)
univerzita university
vďaka thanks
vec thing (f.)
večer evening
veľmi very (much)

vrece *sack*
vy *you (formal)*
vybaviť -ím ia *(pf.)*
    take care of
zatelefonovať -ujem
    (pf.) call up
zem *(f.) earth, land*
zlý *bad*
známka *stamp*

U parku

Druhá lekcia

second lesson

A. Ako sa voláš?

- **Ako sa voláš?** *What's your name?*
- **Volám sa Jana/Jano. A ty?** *My name's Jane/John. And you?*
- **Ja sa volám Mária/Marián.** *My name is Maria/Marian.*
- **Kde bývaš?** *Where do you live?*
- **Bývam v Bratislave (Pittsburqhu). Prečo sa pýtaš?** *I live in Bratislava (Pittsburgh). Why do you ask?*
- **Len tak.** *Just so (no reason).*

Otázky:
1. **Ako sa voláš?**
2. **Ako sa on/ona volá?**
3. **Kde bývaš?**
4. **Prečo sa pýtaš?**

B. Kde bývaš?

- **Kde bývaš?** *Where do you live?*
- **Tu, v Bratislave (Pittsburghu). A ty (vy)?**
  I live in Bratislava (Pittsburgh). And you?
- **Ja bývam v Modre (McKeesporte).** *I live in
  Modra (McKeesport).*
- **Kde je to?** *Where is that?*
- **Nie je to ďaleko odtiaľto.** *It's not far from
  here.*

Otázky:
1. **Bývaš v Bratislave?**
2. **Bývaš v Pittsburghu?**
3. **Kde je to?**
4. **Je to ďaleko odtiaľto?**
5. **Vieš, kde to je?**

C. Kto tu býva?

- **Kto tu býva?** *Who lives here?*
- **Nikto tu nebýva.** *No one lives here.*
- **Ako to myslíš?** *What do you mean?*
- **Toto nie je obytný dom, ale škola (úrad,
  klub, múzeum).** *That' isn't a residence but
  a school (office, club, museum).*
- **Aha, rozumiem. A aká je to škola? (aký
  úrad, aký klub, aké múzeum).** *Oh, I see.
  Well what kind of school (office, club,
  museum) is it?*
- **To je stredná škola (colný úrad [colnica],
  športový klub, národné múzeum).** *It's a
  high school (customs office, sports club, the
  national museum).*

Musím sa učiť.

II

Otázky:
1. Kto tu býva?
2. Je toto škola?
3. Je toto úrad alebo obytný dom?
4. Aké je to múzeum?

D. Musím sa učiť

- Čo robíš? *What are you doing?*
- Nič nerobím. Prečo sa pýtaš? *I'm not doing anything. Why do you ask?*
- Idem nakupovať. Chceš ísť so mnou? *I'm going shopping. Do you want to come with me?*
- Nie, nemôžem, musím sa učiť. Zajtra mám skúšku. *Thanks, but I have to study. I have an exam tomorrow.*
- Škoda. *That's too bad.*

Otázky:
1. Chceš ísť nakupovať?
2. Chceš ísť na prechádzku?
3. Čo robíš?
4. Musíš sa učiť?
5. Máš skúšku?

28

E. Moja vina

- Si už hotový -á (pripravený -á)? *Are you ready yet?*
- Áno, skoro. *Yes, almost.*
- Poponáhľaj sa, lebo sa oneskoríme. *Hurry up, or we'll be late.*
- Máme ešte dosť času. *We still have enough time.*
- Vždy tak hovoríš, a zakaždým prídeme neskoro. *You always say that, and every time we come late.*
- Možno, ale tentokrát to nebude moja vina. Môžeme už ísť. *Maybe, but this time it won't be my fault. We can go now.*

Otázky:
1. Už ste hotoví? Máme dosť času?
2. Môžeme už ísť?
3. Oneskoríme sa? Prídeme načas?
4. Často prídete neskoro? Čia je to vina?

Polícia - tvoj priateľ *your friend the police*

ako sa **voláš?** *what's your name?* Literally, "what do you call yourself?" The word **sa** is a reflexive particle literally meaning "self"; see the discussion in the grammar section of this lesson.

v Bratislave *in Bratislava,* **v Pittsburghu** *in Pittsburgh,* **v Modre** *in Modra,* **v McKeesporte** *in McKeesport.* Note the endings on the names of the towns, required by the preposition **v** *in.* For the time being, simply treat these forms as expressions to be memorized.

volám sa *versus* **ja sa volám.** Pronouns such as **ja** *I* are usually omitted unless emphasis or contrast is intended; see the grammatical section of this lesson.

stredná škola *high school.* Literally, this phrase means "middle school." **stredná škola** is the equivalent of a U.S. high school.

nikto tu nebýva *no one lives here.* The verbal negator **ne-** is attached to the front of the negated verb. Concerning the use of the negated form of the verb, see the grammar section to this lesson.

ako to myslíš? *what do you mean?* Literally, "how do you think that?"

aký, aká, aké *what, what kind (of).* **aké múzeum?** *what kind of museum?*

musím sa učiť I have to study. **ako sa voláš?** *what is your name?* The reflexive particle **sa** usually occurs in front of the verb. See the grammar section to this lesson.

chceš ísť so mnou? *do you want to go/come with me?* The verb **ísť** may be translated as either "come" or "go", according to the situation.

30

skúšku *exam.* The Accusative case form after **mám**; see Lesson 5.

hotový *vs.* **pripravený**. The difference in meaning is roughly the same as between English "done" and "ready". Just as in English, the latter is the proper choice, but most people use the former in the sense of the latter.

poponáhľaj sa *hurry yourself up.* The command form of the verb **poponáhľať sa.**

kostol *church*   **trh** *market*

II

GRAMATIKA

QUESTION WORDS. The following words are often used to form questions:

kto *who*	**Kto je to?** *Who is that?*
čo *what*	**Čo robíš?** *What are you doing?*
ako *how*	**Ako sa máte?** *How are you?*
kde *where*	**Kde bývaš?** *Where do you live?*
kam *where to*	**Kam sa tak ponáhľaš?** *Where are you hurrying to?*
kedy *when*	**Kedy budeš hotový?** *When will you be finished?*
prečo *why*	**Prečo sa pýtaš?** *Why are you asking?*

NEGATIVES OF QUESTIONS WORDS. Some of the above words form commonly used negative words beginning with **ni-**:

nič *nothing*
nikto *no one*
nikde *nowhere*
nikam *(to) nowhere*
nikdy *never.*

THE NEGATIVE FORM OF THE VERB. When a verb is negated, the negative particle **ne-** is attached to the beginning of the verb:

Ja tu nebývam. *I don't live here.*

Negative words beginning with **ni-** (see above) require that the verb be in its negative form:

Nikto tu nebýva. *No one lives here.*
Nič nerobím. *I'm not doing anything.*
Nikam nejdem. *I'm not going anywhere.*

When forms of the verb ísť combine with **ne-**, the í changes to j: nejdem *I am not going.* When the negative particle ne- becomes separated from the verb for purposes of contrast, it becomes **nie**:

Ideš alebo nie? *Are you coming or not?*

Forms of the word byť *to be,* when negated, are preceded by nie, written separately:

To nie je úrad. *That isn't an office.*

VERBS OF REPORTED THOUGHT AND SPEECH. Some common verbs used to report thought or speech are **myslieť** *think,* rozumieť *understand,* **vedieť** *know, know how,* hovoriť *say.* For the conjugation of these verbs in the present tense, see further below. These verbs introduce clauses of reported thought or speech with the subordinating conjunction **že** *that,* preceded by a comma:

Myslím, že to je škola. *I think that that's
    a school.*
Hovorí, že nie je Slovák. *He says that
    he's not a Slovak.*

Note in this sentence how English uses the same word that as both a subordinating conjunction and as a pointing word. In Slovak, it is important to distinguish between one word and the other. Note also that in Slovak the conjunction **že** may never be omitted, as it may be in English. Hence English "I think (that) that's a school" but in Slovak only "Myslím, že to je škola".

33

THE USE OF QUESTION WORDS AS SUBORDINATING CONJUNCTIONS. In Slovak, as in English, question words may also function as subordinating conjunctions.

> Neviem kde je to. *I don't know where that is.*
>
> Nerozumiem prečo sa ponáhľaš. *I don't understand why you are in a hurry.*
>
> Pýta sa, kedy budem hotový. *He's asking when I'll be finished.*

THE REFLEXIVE PARTICLE sa. Many verbs occur obligatorily with the reflexive particle sa, literally meaning "self". Such verbs must be learned together with this particle. Usually, it is easy to see the meaning "self" as part of the meaning of the verb, cf.

> volať sa *to be called*, literally "to call oneself"
>
> učiť sa *to study*, literally "to teach oneself"
>
> ponáhľať sa *to hurry*, literally "to hurry oneself"
>
> mať sa *to feel*, literally "to have oneself" and so on.

The particle sa will usually follow the first accented word in the clause in which it occurs; hence pýtam sa *I ask, inquire* but ja sa pýtam; mám sa dobre *I am fine*, but ako sa máte? *how are you?*

SENTENCE TAGS. Just as in English, Slovak often encourages involvement on the part of the listener with one or another "sentence tag", the most common of which are nie? pravda? áno?:

To je úrad, nie? *That's an office, isn't it?*
On je pekný, pravda? *He's good-looking, isn't he?*
Ponáhľaš sa, áno? *You are in a hurry, aren't you?*

"WHETHER". Unlike English, Slovak carefully distinguishes between the conditional introducer "if" (**keď** or **ak**) and the subordinating conjunction "whether" (**či**):

> <u>Keď</u> budem mať čas, pôjdem. *If I (will) have time, I'll go.*
> <u>Ak</u> tam nebude, počkám. *If he's not there, I'll wait.*
> Nehovorí, <u>či</u> je hotový. *He isn't saying whether he is ready.*
> Ona sa pýta, <u>či</u> bývam v Bratislave. *She is asking whether I live in Bratislava.*

"STILL", "YET", AND "ALREADY". The function of English <u>still</u> is generally rendered by **ešte** *still*, while <u>already</u> is expressed by **už**:

<u>Ešte</u> pracujete na univerzite? *Do you still work at the university?*
<u>Už</u> som doma. *I'm already at home.*

English <u>yet</u> is expressed by either **ešte** or **už**, depending on the kind of sentence:

On tu <u>ešte</u> nebýva. *He doesn't live here yet.*
Je <u>už</u> hotový? *Is he ready yet?*

INDICATIVE ADVERBS. The two main indicative adverbs are **tu** *here* and **tam** *there:*

Kto tu býva? *Who lives here?*

Kto to tam ide? *Who is that walking over there?*

In motion-toward situations, the proper adverb to use is **sem** *(to) here:*

Poď sem! *Come here!*

THE PRESENT TENSE OF VERBS (INTRODUCTION).

In dictionaries, Slovak verbs are usually cited in three forms – the infinitive, the 1st person singular present, and the 3rd person plural present, cf. **mať mám majú** *have*, **myslieť myslím myslia** *think*, and so on. The infinitive form, corresponding in meaning to English "to go, to ask, to live", and so on) ends in -ť.

Present tense endings are as follows:

	Singular	Plural
1st p.	-m *I*	-me *we*
2nd p.	-š *you sg.*	-te *you pl.*
3rd p.	-O *he, she, it*	-ú or -ia:

By the ending -O in the 3rd pers. sg. is meant "no ending." In the present tense, verbs can be arranged into three main groups: those in **-ám -ajú**, those in **-ím -ia**, and those in **-em -ú**. Here are examples of verbs in these respective classes:

Group I

mať *have:*

    mám *I have*   **máme** *we have*
    máš *you have*   **máte** *you (pl.) have*
    má *he, she has*   **majú** *they have.*

Similarly:

    volať sa volám sa volajú sa *be called*
    bývať bývam bývajú *live*
    čakať čakám čakajú *wait*
    pýtať sa pýtam sa pýtajú sa *ask, inquire*
    utekať utekám utekajú *run off, away*
    ponáhľať sa ponáhľam sa ponáhľajú sa
       hurry

Group II

    robiť *do, make*
       robím   **robíme**
       robíš   **robíte**
       robí   **robia**

Similarly:

    musieť musím musia *have to, must*
    myslieť myslím myslia *think*
    hovoriť hovorím hovoria *say, talk, speak*

Group III

    pracovať *work*
       pracujem   **pracujeme**
       pracuješ   **pracujete**
       pracuje   **pracujú**

Similarly:

    ísť idem idú *go*
    chcieť chcem chcú *want*

II

A small fourth group consists of *verbs* in **-em** whose 3rd pers. pl. form is unpredictable; cf.:

rozumieť rozumiem rozumejú *understand*
vedieť viem vedia *want*

The *verb* **byť** *be* is wholly irregular. Here are its present-tense forms:

byť *be*

som *I am*	**sme** *we are*
si *you (sg.) are*	**ste** *you (pl.) are*
je *he, she, it is*	**sú** *they are.*

THE USE OF PERSONAL PRONOUNS WITH VERBS.

The personal pronouns which go with the above *verb* forms are **ja** *I*, **ty** *you (sg.)*, **on** *he*, **ona** *she*, **ono** *it*, **vy** *you (pl.)*. Because the form of the *verb* by itself indicates the person of the subject, the pronouns are usually used only for emphasis or contrast. This is particularly true of the 1st and 2nd person pronouns; cf.

Bývam v Bratislave. *I live in Bratislava.*
Ja bývam v Bratislave a on býva v Modre. *I live in Bratislava and he lives in Modra*

In the second sentence above, the two pronouns are contrasted to each other; for this reason, the pronouns **ja** and **ty** must be used.

Since the 3rd person form of the *verb* is ambiguous as to **on**, **ona**, or **ono**, these pronouns will be used with the *verb* slightly more often than the pronouns of the 1st and 2nd person. Once the identity of the referent is clear, however, 3rd person pronouns should be omitted.

GENDER AGREEMENT WITH THE 3RD PERSON PRO-NOUNS. The 3rd person pronouns **on** *he*, **ona** *she*, and **ono** *it* agree with the grammatical gender of the noun referred to. Thus, one refers to a bag (**taška**) with the pronoun **ona**, because **taška** is grammatically feminine. Compare also:

-**Kde je to pero?** *Where is that pen?*
-(**Ono**) **je tu.** *Here it is.*

-**Kde je ten zošit?** *Where is that notebook?*
-(**On**) **je tu.** *Here it is.*

Moja taška je tu. (Ona) je nová. *My hand-bag is here. It is new.*

THE SHORTENING OF LONG VOWELS AFTER ANOTHER LONG VOWEL. Slovak tries to avoid two long vowels in adjacent syllables. In case the stem of a verb contains a long vowel, a following vowel of an ending that is ordinarily long will become shortened:

býv-+-ám = bývam
pýt-+-áš = pýtaš
ponáhľ-+-á sa = ponáhľa sa

and so on. This rule is called the "rhythmic law," or the "law of rhythmic shortening".

COMMON COMPLEMENTS AFTER ísť *go*. The verb **ísť** *go* refers to going some place at a given moment with a definite purpose. Some common complements after this verb are outlined below.

II

a. **ísť** + infinitive. **ísť** may be followed by an infinitive in order to express purpose:
    Idem nakupovať. *I'm going to shop.*

b. **ísť** + **do**. The preposition **do** *to* following the verb **ísť** usually occurs with specific places:
    Idem do práce. *I'm going to work.*
The preposition **do** requires the Genitive case of the noun, discussed in Lesson 11. For the time being, the small number of phrases of the type **do práce**, summarized further below, should be treated as expressions to be learned.

c. **ísť** + **na**. The preposition **na** following **ísť** is used with some specific places, for example, **pošta** *post-office*, **koncert** *concert*, **futbal** *football* (soccer), **univerzita** *university*:
    Idem na poštu. *I'm going to the post-office.*
Usually, however, **ísť** plus **na** signals an intended activity, in which case **na** will usually be translated as "for":
    Chcem ísť na prechádzku. *I want to go for a stroll.*
The case required after **na** in such constructions is the Accusative, discussed in Lesson 5. For the time being, treat such phrases as **na prechádzku** as expressions to be learned.

d. **ísť** + adverb of direction. Certain adverbs of direction may occur after **ísť**, for example:
    Idem domov. *I'm going home.*
    Kam idete? *Where are you going?*
    Nikde nejdem. *I'm not going anywhere.*
    Poď sem! *Come here!*

COMPLEMENTS AFTER byť, bývať, pracovať, učiť sa. The verbs byť *be*, bývať *live, reside*, pracovať *work*, and učiť sa *study* refer to activities or situations that naturally connote a location. For this reason, they often take locational complements using the preposition *v* *in* or, occasionally **na** *at*. The prepositions *v* and **na** in such instances take the Locative case, discussed in Lesson 8. For the time being, learn the following constructions with *v* as fixed expressions:

Bývam *v Modre* (*v Bratislave*, *v Pittsburghu*). *I live in Modra (Bratislava, Pittsburgh).*

Pracujem *v škole* (*v úrade*, *v múzeu*, **na univerzite**). *I work in an office (school, museum, university).*

Učím sa doma (*v klube*, *v parku*). *I study at home (at the club, in the park).*

Locative complements after such verbs contrast with directional complements after verbs of motion like ísť (see above). Here is a summary chart of Location phrases and corresponding phrases of direction:

Noun	Location Phrase	Direction Phrase
Modra	*v* Modre	do Modry
Bratislava	*v* Bratislave	do Bratislavy
Pittsburgh	*v* Pittsburghu	do Pittsburgha
klub	*v* klube	do klubu
úrad	*v* úrade	do úradu
kino	*v* kine	do kina
kostol	*v* kostole	do kostola
mesto	*v* meste	do mesta

V múzeu

park	v parku	do parku
múzeum	v múzeu	do múzea
škola	v škole	do školy
práca	v práci	do práce
Amerika	v Amerike	do Ameriky
Slovensko	na Slovensku	na Slovensko
univerzita	na univerzite	na univerzitu
pošta	na pošte	na poštu
trh	na trhu	na trh
dom	doma	domov.

ČÍTANIE

Volám sa Štefan

Volám sa Štefan. Bývam v Nitre. Nitra sa nachádza neďaleko od Bratislavy. Pracujem tam v úrade. Často chodím na prechádzku do parku, alebo do kina. V tejto chvíli idem do mesta, lebo tam musím niečo vybaviť. Potom idem domov. Niekedy sa ponáhľam, ale tentokrát nie, lebo ma doma čaká veľa práce.

Otázky:
1. Ako sa volá?
2. Kde býva Štefan?
3. Kde pracuje Štefan?
4. Kam často chodí?
5. Čo ho doma čaká?

nachádzať sa -am -ajú *be located*
v tejto chvíli *at the moment*
čakať -ám -ajú *wait*
veľa práce *a lot of work*

II

CVIČENIA

1. *Compose a short sentence using the word:*

nič: **Nič nemám.**

nikam, nikde, nikto, nikdy, nič.

2. *Ask a question with the question word:*

ako: **Ako sa máte?**

kde, kam, kedy, čo, prečo, ako.

3. *Answer the question posed in 2:*

Ako sa máte?   Mám sa dosť dobre.

4. *Give the indicated form of the verb. In your answer, give two versions - one with, one without the pronoun.*

volať sa, ja: **a. volám sa**
                        b. ja sa volám.

mať, ja; ísť, on; byť, ja; bývať, vy; čakať, ona; učiť sa, ty; pýtať sa, ja; vedieť, vy; robiť, ja; pracovať, ona; musieť, ja; vedieť, on; chcieť, vy; byť, vy; učiť sa, ja; mať, ty; volať sa, ty; ísť, ty; myslieť, on; hovoriť, ja; rozumieť, ty.

5. *Translate with a single verb form:*

I work: **pracujem.**

he knows, you (sg.) want, you (pl.) study, we understand, I know, I wait, she is, you (sg.) have to, you (pl.) work, she studies, you (sg.) ask, I go, you (sg.) live, I wait, they know how, he does, you (pl.) are called, I am, he goes, I understand, you (sg.) think, we say.

6. *Translate the English compound verb phrase with a single Slovak verb form:*

he is working: **pracuje.**

I am studying, we are waiting, he is waiting, you (sg.) are working, we are speaking, she is asking, you (pl.) are going, he is doing, they are asking, I am hurrying.

7. *Translate the question using a single verb form in place of the English verb phrase:*

Does he work?:   **Pracuje?**

Is she waiting? What are they doing? Why are you (sg.) asking? Where is he going? Do we have to? When are you working? Why am I studying? Where are you (pl.) hurrying? Do you understand? Are you (sg.) thinking? Do they know? Does he talk?

II

8. *Put the informal verb into the formal form:*

voláš sa: **voláte sa.**

voláš sa, máš, ideš, čakáš, rozumieš, pracuješ, hovoríš, myslíš, vieš.

9. *Follow the model:*

idem: **Chcem ísť.**

on pracuje, rozumiem, robíš, myslíme, viete, ona sa pýta, idú, ponáhľam sa, ona hovorí, vieš, robia.

10. *Follow the model:*

ona rozumie: **Ona musí rozumieť.**

robím, pýtaš sa, učíte sa, on má, pracujem, vieme, čakáš, ona ide, robíme, bývam, ponáhľa sa, hovoríte, rozumiem, ideme, učia sa.

11. *Use an appropriate form of the verb* **byť** *with the noun in a location expression with the preposition* **v**. *Omit the personal pronoun with the verb. Note:* **my** *we;* **oni** *we.*

práca, my: **Sme v práci.**

úrad, ja; klub, vy; múzeum, on; dom, ja; Modra, ona; Bratislava, ona; škola, ja; univerzita, ty; park, my; pošta, ja.

46

12. *Complements after ísť: translate:*
    a. He wants to go on a walk.
    b. Are you (sg.) going home?
    c. I have to go to school.
    d. Where are you (pl.) going?
    e. I have to go do some shopping.
    f. Is he going to the university?
    g. We are going to work.
    h. I want to go to the post-office.
    i. She wants to go home.
    j. Come here!

13. úrad: **a. *v* úrade**
              b. do úradu.
škola, univerzita, práca, múzeum, dom, klub, park, Bratislava, pošta.

14. *Form the negative of the verb:*

mám: nemám.

vie, je, rozumiete, ideš, pracujem, idú, si, chcete, hovorí, myslíš, učím sa, robíte, myslia, ponáhľaš sa, pýtate sa, som.

15. *Fill in the blank with a single word:*
    a. Ako sa ---?
    b. Neviem, --- to je.
    c. --- tu nebýva.
    d. Musím --- učiť.
    e. Prečo sa ---?
    f. Kedy budeš ---?
    g. Kde ---?

h. Nič ---.

i. Bývam v ---.

j. Pracujete v ---?

k. Kam sa on tak ---?

l. Ona chce ---.

m. Aké --- je to?

n. Idem na ---.

o. To nie je --- ďaleko.

p. Ideš do ---?

q. Mám --- skúšku.

r. Chceš --- so mnou?

s. Máme ešte dosť ---.

t. To nebude moja ---.

u. Môžeme už ---.

16. *Follow the model:*

ceruza: Aká je to ceruza?

klub, taška, múzeum, tvár, škola, zošit, kniha, drevo, stena, vrece, stôl, povala, zem.

17. *Answer the questions of 16 with various adjectives:*

Aká je to ceruza?: To je nová ceruza.

18. *Follow the model:*

on, klub: (On) nevie aký je to klub.

ja, múzeum; ty, úrad; ona, škola; vy, pero; ja, dom; on, študentka.

20. Translate:

a. - What kind of office is that?
    - That's not an office but a club.

b. - What kind of club is that?
    - I don't know what kind of club that is.

c. - Where does Mr. Novak work?
    - Mr. Novák works in an office in Bratislava.

d. - Where do you want to go?
    - I want to go home.

e. - Do you still (ešte) have to wait?
    - No, I'm already ready.

f. - Does she work in a school?
    - No, she works in an office.

g. - No one knows where the new club is.
    - It's not very far from here.

h. - Where does Anna live?
    - Anna lives in Pittsburgh, where she
        works in a museum.

i. - What is your name?
    - My name is Marián. Why do you ask?

j. - I understand that you live in America.
    - No, I live in Slovakia.

k. - Why are you asking where I live?
    - Just so.

l. - Do you want to go shopping with me?
    - I can't, I have to study.

m. - What are you doing tomorrow?
    - I'm not doing anything.

n. - We'll arrive late. - Maybe, but it's not my
        fault this time.

o. - You always talk that way.
    - What do you mean?

II

21. *Make conversations based on the following first lines:*
   1. Ako sa voláš?
   2. Kde bývaš?
   3. Čo je to?
   4. Kde pracuješ?
   5. Čo robíš?
   6. Poponáhľaj sa!

22. *Situations. Rehearse, then act out, the following situations; or write a playscript on a similar topic.*

a. Ask a friend whether he/she wants to go shopping with you. Be prepared for various answers.

b. Strike up a conversation with a stranger riding next to you on the train. Ask them where they live, work, what their name is, etc.

c. Try to hurry someone up who is taking a long time to get ready.

d. Someone asks you to go to the movies. Beg off, explaining that you have to study.

Explain the humor of this cartoon.

50

II

SLOVNÍK

ak *if (colloquial)*
aký *what kind, what
  kind of*
Amerika *America*
byť som si je sme
  ste sú *be, is, are*
bývanie *living*
bývať -am -ajú *live*
colnica *customs office*
colný *customs (adj.)*
často *often*
či *whether*
ďaleko *far (adv.)*
dom *house, home*
doma *at home*
domov *(adv.) home,
  to home*
druhý *second*
dosť *enough*
hotový *done, ready*
hovoriť -ím -ia *speak*
ja *I*
keď *if, when*
kedy *when*
klub *club*
kostol *church*
lebo *for, since, because*
len *only, just*
mať mám majú *have*
mesto *town*
možno *maybe*
múzeum *muzeum*
myslieť -ím ia *think,
  mean*

nachádzať sa -am
  -ajú *be located*
národný *national*
neísť *not go*
neskoro *late*
nič *nothing*
nikam *(to) nowhere*
nikdy *never*
nikto *no one, nobody*
očakávať -am -ajú
  await
odtiaľto *from here*
on *he*
ona *she*
ono *it*
oneskoriť sa -ím -ia
  (perf.) be late
park *park*
poponáhľať sa -am
-ajú
  (perf.) hurry up
pracovať pracujem
-ujú
  work
pravda *truth; (as sen-
  tence tag: right?)*
prechádzka *stroll. ísť
  na prechádzku go
  for a stroll*
prečo *why*
pripravený *ready*
prísť prídem prídu
  (pf.) come arrive
pýtať sa -am -ajú *ask*

51

robiť -ím -ia *do, work*
rozumieť -miem
   -mejú *understand*
sem *(to) here*
skoro *soon, shortly*
skúška *examination*
Slovensko *Slovakia*
s, so *with*
stredný *middle*
škoda *too bad, a pity*
škola *school*
športový *sport, sports*
  (adj.)
tentokrát *this time*
trh *market*
ty *you (sg., informal)*
učiť sa -ím -ia *study*
univerzita *university*

úrad *office*
už *already, yet*
v *in*
vedieť viem vedia
  know, know how
veľa *a lot*
veľmi *very*
vina *fault.* moja vina
  my fault
volať sa -ám -ajú *be
  called*
vy *you (pl., formal)*
vysoký *high*
vždy *always*
zajtra *tomorrow*
zakaždým *each time*
že *that (subord. conj.)*

52

Tretia lekcia

Third lesson

A. Kde žije tvoja sestra?

- Kde žije tvoja sestra? *Where does your sister live?*
- Moja sestra? Teraz žije v Bratislave. *My sister lives in Bratislava now.*
- Čo robí? *What does she do there?*
- Učí v škole. *She teaches in a school.*
- Je spokojná s prácou? *Is she happy with her work?*
- Áno, je veľmi spokojná, má dobrú prácu, a to je dôležité. *Yes, she's very happy, because she has a good job, and that's important.*

53

Veľa práce

Otázky:
1. Kde bývaš?
2. Čo robíš?
3. Kde žije tvoja sestra?
4. Učí v škole?
5. Je spokojná s prácou?
6. Čo je dôležité?

B. Veľa práce

- Kde je tvoj mladší brat? *Where is your younger brother?*
- Štefan? Je v Prešove. Študuje na univerzite. *Stephan? He's in Prešov. He's studying at the university.*
- Čo tam študuje? *What does he study there?*
- Cudzie jazyky. *Foreign languages.*
- Páči sa mu tam? *Does he like it there?*
- Nie, nie veľmi. Tvrdí, že má veľa práce. *No, not very. He says that he has a lot of work.*
- Študenti vždy tak hovoria. *Students always say that.*

Otázky:
1. Máš sestru? Brata?
3. Čo robí sestra (brat)?
4. Kde žije?
5. Je spokojná (-ý) alebo nie je? Prečo?
6. Čo vždy študenti hovoria?

III

C. Od maličка

- Ako sa volá tvoja spolužiačka (tvoj spolu-
  žiak)? *What's your schoolmate's name?*
- Jana (Ján). Prečo sa pýtaš? *Jane/John.*
  Why do you ask?
- Je milá (-ý)/sympatická (-ý). Odkiaľ ju
  (ho) poznáš? *She/he is nice. Where do you*
  know her/him from?
- Poznám ju (ho) od maličká. Je skutočne
  veľmi milá (milý). *I know her (him) since*
  childhood. She (he) really is very nice.

Otázky:
1. Ako sa volá tvoja spolužiačka (spo-
   lužiak)?
2. Je tvoja spolužiačka (tvoj spolužiak)
   milá (-ý)?
3. Odkiaľ ju (ho) poznáš?

D. Pokiaľ viem

- Je { tá práčka dobrá?
      ten magnetofón (televízor) dobrý?
      to rádio dobré?

  Is that washing-machine/tape recorder
  (television set)/radio any good?

- Nie, { je stará a pokazená.
        je starý a pokazený.
        je staré a pokazené.

  No, it's old and broken.

- A { táto?   Je tiež { pokazená?
      tento?   pokazený?
      toto?   pokazené?

  And this one? Is it also broken?

56

– Nie som si istý, ale pokiaľ viem, hrá
dobre. *I'm not sure, but as far as I know, it*
works fine.

Otázky:
1. Máš televíziu?
2. Je dobrá?
3. Je rádio pokazené?
4. Je tento magnetofón nový alebo
   starý?
5. Hrá dobre?

E. Po slovensky

– Hovoríš po slovensky? *Do you speak Slovak?*
– Trochu. A ty? *A little, and you?*
– Ja tiež iba trochu. *I also speak only a little.*
– Odkiaľ vieš po slovensky? *Where do you*
  know Slovak from?
– Moji rodičia sú Slováci. Oni hovoria doma
  po slovensky. *My parents are Slovak. They*
  speak Slovak at home.

Otázky
1. Hovoríš po anglicky? A po slovensky?
2. Je tvoja matka Slovenka?
3. Je tvoj otec Slovák?
4. A tvoji rodičia sú Slováci alebo
   Američania?
5. Hovorí niekto u vás doma po
   slovensky?

F. Fajčí sa tu?

- Smie sa tu fajčiť? *May one smoke here?*
- Myslím, že nie. Nikde nie je popolník. *I think not. There isn't an ashtray anywhere.*
- Kde môžem teda fajčiť? *Then where can I smoke?*
- Na chodbe. Chceš si zafajčiť? *In the corridor. Do you want to have a smoke?*
- Ale nie, vydržím. *Oh no, I'll live.*

Otázky:
1. Fajčíš? Smie sa tu fajčiť?
2. Máš popolník? Máš fajku?
3. Chceš cigaretu?
4. Kde sa tu môže fajčiť?
5. Musíme sa opýtať, či sa tu môže fajčiť?
6. Môže sa fajčiť vonku?
7. Chceš ísť von fajčiť?
8. Vydržíš bez fajčenia?

G. Podľa mňa

- Čí je to pes? (Čia je to mačka?) *Whose dog is that? (Whose cat is that?)*
- Môj (Moja). *Mine.*
- Prečo tak divne vyzerá? *Why does it look so strange?*
- Neviem, ako to myslíš. Podľa mňa vyzerá úplne normálne. *According to me it looks completely normal.*
- To si len ty myslíš. *It's only you that thinks so.*
- Nesúhlasím s tebou. Je to úplne obyčajný pes (obyčajná mačka). *I don't agree with you. It's a completely ordinary dog (cat).*

III

Otázky:

1. Čia je to taška? (Čie je to auto?, Čí je to obraz?)
2. Prečo dnes tak divne vyzeráš?
3. Vyzerá ten pes divne alebo normálne?
4. To si len ty tak myslíš?
5. Vždy máš také čudné názory?

POZNÁMKY

žiť (**žijem**) *live*. This verb means "live" in the sense of "be alive", as opposed to the verb **bývať** (**bývam**) *live somewhere, reside*.

spokojný *satisfied*. This word can be used to translate English "happy" in the sense "is he happy (i.e. satisfied)"? The word for "happy" in the sense "joyful" is **šťastný**.

spokojná s prácou. *satisfied with work.* The Instrumental case form of **práca** (Lesson 6)

má dobrú prácu *has a good job.* The endings are those of the Accusative case, introduced in Lesson 5.

veľa práce *lots of work.* **Práce** is the Genitive case form of **práca,** used here in the meaning "of". The Genitive case is introduced in Lesson 11.

spolužiak, spolužiačka *classmate.* This word is used to describe someone whom one may know fairly well but is not necessarily close with. The word for "close friend" is **priateľ, priateľka.**

poznať poznám *know, in the sense of be acquainted with.*

ju *her,* **ho** *him:* the Accusative case forms of the pronouns **ona** *she,* **on** *he.* See Lesson 4.

od malička *from (when I was) little.* An idiom.

študovať študujem study. This verb means "study" in general, especially formal study. The verb učiť sa učím sa means "study" in either the general sense or in the sense of studying something at a given moment.

opýtať sa *ask.* This is the Perfective form of pýtať sa, referring to a single instance.

vyzerať vyzerám *look (appear).* This verb takes an adverbial complement, answering the question "how": -Ako (on) vyzerá? *How does he look?* -Normálne. *Normal(ly).*

podľa mňa. *according to me, in my opinion.*

čo najviac *as much as possible.*

Ako ona vyzerá?

III

GRAMATIKA

ADJECTIVES OFTEN USED WITH PEOPLE. The following adjectives are often used to describe people:

šťastný *happy*
zaneprázdnený *busy*
zvedavý *curious*
milý *nice*
smutný *sad*
istý (si) *certain, sure*
hotový *done, finished*
sympatický *nice, sympathetic*

spokojný *satisfied*
unavený *tired*
zaujímavý *interesting*
pekný *good-looking*
dobrý *good*
chorý *sick*
pripravený *ready*
protivný *disgusting, repugnant.*

NEGATING AN ADJECTIVE WITH ne-. If meaning and usage allow, one may negate an adjective by adding the prefix **ne-**:

> **nešťastný** *unhappy*
> **nespokojný** *dissatisfied*
> **neistý** *uncertain*
> **nezaujímavý** *uninteresting.*

NAMES OF RELATIONS

otec *father*
brat *brother*
syn *son*
manžel *husband*
strýko, ujo *uncle*

mať, matka *mother*
sestra *sister*
dcéra *daughter*
manželka *wife*
teta, tetka *aunt*

The word for "child" is **dieťa**. This word is of neuter gender, hence **moje dieťa** *my child*. The word **matka** is more commonly used than **mať**.

61

The word **strýko** usually refers to one's father's brother, **ujko** to one's mother's brother. However, both words can be used as a general term. The words for "uncle" and "aunt" are also used by young children as a term of politeness when speaking with nonrelated adults. Note that **ujko** and **strýko** are masculine in gender, despite their ending in -o.

PERSONS

osoba *person*	decko *baby*
človek *man, human being*	dieťa *child (n.)*
muž *man*	chlapec *boy*
žena *woman.*	dievča *girl (n.)*

The name for "person", **osoba**, is feminine in gender and takes feminine adjective agreement, whether it refers to a woman or a man:

> **On (ona) je dobrá osoba.** *He (she) is a good person.*

The name for "child", **dieťa**, "girl", **dievča**, and "baby", **decko**, are of neuter gender and take neuter adjective agreement:

> **(Ono) je dobré dieťa.** *It is a good child.*
> **(Ona) je dobré dievča.** *She is a good girl.*
> **(On) je dobré decko.** *He is a good baby.*

"Boy", **chlapec**, is of masculine gender and takes masculine adjective agreement:

> **(On) je dobrý chlapec.** *He is a good boy.*

III

PERSONAL PRONOUNS. The Slovak personal pro-
nouns are the following:
>   ja *I*
>   ty *you (singular, informal)*
>   on *he,* ona *she,* ono *it*
>   my *we*
>   vy *you (plural or formal sg.)*
>   oni *they (males or males and females)*
>   ony *they (nonmales).*
>   kto *who*

POSSESSIVE PRONOUNS. The Slovak possessive
pronouns are:
>   môj moja moje *my* (poss. of **ja**)
>   tvoj tvoja tvoje *your* (poss. of **ty**)
>   jeho *his, its* (poss. of **on, ono**)
>   jej *her* (poss. of **ona**)
>   náš naša naše *our* (poss. of **my**)
>   váš vaša vaše *your* (poss. of **vy**)
>   ich *their* (poss. of **oni, ony**)
>   čí čia čie *whose* (poss. of **kto**)

The possessive pronouns **môj, tvoj, náš, váš, čí**
are adjectives and agree with the possessed item
in gender:
>   môj brat *my brother*
>   moja sestra *my sister*
>   moje dieťa *my child*
>   náš dom *our house*
>   naša škola *our school*
>   naše decko *our baby*
>   čí pes? *whose dog?*
>   čia mačka? *whose cat?*
>   čie zviera? *whose animal?.*

The words **jeho** *his*, **jej** *her*, **ich** *their* do not change according to gender:

jeho brat *his brother*
ich sestra *their sister*
jej dieťa *her child.*

Note the following sound peculiarities of the possessive pronouns:

a. The possessive pronoun endings **-a** and **-e** are short vowels, not long as with adjectives: **moja nová ceruza** *my new pencil*; **moje nové pero** *my new pen*.

b. The stem vowel ô in the masculine form **môj** alternates with o in the other forms: **môj brat** *my brother*, **moja sestra** *my sister*.

c. The stem vowel **á** in the masculine forms **náš**, **váš** alternates with **a** in the other forms: **náš dom** *our house*, **naša škola** *our school.*

64

III

VERBS THAT CAN BE FOLLOWED BY AN
INFINITIVE. A number of verbs, called auxiliary
verbs, take the infinitive of another verb as a
complement. The most important auxiliary verbs
in Slovak are the following:

byť budem budú *will, be going to*
musieť -ím -ia *must, have to*
chcieť chcem chcú *want*
mať mám majú *have, be supposed to*
môcť môžem môžu *may, can, be able to.*
smieť smiem smú *may*

Examples:
Musím sa učiť. *I have to study.*
Môžeš ísť so mnou? *Can you come with me?*
Nechcem dnes pracovať. *I don't want to
work today.*
Máme tu čakať. *We are supposed to wait
here.*
Kedy sa budeš učiť? *When are you going to
study?*
Smiem tu fajčiť? *May I smoke here?*
Nemusím ísť tam. *I needn't go there.*

"VERBALS" THAT CAN BE FOLLOWED BY AN
INFINITIVE. "Verbals," "pseudoverbs," or "modals,"
as they are variously known, express modality
and can be followed by an infinitive or a verb.
The two most important Slovak verbals are
možno *one can, it is possible* and **treba** *one
should, one ought, it is necessary*:

Možno tu fajčiť? *May one smoke here?*
Treba sa pýtať. *One ought to ask.*

EXPRESSION OF PROHIBITION WITH nesmie sa.
The negated form of **smieť** *may* can be used with
the reflexive particle **sa** to form an impersonal
construction expressing prohibition:

> **Nesmie sa tu fajčiť.** *One may not smoke
> here.*

EXPRESSING OPINIONS. Following are some
expressions of use in giving opinions:

> **podľa mňa** *according to me*
> **podľa môjho názoru** *in my opinion*
> **(nie) som si istý (-á)** *I am (not) certain*
> **myslím si, že...** *I think that...*
> **som presvedčený (-á), že...** *I am convinced
> that...*
> **súhlasím (nesúhlasím)** *I (don't) agree.*
> **máte (máš) pravdu** *you are right*
> **nemáte (nemáš) pravdu** *you are wrong*

Smie sa tu fajčiť?

CVIČENIA

1. *Give the noun of the opposite gender:*

   matka: otec

sestra, manžel, syn, tetka, muž, dievča, Slovenka, spolužiak, Američan.

2. *Oral drill: give the word in Slovak:*

happy, tired, sad, busy, nice, curious, satisfied, interesting, ready, bad, beautiful, energetic (**energický**), lazy (**lenivý**), ugly, sick, certain, ready, disgusting,

3. *Using the nouns of exercise 1, and the adjectives of exercise 2, compose short sentences of the type:*

   matka, happy: **Moja matka je veľmi šťastná.**

4. *Give the opposite, along the lines of the model:*

   dobrá manželka: **zlý manžel**

šťastný brat, zlá sestra, smutný otec, energická študentka, dobrý učiteľ, škaredé dievča, sympatická žena.

III

5. sestra: a. Je to tvoja sestra?
            b. Áno, to je moja sestra.
            c. Nie, to nie je moja sestra.
muž, otec, manželka, tetka, syn, žena, dieťa, ujko,
dievča, matka, manžel, dcéra, chlapec.

6. sestra: Tvoja sestra je veľmi milá.

Use different adjectives with:
otec, tetka, dieťa, matka, dcéra, syn, spolužiačka,
priateľ.

7. *(Make opposites using* ne-:)

žena, šťastná:
        Táto žena je veľmi nešťastná.

osoba, spokojný; muž, zaujímavý; dieťa, milý;
chlapec, energický; dievča, sympatický.

8. matka: a. Čo robí tvoja matka?
           b. Učí v škole.

(Make up different answers using:)
otec, syn, dcéra, brat, tetka, spolužiak.

9. *Give responses of type a) and b):*
on, ceruza: a. Je toto jeho ceruza?
                 b. Nie, toto nie je jeho ceruza.

ja, kniha; on, stôl; my, obraz; vy, obraz; oni,
taška; ty, dieťa; ona, rádio; ja, magnetofón; vy,
televízia; ony, krieda; ty, fajka; vy, popolník.

68

10. **oni, syn:**   a. **Ako sa volá ich syn?**
                     b. **Ján**

Use different appropriate first names:
ona, dcéra; on, manželka; vy, brat; ono, sestra;
ty, spolužiak; ona, manžel; oni, spolužiačka; on,
priateľka; ona, priateľ.

11. **study: Musím sa učiť.**

work, wait, ask, run, hurry.

12. **study: Budeš sa učiť?** *Use the vocabulary
of exercise 11.*

13. **pracujem: Musím pracovať.**

Keep the verb in the same person:

učíš sa, on ide so mnou, čakáte tu, ona beží,
ponáhľate sa, rozumiem.

14. **mačka:**   **Čia je to mačka?**

pes, zviera, dieťa, taška, zošit, cigareta,
magnetofón, rádio, televízia, popolník.

15. smoke: **Smiem tu fajčiť?**

work, study, wait.

III

16. *Translate, using an auxiliary verb or a modal:*

        a. He wants to know where I live.
        b. He has to study.
        c. Do you (pl.) want to go?
        d. Can you wait here?
        e. I am supposed to hurry.
        f. When will you want to study?
        g. She has to run; she is in a hurry.
        h. Can one smoke here?
        i. It is necessary to study more (**viac**).
        j. It's necessary to go outside.

17. Translate:

a.   – Where does your uncle live?
       – He lives in Modra.

b.   – My brother Stefan is a student at the university.
       – What does he study?

c.   – Where does that man work?
       – He says that he works in Poprad.

d.   – What's your friend's (f.) name?
       – Juraj. Why do you ask?

e.   – Your mother is really very nice. What does she do?
       – She is a teacher in school.

f.   – I know that your friend (f.) speaks a little Slovak.
       – Yes, she actually speaks quite well.

g.   – That dog look so strange.
       – I don't agree. I think it looks completely normal.

h.   – Where may I smoke?
       – Either outside or in the corridor.

i. - Where do you know her from?
    - I've known her since childhood.

j. - My sister studies foreign languages at
        the university.
    - Is she very happy there?
    - No, not very.

k. - Whose child is that?
    - Mine.

l. - May one study here?
    - Of course (**samozrejme**).

m. - Does this elevator (**výťah**) work?
    - As far as I know, it works fine.

18. *Translate. Then write a similar compo-
sition, using different persons:*
**Pani Mináčová je moja dobrá priateľka.
Poznám ju od malička. Je veľmi zaujímavá
a milá. Učí v škole a je veľmi spokojná s
prácou. Jej manžel Viktor je advokát.
Pracuje v úrade a je vždy veľmi
zaneprázdnený. Pani Mináčová a jej manžel
sú Slováci a hovoria doma po slovensky.**

19. *Make up five-line conversations, on the basis
of the first lines:*
    a. **Kedy sa budeš učiť?**
    b. **Čo robí tvoj otec?**
    c. **Kde žije váš brat?**
    d. **Hovoríš po slovensky?**
    e. **Ako sa volá tvoja spolužiačka?**
    f. **Čia je to taška?**
    g. **Smie sa tu fajčiť?**

71

III

20. Situations. Rehearse for the following situations, or write playscripts representing them:

1. Bring yourself up to date on the family of a friend - what the brother, sister, etc. is doing, and so on.

2. You have met a friend of a friend, and you want to comment about him or her to your friend - either positively or negatively.

3. Complain to someone about your life: either you have to work or study too hard, or something else is the matter.

4. You are surprised to hear some people speaking Slovak on the street in your town. Ask them how they know Slovak.

5. Complement or criticize the appearance of a friend's pet.

6. You feel like smoking, but you suspect you can't smoke in the room where you are. Find out from someone whether and how it is possible to light up a cigarette somewhere in the vicinity.

7. Get involved in some kind of discussion involving an exchange of subjective opinions. For example, you think a picture is pretty, and your partner does not.

ČÍTANIE

Moja Rodina

Mám jednu sestru a jedného brata. Moja sestra sa volá Marta a brat Dušan. Marta býva v Levoči. Je učiteľka. Je veľmi pekná a milá, a som si istá (-ý), že je veľmi spokojná so životom. Môj brat Dušan býva doma, v Poprade. Je robotník. Veľa pracuje. Jeho práca je zaujímavá, avšak Dušan nie je spokojný. Podľa neho príliš málo zarába.

jednu sestru, jedného brata, Dušana. Accusative case forms *after* **mám** *I have.* The Accusative case is introduced in Lesson 5.

so životom *with life.* The preposition **s(o)** takes the Instrumental case, discussed fully in Lesson 6. The form **so** occurs before words beginning with **s, š, z, ž,** and before certain consonant clusters, cf. **so mnou** *with me.*

Otázky:
1. Ako sa volá sestra? Brat?
2. Čo robia? Sú spokojní?
3. Je Marta milá a pekná? A Dušan?
4. Čo je dôležitejšie: mať zaujímavú alebo výnosnú prácu?

aby *in order to*

Američan *an American*
(m.) *pl.* Američania

Američanka *an American* (f.)

avšak *however*

brat *brother*

byť *be, future tense*
budem

cigareta *cigarette*

cudzí jazyk *foreign language*

čí čia čie *whose*

človek *man, human being*

čo najviac *as much as possible*

čudný *strange*

dcéra *daughter*

decko *baby*

dieťa (n.) *child*

dievča (n.) *girl*

divný *strange, odd.*
divne *strangely*

dnes (adverb) *today*

dôležitý *important*

fajčiť -ím -ia *smoke*

fajka *pipe (smoking)*

ho *him Accusative of* on

hotový *ready, finished*

hovoriť -ím -ia *say, speak, talk*

hrať -ám -ajú *play, work (of machinery)*

chlapec *boy*

chodba *corridor*

chorý *sick*

iba *only, just*

ich (poss. pron.) *their*

istý *certain.* nie som si istý *I'm not sure*

jazyk *language, tongue*

jeho (poss. pron.) *his, its*

jej (poss. pron.) *her, hers*

ju *her (Accusative of* ona)

lepšie *better (adv.)*

mačka *cat*

magnetofón *tape recorder*

malička. od malička *since (I was) a child*

manžel *husband*

manželka *wife*

mať mám majú *have, have, to, be supposed to*

mať, matka *mother*

menej *less*

milý *nice (of a person)*

môj -a, -e *my, mine*

môcť môžem môžu *can, may, be able*

možno *one can, one ought*

muž *man*

náš -a, -e *our*

názor *view, opinion*

niekto *anyone*
normálny *normal*
obyčajný *ordinary*
odkiaľ *from where*
opýtať sa -am -ajú
  (perf.) ask
osoba *person*
otec *father*
páči sa mu (jej) *he*
  (she) likes (it)
pes *dog*
po slovensky *in Slovak*
po anglicky *in English*
podľa *according to*
  (+Gen.)
pokazený *broken*
pokiaľ *as far as*
popolník *ashtray*
poznať -ám -ajú
  know (a person)
práca *work, job*
práčka *washing*
  machine
pravda *truth.* mať
  pravdu *to be right*
presvedčený *convinced*
priateľ *friend (m.)*
priateľka *friend (f.)*
príliš *too (of degree)*
pripravený *ready*
rádio *radio*
robotník *laborer*
sestra *sister*
skutočne *really*
Slováci *Slovaks. (pl. of*
  Slovák)

smieť smiem smú *may.*
  smie sa? *may one?*
smutný *sad*
spokojný *satisfied*
spolužiačka *(f.) school-*
  mate
spolužiak *schoolmate*
strýko *(paternal) uncle*
súhlasiť -ím -ia *agree*
sympatický *nice*
študovať -ujem -ujú
  study
syn *son*
šťastný *happy*
teda *then, in that case*
televízia *television*
teta, tetka *aunt*
treba *one must, one*
  ought, it is necessary
tretí tretia tretie
  third
tri *three*
tvoj -a, -e *your (sg.)*
tvrdiť -ím -ia *assert,*
  say, claim
učiť učím *teach*
ujo, ujko *(maternal) uncle*
unavený *tired*
úplne *completely*
u vás *at your place*
váš -a, -e *your (pl.)*
veľa *much, a lot.* veľa
  práce *a lot of work*
viac *more*
vidieť -ím -ia *see*

75

volať sa -ám -ajú *be called*

von *out(side) (dir. adv.)*

vonku *outside (loc. adv.)*

vydržať -ím -ia *(perf.) last, survive*

vyjsť vyjdem -dú *go out (Perfective)*

výnosný *profitable*

výťah *elevator*

vyzerať -ám -ajú *look, appear*

zafajčiť -ím -ia *(perf.) light up (cigarette)*

zamestnanie *line of work*

zaneprázdnený *busy*

zarábať -am -ajú *earn, "make"*

zaujímavý *interesting*

zviera *animal (neut.)*

žena *woman*

žiť žijem žijú *live, be alive*

bar *bar;* **v bare** *in a bar;* **do baru** *to a bar*

Štvrtá Lekcia

Fourth Lesson

A. Máte čas?

- **Máte (máš) čas dnes večer?** *Do you have time this evening?*
- **Nie, nemám. Prečo?** *No, I don't have time. Why?*
- **Mám lístky na veľmi zaujímavý film Chcel/a (chceli) by si (ste) ísť so mnou?** *I have tickets to a very interesting film. Would you like to go with me?*
- **Išla (išiel) by som s vami (s tebou), ale mám veľa práce.** *I'd go with you, but I have a lot of work.*
- **Škoda. Keď budete (budeš) mať niekedy čas, tak zavolajte (zavolaj).** *Too bad. If you ever have time, give a call.*

77

Obnovený dom *renovated building*

Otázky:

1. Máte (máš) čas?
2. Chcete (chceš) vidieť tento film?
3. Máte (máš) lístky na zaujímavý film?
4. Kam chcete (chceš) ísť?
5. S kým chcete (chceš) ísť?
6. Máš (máte) veľa práce? Čo?

B. Som unavený

- Tak ideme? Už si hotový (-á) (pripravený -á) *So shall we go? Are you ready?*
- Kam? *Where?*
- Samozrejme, na koncert. *To the concert, of course.*
- Vieš čo, som veľmi unavený (unavená). Nechce sa mi ísť na koncert dnes večer. *You know, I'm very tired. I don't want to go to the concert tonight.*
- Tak pôjdem sám (sama). *Then I'll go alone.*
- Nie, v žiadnom prípade. Už idem. *Not on your life. I'm coming right now.*

Otázky:

1. Si pripravený (pripravená)?
2. Kde ideme?
3. Chceš ísť na koncert?
4. Ak nechceš ísť na koncert, tak kam chceš ísť?
5. Si unavený (unavená)?
6. Chceš ísť sám (sama)?

C. Možno pozajtra

- Máš čas? *Do you have time?*
- Kedy? *When?*
- Hneď. *Now, right away.*
- Nie, musím sa učiť. *No, I have to study.*
- A kedy budeš mať čas? *Well then when will you have time?*
- Neviem. Možno zajtra, možno pozajtra. *I don't know. Maybe tomorrow, maybe the day after tomorrow.*

Otázky:
1. Kedy budeš mať čas?
2. Máš čas dnes večer?
3. Budeš mať čas zajtra?
4. Budeš mať čas pozajtra?
5. Čo budeš robiť dnes (večer, zajtra)?

D. O tri minúty

- **Kedy začne koncert?** *When will the concert be?*
- **O tri minúty.** *In three minutes.*
- **Musíme sa ponáhľať! Prídeme neskoro.** *We have to hurry. We'll be late.*
- **Neboj sa, máme ešte čas. Stihneme to.** *Don't worry, we' still have time. We'll make it.*

Otázky:
1. Idete na koncert?
2. Kedy začne koncert?
3. Idete na koncert s priateľom (priateľkou) alebo sám (sama)?
4. Prídete načas alebo neskoro?

E. Nikdy nie je neskoro

- **Asi sa budem učiť.** *I think that I'm going to study.*
- **(Ty) žartuješ?** *Are you joking?*
- **Prečo?** *Why do you say that?*
- **Lebo už celý týždeň hovoríš, že sa budeš učiť.** *Because you've been saying whole week that you're going to study.*
- **Viem, ale teraz to myslím vážne.** *I know, but this time I mean it.*
- **Ale už je príliš neskoro.** *But now it's already too late.*
- **Nikdy nie je neskoro.** *It's never too late.*

Otázky:

1. Kedy sa budeš učiť?
2. Žartuješ často?
3. Myslíš to vážne?
4. Čo robíš celý týždeň?
5. Na čo teraz myslíš?
6. Už je príliš neskoro na učenie?

F. Ste dohodnutí?

- Dobrý deň. Je tu pán Svetko? *Hello. Is Mr. Svetko in?*
- Pán Svetko nie je dnes v úrade. Ste s ním dohodnutí? *Do you have an appointment with him?*
- Nie, ale musím sa s ním stretnúť vo veľmi dôležitej veci. Volám sa Ladislav Malec. Bude vedieť, o čo ide. *No, but I have to meet with him concerning a very important matter. My name is Ladislav Malec. He'll know what it's about.*
- Tak príďte zajtra o tomto čase. Má tu vtedy byť. Poviem mu, že ste tu boli. *Then come tomorrow at this time. He should be here then. I'll tell him you were here.*

Otázky:

1. Je tu pán Svetko?
2. Ste s ním dohodnutí?
3. Prečo sa s ním musíte stretnúť?
4. Môže to počkať do zajtra?
5. Môžete prísť zajtra o tomto čase?

mať čas *to have time.* This phrase is often used in the sense "be free, not be busy".

nechce sa mi *I don't feel like; literally,* "it doesn't want to me." This construction is usually followed by an infinitive.

s priateľom (s priateľkou) *with a friend* Instrumental case after the preposition **s** *with.*

chcel (chcela) by som ísť *I'd like to go.* **išiel (išla) by som** *I'd go.* A conditional construction which, for the time being, should be learned as set phrases.

ak nie, tak... *if not, then...* The word **tak** translates "then" in an "if-then" statement.

keď... tak... *when (if)... then...*

o tri minúty *in (after) three minutes.* It is also possible to say **za tri minúty** in this sense.

neboj sa! *don't worry,* lit. "don't be afraid". The imperative form of the verb **báť sa** *be afraid.* For the formation of the imperative, see Lesson 10.

myslíš to vážne? *do you mean it?* Literally, "do you think that seriously?"

má tu byť *he should be here.* The verb **mať** is often used in this sense of obligation.

o tomto čase *at that time.* **vo dôležitej veci** *on an important matter.* **v žiadnom prípade** *by no means.* Locative-case expressions.

IV

THE INSTRUMENTAL CASE OF PERSONAL PRONOUNS. The Instrumental case will be formally introduced in Lesson 6. The Instrumental case is required after the preposition **s (so)** *(together) with*. This use is encountered particularly frequently with personal pronouns, in expressions such as the following:

Chceš ísť so <u>mnou</u>? *Do you want to go with me?*

Chcete sa s <u>nami</u> učiť? *Do you want to study with us?*

Ste s <u>ním</u> dohodnutí? *Do have an appointment with him?*

Nesúhlasím s <u>tebou</u>. *I don't agree with you.*

Musím sa s <u>vami</u> stretnúť. *I have to meet with you.*

Som veľmi spokojný s <u>nimi</u>. *I'm very pleased with them.*

S <u>kým</u> ste hovorili? *Who were you talking with?*

Nehovoril som s <u>nikým</u>. *I wasn't talking with anyone.*

The Instrumental forms of the personal pronouns (including **čo**) are as follows:

čo:	čím	kto:	kým
nič:	ničím	nikto:	nikým
ja:	mnou	my:	nami
ty:	tebou	vy:	vami
on:	ním	oni:	nimi
ono:	ním	ony:	nimi
ona:	ňou.		

The form **so** is used with **mnou**; **s** is used with the other forms.

THE VERB **bá̌ť sa** *to be afraid.* The verb **bá̌ť sa** *to be afraid* takes the same endings as **robiť**, added to the stem **boj-**. In the 3rd pers. pl. **-ia** after **j** shortens to **-a:**

bojím sa	bojíme sa
bojíš sa	bojíte sa
bojí sa	boja sa.

The imperative, or command form, of this verb often occurs in the negative: **neboj sa** *don't be afraid.* For more on the imperative, see Lesson 10.

REFLEXIVE VERBS. By reflexive verbs are meant verbs which occur together with the reflexive particle **sa.** This particle usually occurs before the personal form of the verb, after the first stressed word in the clause. Here are some common uses of the particle **sa:**

1. In its commonest use, the reflexive particle turns a transitive verb into an intransitive verb: **volať -ám -ajú** *to call,* **volať sa** *to call oneself, to be called;* **otvárať -am -ajú** *to open (something),* **otvárať sa** *to open (by itself),* as in **Dvere sa sem otvárajú.** *The door opens this way.*

2. Similar to the preceding use is the use of the particle **sa** to make a passive verb out of an active one: **kniha sa číta** *the book is read.* **dom sa stavia** *the building is being built.*

3. The particle **sa** can be used with a verb in the 3rd person sg. to form an impersonal verb, for example **chce sa mi** *I feel like* (literally, "it wants to me"); **smie sa tu fajčiť?** *may one smoke here?* An impersonal verb can usually be translated using the English impersonal "one": **ako sa to robí?** *how is that done? , i.e. how does one do that?*

4. With some verbs, the addition of **sa** changes the meaning of the verb, for example **pýtať -am -ajú** *request,* **pýtať sa** *ask a question;* **mať mám majú** *have,* **mať sa** *feel, "be doing "* (as in the expression **ako sa máš?** *how are you doing?*)

5. A number of verbs simply require **sa** and must be learned together with the particle, for example: **báť sa bojím sa** *be afraid.*

THE 3RD PERSON PLURAL PRONOUNS oni AND ony. In Slovak, one distinguishes in the 3rd person plural pronoun between male and non-male groups. One refers to male and mixed male-female groups with **oni**; female groups, or inanimate groups take **ony**:

Kde sú oni? *Where are they?* (male or mixed male-female group)

Kde sú ony? *Where are they?* (female or inanimate group).

THE PLURAL OF ADJECTIVES. Slovak adjectives exhibit a male-nonmale distinction in the plural similar to the **oni/ony** distinction. For males and mixed male-female groups, the ending is -í; for all other nouns, the plural ending is -é:

Oni sú hotoví. *They are ready (of males)*
Ony sú hotové. *They are ready (of females).*
Note that the plural non-male form of the adjective is the same as the neuter sg. form.

THE PAST TENSE (INTRODUCTION). The Slovak past tense is formed by using the present forms of the verb **byť** as an auxiliary verb in combination with the past participle, formed by replacing ť of the infinitive with -l-. The past participle has four gender-number forms: -l (masc.), -la (fem.), -lo (neut.), and -li (plural). The auxiliary verb is not used in the 3rd person. For example, here is the past tense of the verb **robiť** *do, make, work:*

robil (robila) som
I worked
robil (robila) si *you*
(sg.) worked
robil, robila, robilo
he, she, it worked.

robili sme *we worked*

robili ste *you (pl.)*
worked
robili *they worked*

Verbs in -ieť, like **chcieť**, form the past tense in -el-:

chcel (chcela) som
I wanted
chcel (chcela) si
you (sg.) wanted
chcel, chcela,
chcelo *he, she, it wanted.*

chceli sme *we wanted*

chceli ste *you (pl.)*
wanted
chceli *they wanted*

THE PRESENT, PAST, AND FUTURE OF THE VERB
byť *to be.*

PRESENT

ja **som** *I am*	**my sme** *we are*
ty si *you are*	**vy ste** *you are*
on, ona, ono **je**	oni, ony **sú** *they are*
he, she it is	

PAST

ja **som bol(a)** *or* bol(a) **som** *I was*	**my sme boli** *or* boli **sme** *we were*
ty si bol(a) *or* bol(a) **si** *you (sg.) were*	**vy ste boli** *or* boli **ste** *you (pl.) were*
on **bol,** ona **bola,** ono **bolo** *he, she, it was*	oni (ony) **boli** *they were*

FUTURE

ja **budem** *I will be*	**my budeme** *we will be*
ty budeš *you will be*	**vy budete** *you will be*
on, ona, ono **bude** *he, she, it will be*	oni, ony **budú** *they will be.*

The forms of **budem, budeš,** etc. can combine with the infinitive of a verb to form an expression of future probability or intent:

Kedy budeš mať čas? *When are you going to have time?*

Kedy bude koncert? *When is the concert going to be?*

Čo budeš robiť dnes večer? *What will you do (be doing) this evening?*

Note: the forms of **budem budeš** may only combine with Imperfective verbs; most verbs met thus far are Imperfective. For more on Imperfective vs. Perfective verbs, see further below in this lesson and in Lesson 9.

TIME EXPRESSIONS

včera *yesterday*
dnes *today*
zajtra *tomorrow*
pozajtra *day after tomorrow*
predvčerom *day before yesterday*
ráno *in the morning*
večer *in the evening*
poobede *in the afternoon, after lunch*
popoludní *in the afternoon*
predpoludním *before noon*
v noci *at night*

The expression **v** noci *at night* implies in the late night; for early night, use **večer**.

Some expressions:
 dnes ráno *this morning*
 včera večer *yesterday evening*
 zajtra poobede *tomorrow afternoon*
 predvčerom v noci *day before yesterday at night*
and so on.

DAYS OF THE WEEK

pondelok *Monday*	**v pondelok** *on Monday*
utorok *Tuesday*	**v utorok** *on Tuesday*
streda *Wednesday*	**v stredu** *on Wednesday*
štvrtok *Thursday*	**vo štvrtok** *on Thursday*
piatok *Friday*	**v piatok** *on Friday*
sobota *Saturday*	**v sobotu** *on Saturday*
nedeľa *Sunday*	**v nedeľu** *on Sunday*

The preposition **v** in construction with days of the week requires the Accusative case of the noun (Lesson 5). The Accusative case ending for feminine nouns is -**u**, hence **streda** *Wednesday*, **v stredu** *on Wednesday*. With masculine nouns, the Accusative ending is like the Nominative case (the case you already know), hence **piatok** *Friday*, **v piatok** *on Friday*. Note that the names of the days of the week are not capitalized in Slovak.

Expressions:
v pondelok ráno *on Monday morning*
v stredu večer *on Wednesday evening*
v piatok poobede *on Friday afternoon*
v nedeľu v noci *on Sunday at night*
and so on.

DAY, NIGHT, WEEK, MONTH, HOUR, MINUTE, SECOND, YEAR

deň day	**dni** *days*
noc *(f.) night*	**noci** *nights*
hodina hour	**hodiny** hours
týždeň *week*	**týždne** *weeks*
mesiac *month*	**mesiace** *months*
rok *year*	**roky** *years*
minúta *minute*	**minúty** *minutes*
sekunda *second*	**sekundy** *seconds.*

Note that the noun **noc** *night* is feminine in gender: **dlhá noc** *a long night*.

"ALL DAY," "ALL WEEK". The expression "all day", "all week", and so on is expressed with the adjective **celý**:

<u>Celý</u> <u>týždeň</u> som veľmi zaneprázdnená. *I'm very busy all week.*

This is an Accusative-case expression; consequently if the noun is feminine, the adjective ending will be **-u**:

<u>Celú</u> <u>noc</u> som bola veľmi chorá. *I was very sick all night.*

The expression "every day", "every week", and so on, is expressed with the adjective **každý**:

Pracujem <u>každý</u> <u>deň</u>. *I work every day.*

<u>Každú</u> <u>minútu</u> som zaneprázdnená. *I am busy every minute.*

NUMBERS 1, 2, 3, 4. As noted in Lesson 1, the number 1 has a masculine, feminine, and neuter form, similar to the pronoun **ten, tá, to**, except that the feminine ending is **-a**, not **-á**:

jeden deň *one day*
jedna hodina *one hour*
jedno dieťa *one child.*

The number 2 has a masculine form (**dva**), and a combined feminine-and-neuter form (**dve**):

dva roky *two years* (masculine)
dve hodiny *two hours* (feminine)
dve deti *two children* (neuter).

The numbers 3 and 4 have the same forms for all genders:

tri (štyri) mesiace *three (four) months*
tri (štyri) minúty *three, (four) minutes*
tri (štyri) deti *three, (four) children.*

The numbers 2, 3, and 4 require the Nominative plural of the noun. For now, you know the plural forms only of nouns for periods of time (see above). The Nominative plural of nouns is presented in Lesson 7. Note: numbers 5 and above take the Genitive plural of the counted noun, presented in Lesson 12.

THE EXPRESSION o tri dni *in three days.* The English expression "in three days", in the sense "after three days have passed," is expressed in Slovak with the preposition **o** plus the Accusative case (Lesson Five). The Accusative sg. of feminine nouns is **-u**:

o hodinu *in (after) an hour*
o minútu *in (after) a minute*
o sekundu *in (after) a second.*

For the other names for periods of time, the Accusative is like the Nominative in both sg. and pl.:

o tri dni *in three days*
o dva mesiace *in two months*
o štyri hodiny *in four hours*

and so on. Note: in nonstandard speech, the preposition **za** is often used instead of **o**. Strictly speaking, **za** plus the Accusative of a time-period word should be used only in the sense of "over, during, in the course of": **za tri roky** *over, during, in the course of three years.*

PERFECTIVE VERBS. A class of verbs in Slovak, called "Perfective," expresses one-time events. Such verbs usually refer to events in future or past time, and do not usually refer to actions or events in the on-going present. In the glossary, such verbs will be designated with a following (perf.), hence **odísť** -**ídem** -**idu** (perf.). leave, depart.

The present-tense form of a Perfective verb usually has future meaning:
> **Prídeme** na**čas**. *We'll be there on time.*
> **Ak si hotový, tak pôjdeme.** *If you are ready, (then) we will go.*
> **Stihneme.** *We'll make it.*

Perfective verbs are commonly used in combination with conjunctions like **hneď** *right away*, **akonáhle** *as soon as;* **lenčo** *as soon as:*
> **Akonáhle on príde, môžeme ísť.** *We can go as soon as he arrives.*
> **Oni hneď prídu.** *They will arrive right away.*

For the time being, only the following Perfective verbs will be used in exercises:
> **(ísť) pôjdem** *go, set out*
> **prísť prídem** *come, arrive*
> **odísť odídem** *go away, leave, depart*

IMPERFECTIVE VERBS. Most verbs encountered thus far have been Imperfective. The present tense of Imperfective verbs usually refers either to on-going actions or to actions that occur repeatedly or in general:

Idem do práce. *I'm going to work (on-going action).*

Čakám tu dve hodiny. *I have been waiting here for two hours (on-going action).*

V pondelok **sa učím**. *On Monday I study (habitual action).*

For more on Perfective and Imperfective verbs, see Lessons 8 and 13.

THE EXPRESSION OF CONTINGENCY (INTRODUCTION). Phrases of simple contingency in Slovak are expressed with **ak...**, **tak...**:

Ak si príliš unavený, **tak** nepôjdeme na koncert. *If you are too tired, (then) we won't go to the concert.*

Ak nechceš ísť na koncert, **tak** kam chceš ísť? *If you don't want to go to the concert, then where do you want to go?*

The temporal conjunction "when" is expressed by **keď**, usually used in combination with the future tense (English tends to use the present):

Keď budeš hotová, pôjdeme. *If (when) you are ready, we will go.*

"As soon as" is expressed with either **len čo** or **akonáhle**, usually in combination with the future tense (whether Perfective or Imperfective):

Môžeme ísť, **akonáhle** (**len čo**) budeš hotový. *We can go as soon as you are ready.*

"ALONE", 'BY ONESELF". The notion of "alone" is usually expressed with the pronoun **sám sama samo sami samy**, which agrees with the referrent in gender:

- **S kým ideš na film?** *Who are you going to the film with?*
- **Idem sám (sama).** *– I'm going by myself.*

Sám *alone, by oneself*

CVIČENIA

Follow the models, which will in most cases be self-explanatory:

1. yesterday: **včera**

tomorrow, day after tomorrow, day before yesterday, today, yesterday, in the morning, in the afternoon, in the evening.

2. yesterday morning: **včera ráno**

tomorrow evening, this morning, yesterday afternoon, this evening, tomorrow morning, yesterday evening.

3. Monday: a. **pondelok**
            b. **v pondelok**

Wednesday, Friday, Thursday, Sunday, Saturday, Tuesday.

4. Monday morning: **v pondelok ráno**

Wednesday evening, Sunday morning, Thursday afternoon, Tuesday evening, Saturday afternoon, Friday morning.

5. *Choose the correct tense form of the verb "to be":*

v̌čera ráno: **v̌čera ráno som bol (bola)**

dnes poobede, *v̌čera večer,* zajtra ráno, pozajtra, predv̌čerom.

6. *Choose the correct tense form of "to be" and fill in the proper adjective:*

day after tomorrow, tired: **Pozajtra budem unavený.**

yesterday morning, busy; yesterday afternoon, tired; tomorrow evening, ready; this afternoon, busy; day before yesterday, late.

7. *Make up an activity:*

Monday evening: **V pondelok večer idem na koncert.**

Wednesday afternoon, Friday evening, Saturday morning, Tuesday afternoon.

8. *Use the tense form of the verb "to be". Give masculine and feminine gender alternates where possible.*

ty, today, tired: **Si dnes unavený (unavená).**

oni, tomorrow, busy; **my,** yesterday, ready; **ony** day after tomorrow in the evening, tired; **ja,** day before yesterday, late.

14. tomorrow, day after tomorrow:
možno zajtra, možno pozajtra.

today, tomorrow; Wednesday, Friday; now, never; Saturday, Sunday; this afternoon, this evening.

15. **učím sa: Musím sa učiť.**

pracujú, čakám, ideš, robíte, vedia, pýtame sa, mám, učíš sa.

16. *Give the plural, keeping the gender the same:*

Ja som hotová: My sme hotové.

Ja som unavený. Ona je milá. On je zaujímavý. Ty si veľmi zaneprázdnený. Ono je spokojné.

17. **idem: Chcel (Chcela) by som ísť.**

čakáme, pýtajú sa, pracuješ, má, ponáhľate sa učím sa, rozumie, vedia, majú.

18. **čakám:**   **Budem čakať.**

pracujem, robíme, chcem, máte, hovorí, rozumejú, pýta sa, učia sa, vieme, boja sa, robíš.

9. **2, rok: dva roky.**

3, deň; 4, sekunda; 3, týždeň; 2, noc; 4, mesiac; 3, hodina; 2, minúta.

10. day: a. **Budem hotový o jeden deň.**
      b. **Budem hotový o dva dni.**

week, month, hour, minute, year, second.

11. 4 days: **štyri dni**

3 minutes, 2 hours, 1 night, 2 weeks, 4 months, 1 year, 3 children, 1 child, 1 minute, 4 years, 3 nights.

12. ja: a. **ja som bol (bola)**
      b. **ja budem**

on, ona, ten muž, my, ony, tá žena, toto dieťa, vy, oni, ty.

13. *Give the form of the opposite number:*
    som: sme

pýtam sa, ide, musí, robíte, idú, pracujeme, bojíš sa, chce, čakáš, volám sa, je, idete, pýta sa, chcem, ste, máme, má, robím, ste, boja sa, volá sa, máte, idem, pracuje.

IV

19. on: a. Kedy bude hotový?
           b. Keď bude hotový, tak povedz.

ona, ony, ty, vy, oni.

20. ty, satisfied: a. Si veľmi šťastný.
                  b. Si príliš šťastný.

oni, curious; on, tired; my, busy; vy, nice; ty, sick; ony, occupied; ona, sad.

21. oni, my: Akonáhle prídu, tak pôjdeme.

on, ja; ona, ony; ty, oni.

22. ja, on, kino: a. Idem s ním do kina.
                b. Ide so mnou do kina.

my, ony, pošta; ona, ty, škola; oni, vy, koncert; ja, ty, film.

23. vy, on: a. Ste s ním dohodnutí?
           b. Je s vami dohodnutý?

ona, my; ty, oni; ony, ja.

24. my: Pôjdeme sami (samy).

ja, on, ty, vy, ony, ona, oni.

25. *Answer logically:*
a. Máš čas dnes poobede?
b. Chceš ísť so mnou na film?
c. Už si pripravený odísť?
d. Kedy budeš hotová?
e. Kam chceš ísť?
f. Kedy bude koncert?

26. *Make up short sentences illustrating the use of* celý *and* každý *with the following nouns:*

týždeň, rok, noc, mesiac, hodina, minúta:

deň: **Budem unavený celý deň.**
Ja som unavený každý deň.

27. Translate:
a. – We'll be late to the concert.
   – Don't worry, we'll be there on time.
b. – Who were you talking with?
   – I wasn't talking with anyone.
c. – When will the concert begin?
   – In three hours.
d. – I will be ready right away.
   – You always say that.
e. – We have tickets to a very interesting film.
   – I'd like to go with you.
f. – Do you have an appointment with her?
   – No, but I must meet with her today.
g. – Why are you always so tired?
   – Because I work very hard all day.
h. – Who are you going to the concert with?
   – I'm going either with you or by myself.

i. - I don't want to study this evening.
   - You never want to study. I don't want to study either.
j. - Your friend is *very* nice.
   - Yes, I agree with you.
k. - They are *very* nice. (Two ways).
l. - Of course we'll be late to the movie.
   - Don't worry. We have enough time.
m.- I'd like to go on a walk with you.
n. - She would like to be happy.
   - Who wouldn't like to be happy?
o. - If you are too tired, I will go alone.
   - In no case will you go alone.
p. - They will arrive in three minutes.
   - As soon as they arrive, we will go.
q. - Is Ms. (**pani**) Zelená here?
   - No, she isn't here. Come back tomorrow at the same time.

28. *Compose five-line conversations beginning with the first lines:*
   a. **Máš čas?**
   b. **Chcete** vidieť tento film?
   c. **Kam** chcete ísť so mnou?
   d. **Už** si pripravená?

29. Situations. Prepare for, and then act out, the following situations; or write a playscript describing them.

   a. You change your mind about going to a concert, citing the reason that you are too tired, have to study, etc.

   b. Invite someone to a movie. In case they don't want to go, be prepared to persuade them.

   c. Try to hurry someone up who is not ready for something.

d. Talk with the secretary in an office about trying to make an appointment with her superior.

ČÍTANIE

Môj týždeň

V pondelok ráno sa budem učiť, lebo v utorok poobede mám skúšku. V stredu budem odpočívať, už sa neviem dočkať stredy. Nakupovať budem v štvrtok ráno, lebo popoludní som dohodnutý (-á) s priateľom (priateľkou) v banke. Máme tam vybaviť dôležitú vec. Ak budem mať čas, možno pôjdem v piatok večer do divadla a v sobotu do kina. Pôjdem sám (sama), alebo s priateľom (priateľkou). V nedeľu budem celý deň počúvať rádio alebo sa pozerať na televíziu. V nedeľu večer bude v televízii dobrý anglický film.

neviem sa dočkať stredy *I can't wait for Wednesday*. stredy: the Genitive case after dočkať sa.

Otázky:
1. Čo budete robiť v pondelok?
2. Máte skúšku v utorok?
3. Kedy budete odpočívať?
4. Kedy budete nakupovať?
5. Budete mať čas pozerať televíziu v nedeľu?
6. Máte vybaviť dôležitú vec? Čo?

Slovák som a Slovák budem

(: Slovák som a Slovák budem, čierne čižmy
nosiť budem! :)
Čierne čižmy od čižmára, ostroženky od
kovára!

Šablenka brúsená, to je moja žena,
Ona ma *vyseká*, až bude potreba.
Hu-ja-ja, hu-ja-ja, hu-ja-ja, hu-ja-ja,
Ona ma *vyseká*, až bude potreba.

Šablenka brúsená, na obidve strany,
Ona ma *vyseká* z Uhier do Moravy!
Hu-ja-ja, hu-ja-ja, hu-ja-ja, hu-ja-ja,
Ona ma *vyseká* z Uhier do Moravy!

ak *if*
akonáhle *as soon as*
anglický *English*
báť sa bojím boja
  be afraid. neboj sa!
  don't be afraid
by *(conditional parti-*
  cle). chcel by som
  ísť *I'd like to go*
celý *all, the whole,*
  entire
čas *time.* mať čas *have*
  time. načas *on time.* o
  tomto čase *at the*
  same time
často *often*
deň, *pl.* dni *day*
dnes *today*
dočkať sa *(perf.) wait*
  until (+Gen.)
dohodnutý. byť d.
  have an appointment
dva *(m.)* dve *(f. & n.)*
  two
film *film, movie*
hneď *right away,*
  immediately
hodina *hour*
každý *each, every*
keď *when, if*
lístok, *pl.* lístky
  tickets
mesiac, *pl.* mesiace
  month
minúta *minute*

možno *maybe, perhaps*
myslieť -ím -ia *think*
nedeľa *Sunday*
neskoro *(adv.) late*
noc, *pl.* noci *night*
o *(in this lesson) in,*
  after (+ Accusative).
o rok *in (after) a year*
odísť -ídem -ídu *(perf.)*
  leave, depart
odpočívať -am -ajú
  rest, relax
otvárať -am -ajú *open*
piatok *Friday*
počúvať -am -ajú
  listen to
pondelok *Monday*
poobede *in the after-*
  noon
povedať -ám -ajú
  (perf.) say, tell
pozajtra *day after*
  tomorrow
pôjdem pôjdu *(perf.)*
  (infin. ísť*) go, set off*
predvčerom *day before*
  yesterday
príliš *too (much)*
program *program*
ráno *in the morning*
rodičia *parents*
rok, *pl.* roky *year*
sám sama samo *by*
  oneself, alone

IV

samozrejme *of course, obviously*
sekunda *second*
sem *this way*
skoro *soon, shortly*
skúška *examination.* Acc. skúšku
sobota *Saturday*
stihnúť -em -ú *(perf.) arrive on time.*
streda *Wednesday*
stretnúť sa -nem -nú *(perf.) meet*
škoda *too bad.* škoda času *a waste of time*
štvrtok *Thursday*
štvrtý *fourth*
štyri *four*
teda *then, in that case*

treba *it is necessary*
tri *three*
týždeň, *pl.* týždne *week*
utorok *Tuesday*
už *already, yet*
vážny *serious.* vážne *seriously*
včera *yesterday*
vec *(f.) thing, affair, matter*
večer *evening, in the evening*
vtedy *then, at that time*
zajtra *tomorrow*
žartovať -ujem -ujú *to joke*

wine label

Piata lekcia

Fifth lesson

A. Stará mama

- Máte deti? *Do you have children?*
- Áno, máme dve, jedno dievča a jedného chlapca. *Yes, we have two, one boy and one girl.*
- Už chodia do školy? *Do they go to school yet?*
- Nie, sú ešte príliš mladé. *No, they're still too young.*
- Kto ich opatruje, keď ste v práci? *Who looks afte them when you're at work?*
- Stará mama (babička). Deti ju veľmi ľúbia, lebo ich so sebou všade vezme. *Their grandmother. The children adore her, because she takes them with her everywhere.*

Babička

Otázky:
1. Máte deti?
2. Vaše deti už chodia do školy?
3. Máte starú mamu? Dedka?
4. Kto opatruje deti keď sú rodičia *v*
   práci?

B. Máš súrodencov?

- Máš bratov a sestry (súrodencov)? *Do you
  have brothers and sisters?*
 - Áno, mám jednu mladšiu sestru a jedného
  staršieho brata. *Yes, I have one yougner
  sister and one older brother.*
- Čo robia? *And what do they do?*
- Brat pracuje ako inžinier a sestra ešte
  chodí do školy. *My brother works as an
  engineer, and my sister still goes to school.*

Otázky:
1. Máš súrodencov?
2. Koľko máš bratov? Sestier?
3. Čo robia tvoji súrodenci? Kde bývajú?
4. Máš rád (rada) svoju sestru?   Svojho
   brata?

C. Chcem kúpiť psa

- Chcem si kúpiť psa. *I want to buy a dog.*
- Načo ti je pes? *What do you need a dog for?*
- Neviem. Vždy som chcel(a) mať psa. *I don't
  know. I always wanted to have a dog.*

109

V

- **Akého psa si chceš kúpiť?** *What kind of dog do you want to buy?*
- **Neviem. Možno si kúpim malého pudlíka alebo veľkého vlčiaka.** *I don't know. Maybe I will buy myself a little poodle, or a big German shepherd.*

Otázky:
1. Čo chceš kúpiť?
2. Čo ešte chceš kúpiť?
3. Načo ti to je?
4. Máš psa? Mačku?
5. Chcel(a) by si mať mačku? Psa?
6. Akého psa chceš? Akú mačku by si chcel(a)?

D. Čo máš?

- **Čo máš v taške?** *What do you have in your bag?*
- **(V taške mám) ceruzu. A čo?** *In my bag I have a pencil. So?*
- **Načo ti je ceruza?** *What do you need a pencil for?*
- **Neviem. Možno ju budem potrebovať.** *I don't know. Maybe I will need it.*

Otázky:
1. Máš tašku? Čo máš v taške?
2. Čo ešte máš?
3. Načo ti je ceruza?
4. Kam ideš s taškou?
5. Potrebuješ tašku. Ceruzu?

E. Čo tu robíš?

- **Čo tu robíš?** *What are you doing here?*
- **Čítam časopis a čakám.** *I'm reading a magazine and waiting.*
- **Na koho čakáš?** *Who are you waiting for?*
- **Čakám na Miša (Maru). Ty ho (ju) poznáš?** *I'm waiting for Mike/Mary. Do you know him/her?*
- **Samozrejme. To je môj spolužiak (moja spolužiačka). Mám ho (ju) veľmi rád (rada).** *Of course. That's my school-mate. I like him/her a lot.*
- **Áno, je skutočne veľmi sympatický (-á). Ale nie je príliš presný (-á). Mešká celú hodinu.** *Yes, he/she really is really nice. But he/she isn't very punctual. He's/She's an entire hour late.*

Otázky:
1. Čo čítaš?
2. Rád/rada čítaš?
3. Čakáš na spolužiaka (priateľa)?
4. Dobre ho (ju) poznáš?
5. Aký (-á) je? Je presný (-á)? Mešká?

F. Mám chuť

- **Čo chceš kúpiť na večeru, Mišo?** *What are you buying for dinner, Mišo?*
- **Víno a tortu.** *Wine and a cake.*
- **To je všetko?** *Is that all?*
- **Áno, a čo?** *Yes; so?*
- **Jesť na večeru tortu nie je zdravé.** *It isn't healthy to eat a cake for dinner.*

111

U

- Možno nie, ale mám chuť na niečo sladké. *Maybe not, but I have a craving for something sweet.*

Otázky:
    1. Na čo máš chuť?
    2. Čo budeš jesť na večeru?
    3. Čo chceš kúpiť na večeru?
    4. Máš chuť na niečo sladké?
    5. Si zdravý (á)? Ješ zdravo?

G. Láskavosť

- Urobili by ste mi láskavosť, prosím? *Would you please do me a favor?*
- Samozrejme, o čo ide? *Of course, what's the problem?*
- Požičali by ste mi svoj voz na víkend? Môj je pokazený. *Would you lend me your car for the week-end. Mine is broken.*
- Ľutujem, potrebujem ho tento víkend. *I'm sorry, but I need it this week-end.*
- Myslel som na budúci víkend. *I was thinking of next week-end.*
- Neviem ešte, čo budem robiť. Poviem vám potom. *I don't know yet, what I'll be doing. I'll tell you later.*

Otázky:
    1. Čo budete robiť cez víkend?
    2. Čo je to láskavosť?
    3. Vždy robíte láskavosť?
    4. Požičiavate svoje veci? Komu?

POZNÁMKY

taške Locative case of **taška** after the preposition **v**; see Lesson 8.

a čo? "and so?," literally, "and what?" – a somewhat rude or familiar reponse.

načo ti je ceruza? Literally, "for what to you is a pencil?" **Ti** is a Dative case form of the pronoun **ty**, meaning "to you". See Lesson 10.

kúpim *I'll buy.* **Kúpiť** *buy* is a Perfective verb, hence the present tense form has future meaning. The Imperfective of "buy" is **kupovať kupujem**. For more on this distinction, see Lesson 8.

mať rád mám rád(a) *to like*

čakať na *wait for.* This expression takes the Accusative case; see the grammatical section of this lesson.

podaj (podajte) *give, pass;* the sg. and pl. forms of the imperative, or command form of **podať**. For the time being, learn this as an expression.

prosím *please, you're welcome.* Note how this word may be used in combination with the imperative. Note also the use of this word in the meaning "you're welcome."

bratov, sestry, súrodencov: the Genitive-Accusative plural forms of **brat**, **sestra**, **súrodenec**. See Lesson 12.

chodí *goes.* **chodiť** refers to regular or repetitive action.

o čo ide? *what's it about? what does it concern?*

na večeru *for dinner,* **na niečo sladké** *for something sweet.* The use of the preposition **na** plus the Accusative to express the "for" of purpose.

113

V

GRAMATIKA

THE ACCUSATIVE SINGULAR CASE OF NOUNS AND ADJECTIVES

THE NOTION OF CASE. Slovak nouns take endings, called case endings, in order to signal the grammatical function of the noun in a sentence – subject, object, indirect object, object of preposition, or some other function. Thus far we have mainly dealt with the Nominative case, the case of the grammatical subject of the sentence. The Nominative case is also the dictionary form of the noun.

Adjectives also have their own individual case endings, but case with adjectives is not independent: the case of an adjective depends on the case of the noun which it modifies. Thus, if a noun is in the Nominative case, an adjective which modifies that noun will also be in the Nominative case.

English does not have case endings other than the -'s or -s' of what can be called the English "possessive" case: John's ("of John"); dogs' ("of the dogs."). Usually, English signals the grammatical function of a noun by its position in a sentence – whether before or after the verb. For example, the English subject almost always comes before the verb, and the object comes after the verb:

<u>Mike</u>   <u>loves</u>   <u>Jane.</u>
subject   *object*

In Slovak, word order is less rigid than in English; the object often comes before the verb. For this reason, Slovak uses case endings in order to make the meaning of the sentence clear. For example, the following two sentences have almost the same meaning:

Mišo ľúbi Janu.
Janu ľúbi Mišo.

In both instances it is Mišo that loves Jana, Jana that is loved by Mišo. In both sentences the Accusative case ending -u in **Janu** indicates that this noun is the direct object. The Nominative case form **Mišo** indicates in both sentences that Mišo is the grammatical subject.

THE ACCUSATIVE CASE. The main function of the Accusative case is to signal that a noun is performing the role of grammatical direct object in a sentence. By direct object is meant a second noun in a sentence besides the subject that is portrayed as "acted on" by the subject of the sentence. For example, in the following two sentences, **Mišo** is the object in the first sentence, and **Jana** is the object in the second:

Jana ľúbi Miša. *Jane loves Mike.* (Note the Acc. ending -**a**).
Mišo ľúbi Janu. *Mike loves Jane.* (Note the Acc. ending -**u**).

Note that the Accusative will be used even when the rest of the sentence is missing:

- Koho ľúbi Mišo? *Who(m) does Mike love?*
- <u>Janu</u>. *Jane.*

U

Slovak distinguishes, in the Accusative singular of nouns, three types of noun: feminine, masculine animate, and all others. By "animate" is meant a noun that refers to an animate being, including humans.

1. Feminine nouns ending in -**a** form the accusative in -u:

lampa *lamp*   Mám lampu. *I have a lamp.*
ceruza *pencil*   Mám ceruzu. *I have a pencil.*
Jana *Jane*   **Poznám Janu.** *I know Jane.*

Feminine nouns whose Nominative case form ends in a consonant do not have a separate Accusative ending:

noc night   **Mám rád noc.** *I like the night.*

The Accusative singular feminine ending of adjectives and of the demonstrative pronouns **ten tá to** and **tento táto toto** is -ú. With possessive adjectives, soft-stem adjectives, adjectives whose stem contains a long vowel, and with the numeral **jeden**, the ending is -u:

Mám no**v**ú ceruzu. *I have a new pencil.*
Vidíš t**ú** ženu? *Do you see that woman?*
Poznám tvoj**u** mladši**u** sestru. *I know your younger sister.*
Viem jedn**u** vec. *I know one thing.*

Note that with the demonstrative pronoun **tento táto toto** *this*, the particle **to** is attached after the ending:

Vidíš túto ceruzu? *Do you see this pencil?*

116

Female last names in -ova take -ú:

Dobre poznám pani Dubíkovú. *I know Mrs. Dubikova well.*

2. The Accusative singular of masculine animate nouns is -a:

pudlík *poodle*	**Kúpim pudlíka.** *I'll buy a poodle.*
brat *brother*	**Mám brata.** *I have a brother*
Ján *John*	**Ľúbime Jána.** *We love John.*

Masculine personal names in -o also take Accusative sg. in -a:

Mišo *Mike*   **Poznám Miša.** *I know Mike.*

The masculine animate Accusative singular ending for adjectives is -**ého**:

Mám nov<u>ého</u> pudlíka. *I have a new poodle.*
Mám jedn<u>ého</u> starš<u>ieho</u> brata. *I have one older brother.*

Masculine possessive adjectives take the shortened ending -**ho**:

Poznám <u>tvojho</u> (vášho) brata. *I know your brother.*

The masculine animate Accusative form of the demonstrative pronoun **ten** is **toho**. The animate Accusative of **tento** is **tohto**:

Poznáš <u>toho</u> (<u>tohto</u>) človeka? *Do you know that (this) man?*

Note that masculine personal names in -**a** take the Accusative sg. ending -**u** (like the feminine ending); adjective agreement continues to be masculine:

> **Poznáš <u>toho starého turistu</u>?** *Do you know that old tourist?*

3. The Accusative singular endings for all other nouns, i.e. for masculine inanimate and all neuter nouns are the same as in the Nominative:

> **Mám nové pero.** *I have a new pen.*
> **Chcem kúpiť ten starý obraz.** *I want to buy that old picture.*
> **Máš veľmi pekný dom.** *You have a very pretty house.*

SUMMARY CHART OF ACCUSATIVE ENDINGS:

inan.	feminine	masculine animate	masculine and neuter
noun	-u	-a	*like Nom.*
adj.	-ú	-ého	*like Nom.*
pron. adjs.	-u	-ého (-ho, -oho)	*like Nom.*

THE ACCUSATIVE CASE FORMS OF THE PERSONAL PRONOUNS. The personal pronouns have the following Accusative case forms:

ja	ma, mňa	my	nás
ty	ťa, teba	vy	vás
on	ho, jeho, neho	oni	ich, nich
ona	ju, ňu	ony	ich, nich
ono	ho, jeho, neho	kto	koho.

The forms **teba, jeho** are used for emphasis, for example:

Mám rád jeho brata, ale <u>jeho</u> nemám rád. *I like his brother, but I don't like <u>him</u>.*

Forms beginning with n- are used after prepositions, for example:

Kúpil som túto knihu pre neho. *I bought this book for him.*

Prepositions always require the long form of a pronoun:

- **Dlho čakáte na <u>mňa</u>?** *Have you been waiting for me long?*
- **Áno, dosť dlho na <u>teba</u> čakám.** *Yes, I've been waiting for you quite some time.*

NOTES ON TITLES. The titles **pán** *Mr.*, **pani** *Mrs.*, and **slečna** *Miss* have the following Accusative forms:

pán pána *Mr.*   **pani pani** *Mrs.*
slečna slečnu *Miss*:

Dobre poznám pána Hubíka a pani Hubíkovú. *I know Mr. and Mrs. Hubik well.*

SOME OTHER FUNCTIONS OF THE ACCUSATIVE CASE. A number of prepositions require that the object of the preposition be in the Accusative case, for example:

1. The expression **ísť na** *go to, on, for* takes the Accusative case:

ísť na prechádzku *go for a stroll, on a walk*
ísť na koncert *go to a concert.*

119

2. The preposition **na** in the meaning "for" (of purpose) takes the Accusative case.

  na obed *for dinner*
  na noc *for the night*
  mať chuť na cukríky *have a desire for candy.*

3. The expression "on a day" (of the week) takes **v** plus the Accusative case:

  v sobotu *on Saturday*
  v piatok *on Friday*
and so on.

4. The expressions **o nejaký čas** *after a certain period of time* and **za nejaký čas** *during a certain period of time* take the Accusative case:

  o tri roky *in, after three years*
  o jednu hodinu *in, after one hour.*
  za hodinu *during the course of an hour*
and so on.

5. The verbal expression **čakať na** *wait for* takes the Accusative case:

  Čakám na Máriu. *I'm waiting for Maria.*
  Čakám na môjho priateľa. *I'm waiting for my friend.*

6. Wishes are expressed in the Accusative case, without an accompanying preposition:

  Dobrú noc! *Good night!*
  Dobrú zábavu! *Have a good time!*
  Dobrú chuť! *Good appetite!*

7. The Accusative of Time. Duration of time is often expressed by the Accusative case, without a preposition:

Učím sa celú noc. *I've been studying all night.*

ORDER OF SUBJECT AND PREDICATE. The order in which the subject and the predicate will occur in a sentence has to do with which of the two elements expresses new information. The constituent containing new information will be placed at the end of the sentence. The difference can be appreciated if one formulates a question to which a statement might respond:

Mám ceruzu v taške: Answers the question: "Where is your pencil?"

V taške mám ceruzu: Answers the question: "What do you have in your handbag?

MOBILE VOWELS IN MASCULINE DECLENSION. Some masculine nouns which contain the vowel e in the last syllable drop the e before all endings; for example:

pes *dog,* Accusative **psa**
otec *father,* Accusative **otca**
herec *actor,* Accusative **herca.**

Other masculine nouns may drop the vowel -o- before endings, for example:

pondelok *Monday,* Genitive **pondelka**
utorok *Tuesday,* Genitive **utorka**
večierok *party,* Genitive **večierka.**

In the vocabulary, such nouns are listed in two forms - the Nominative and the Genitive - so that the drop of **e** or **o** in forms with endings will be identifiable, for example:

otec otca *father*
herec -rca *actor*
pondelok -lka *Monday*
večierok -rka *party*

and so on.

THE REFLEXIVE POSSESSIVE PRONOUN **svoj svoja svoje.** Possession of a noun in the predicate of a sentence by the subject of the sentence is usually expressed with the reflexive possessive pronoun **svoj svoja svoje** *one's own* (which takes the same endings as **tvoj tvoja tvoje**):

Hľadám svojho priateľa. *I'm looking for my friend.*
Máš svoju tašku? *Do you have your bag?*

Note that personal possession in a sentence is often not expressed when the object of "possession" is a person:

Hľadám priateľa. *I'm looking for (my) friend.*
Ako dlho čakáš na sestru? *How long have you been waiting for your sister?*

COMMON FIRST NAMES. Here is a list of some common Slovak first names for use in the exercises to this lesson. The forms in parentheses are affectionate or familiar forms:

Males	Females
Jozef (Jožko)	Eva (Evička)
Pavol -vla (Paľko)	Mária (Marka)
Peter -tra (Petrík)	Viera (Vierka)
Michal (Miško)	Božena (Boženka)
Ján (Janko)	Jana (Janka).

THE COMPARISON OF ADJECTIVES. The comparative form of the adjective expresses the meaning "more." In Slovak, the comparative of an adjective is formed with the suffix -š-, which takes soft adjective endings:

milý *nice*	milší -ia, -ie *nicer*
škaredý *ugly*	škaredší -ia, -ie *uglier*
starý *old*	starší -ia, -ie *older, elder*
mladý *young*	mladší -ia, -ie *younger.*

The superlative form of the adjective, expressing the notion "most," or "-est" is expressed with the prefix **naj-**, attached to the front:

najmilší *nicest*	najstarší *oldest, eldest*
najškaredší *ugliest*	najmladší *youngest*

An adjective whose stem ends in two consonants will add -ej- before the -š-:

protivný *repugnant* protivnejší *more r.*
        najprotivnejší *most repugnant.*

Some other, usually longer, adjectives also take -ejš-, e.g. **dôležitý dôležitejší** *important,* **zaujímavý zaujímavejší** *interesting.*

A number of common adjectives have irregular comparative forms. Such adjectives include the following:

positive	comparative	superlative
malý *small*	menší *smaller*	najmenší *smallest*
veľký *big*	väčší *bigger*	najväčší *biggest*
dobrý *good*	lepší *better*	najlepší *best*
zlý *bad*	horší *worse*	najhorší *worst*
pekný *pretty*	krajší *prettier*	najkrajší *prettiest.*

The comparative form of the adjective is often used in construction with either **než** *than* or **ako** *as, than:*

> **Tvoja sestra je staršia, ako som myslel.** *My sister is older than I thought.*
> **Môj brat je mladší než ja.** *My brother is younger than I.*

SOME USEFUL WORDS AND EXPRESSIONS. The following Accusative-requiring verbs and sets of vocabulary items will be used in the exercises to this lesson:

písať píšem píšu *write.* This verb takes the Accusative case of nouns such as the following:

kniha *book*	úloha *assignment*
karta *postcard*	skúška *examination*
pohľadnica *picture postcard*	oznam *advertisement*
list *letter*	

čítať -am -ajú *read.* This verb takes the Accusative case of nouns such as the following:

    kniha *book*   **nove**la *novel*
    časopis *magazine*   **noviny** *(pl.) newspaper*
    báseň *(f.) poem*

kupovať -ujem -ujú *buy (imperfective),* **kúpiť** -im -ia *(perfective).* - This verb can be used with the Accusative case of anything one might buy, including the following names for pets:

    pes *dog*   **vták** *bird*
    pudlík *poodle*   **had** *snake*
    ovčiak *sheepdog*   **opica** *monkey*
    mačka *cat*   **ryba** *fish*
    vlčiak *German shepherd.*

This verb occurs most often in the Perfective form:

    Chcem kúpiť psa (**opicu,** etc.). *I want to buy a dog (monkey, etc.)*

zaujímať zaujímam *to interest.* This verb takes the Accusative of personal nouns and pronouns and can used in an expression corresponding to the English phrase "to be interested in":

    Zaujímajú ju len šaty. *Only clothes interest her. (=She is only interested in clothes.)*
    Zaujíma ma ten dom. *That house interests me. (=I'm interested in that house.)*

Alternatively, the reflexive form of this verb may be used, followed by **o** plus the Accusative:

    Zaujímajú sa o šaty. *They are interested in clothes.*

U

pamätať sa -ám -ajú na *to remember.*
myslieť -ím -ia na *to think about.* Because
one can think about or remember almost
anything, these *verbs* can be used with almost
any noun or personal pronoun:
> **Myslím na teba (obed,** etc.**).** *I'm thinking*
> *about you (about dinner).*
> **Dobre sa pamätám na Miša (tvojho psa,**
> etc.**)** *I remember Misha (your dog) well.*

mať rád (rada) *to like something or someone.*
This *verb*-and-adjective combination is an idiom;
that is, its meaning cannot be derived in a
simple way from its components. The forms **rád**
(masculine), **rada** (feminine), **radi** (masculine pl.),
rady (feminine pl.) agree with the subject:
> **Mám Pavla rád (rada).** *I like Paul.*
> **Máme veľmi radi ten film.** *We like that*
> *film a lot.*

poznať -ám -ajú *know, be familiar with.* This
verb is usually used with persons whom one has
personally met:
> **Dobre poznám Máriu Horalcovú.** *I know*
> *Maria Horalcova.*
This sense of "know" is to be distinguished from
knowing information or knowing "how,"
expressed with **vedieť viem vedia** *know, know*
how:
> **Neviem, kde je tvoja kniha.** *I don't know*
> *where your book is.*
> **Ani nevie čítať.** *He (she) doesn't even know*
> *how to read.*

V

CVIČENIA

1. ceruza: **V taške mám ceruzu.**

drevo, časopis, vták, kniha, krieda, list, pero, ryba, šaty, karta.

2. ceruza: a. **Na čo ti je ceruza?**
              b. **Potrebujem ceruzu.**
              c. **Budem ju potrebovať.**

Use the vocabulary of exercise 1.

3. pes: a. **Chcem kúpiť psa.**
           b. **Akého psa chceš kúpiť?**
           c. **Chcel(a) by som kúpiť čierneho psa.**

In response c., try to use different adjectives.

had, ryba, vlčiak, opica, vták, pudlík, mačka, rádio, magnetofón, televízia, dom, lampa, obraz, stolička.

4. kniha   a. **Čítam knihu.**
            b. **Čítam zaujímavú knihu.**

In response b., try to supply different adjectives.

časopis, karta, list, novela, noviny, poznámka, úloha, článok, otázka.

V

5. Mária: **Čakám na Máriu.**

Eva, Paľo, Mišo, Božena, Viera, Jožo, Ján, Pavol, Jana, Peter.

6. časopis, Mária: **Čítam časopis a čakám na Máriu.**

karta, Mišo; list, Božena; novela, Viera; noviny, Jožo; úloha, Pavol.

7. oni, film: a. **Načo čakajú?**
              b. **Čakajú na film.**

Answer 2nd person questions with a 1st person subject. Choose between čo and koho, depending on the referrent.

on, koncert; vy, dobrá práca; ty, Paľo; ony noviny; ona, Eva; oni, noc; ty, Božena; on, streda; vy, Ján; ona, syn; oni, skúška; vy, spolužiačka.

8. Mišo: a. **Poznáš Miša?**
          b. **Ty ho poznáš?**

Use as cues the names in exercise 5.

9. *Compose brief sentences using the 1st person sg. form of the verb:*

čítať: **Čítam časopis.**

chcieť, čakať na, kupovať, ísť do, písať, počúvať, poznať, potrebovať, pozerať, študovať, žiť.

10. brat: a. Mám jedného brata.
              b. Pracuje ako inžinier.

In response b., to the extent possible use different words for professions.

sestra, matka, ujko, dcéra, syn, tetka, dobrý priateľ, dobrá spolužiačka.

11. ja, ona: Ja pracujem a ona študuje.

my, oni; ona, on; ony, ja; ty, my; on, vy; vy, my.

12. I, nice sister: a. Mám milú sestru.
                   b. Moja sestra je milá.

You (sg.), good friend (m.); we, young brother, you (pl.), large dog; they, sad cat; he, new daughter; she, beautiful face; we, expensive house; she, old husband; he, ugly aunt; I, this old pencil.

14. Mária: a. Ľúbiš Máriu?
              b. Mám ju rád(a).

Jožo, Mišo, Eva, Božena, Pavel, Ján, Mara, Peter, Zdenek, Zdenka.

U

15. ja, ona: a. Poznám ju.
                b. Ona ma pozná.

my, oni; on, ona; ony, vy; ty, ja.

16. pero: Daj(te) mi toto pero.

list, kniha, karta, časopis, novela, had, skúška,
obraz, krieda, zošit, vec.

17. my, vy: a. Máme vás radi (rady).
                b. Máte nás radi (rady).

ona, on; ony, ja; my, oni; ty, ona; vy, on.

18. ja, ty: a. Čakám na teba.
                b. Čakáš na mňa.

*Remember to use the forms in   n-   after the
preposition.*

on, my; vy, ona; ty, ja; ony, my.

19. *Use alternately expressions for "love,"
"remember," "think about," "know":*

Eva, Adam: a. Eva ľúbi Adama.
              b. Adam ľúbi Evu.

Viera, Ján; Michal, Božena; Jana, Paľo; Jozef
Mária; Zdenek, Zdenka.

130

20. **Eva, Adam:**   **a. Evu zaujíma len Adam.**
                     b. Adama zaujíma len Eva.

Use the cues of exercise 19.

21. **Eva, Adam, 2 rok:**   **Eva je o dva roky staršia ako Adam.**

Ján, Mišo, 1 rok; Božena, Viera, 2 týždeň; dcéra, syn, 3 rok; Jana, Peter, 4 mesiac; Jožo, Mara, 2 deň.

22. **starý pes:**   **Ten pes je starší než tento.**

dobrý stôl, pekné dievča, ťažká úloha, milé dieťa, mladá žena, smutný muž, *vysoký* dom, dlhá lekcia, drahá televízia, staré rádio, spokojná osoba, milý chlapec, nové múzeum, *veľká* univerzita, zlá otázka, zaujímavý film, zaneprázdnený učiteľ.

23. *Use various first names:*

pes: **Eva myslí len na svojho psa.**

pudlík, mačka, ovčiak, opica, *vták*, *vlčiak*.

24. letter: **Nemôžem nájsť svoj list.**

book, assignment, magazine, snake, novel, advertisement, postcard, newspaper.

U

25. aunt, old, uncle: **Moja tetka je oveľa staršia než môj ujko.**

sister, nice, brother; father, tired, mother; daughter, curious, son; first wife, beautiful, second wife.

26. *Compose short sentences using different appropriate verbs:*

hudba: **Počúvam hudbu.**

film, kniha, televízia, šaty, pohľadnica, rádio.

27. *Compose five-line conversations, using the first lines of the conversations to this lesson:*

a. **Čo máš v taške?**
b. **Chcem kúpiť psa.**
c. **Čo tu robíš?**
d. **Máš súrodencov?**
e. **Tvoja babička ešte žije?**
f. **Čo chceš kúpiť na večeru?**

28. *Fill in the blank with a meaningful word or phrase:*
     a. **V taške mám ___.**
     b. **Potrebujem ___.**
     c. **Budem túto knihu ___.**
     d. **Na čo ti je ___?**
     e. **Chcem kúpiť nového___.**
     f. **Čítam veľmi zaujímavý ___.**

U

g. Na koho ___?

h. Veľmi dobre ___ poznám.

i. Ja študujem a ona ___.

j. Ľúbiš ___?

k. Mám jedného dobrého ___.

l. Mám ___ sestru.

m. Čakám ___ teba.

n. Moju sestru zaujímajú len ___.

o. Eva je staršia odo mňa o ___.

p. Počúvajú ___.

q. Zaujíma mňa ___.

r. Chcem kúpiť malého ___.

s. Chceš pozerať ___?

t. Božena je staršia ___ Jožo.

u. Ona kupuje ___ veci.

v. Paľo a pes ___ televíziu.

w. Dobre ___ poznám.

x. Čakám na moju dobrú ___.

y. Čítam zaujímavú ___.

z. Potrebujem ___.

29. *Translate into Slovak:*

a. - What do you have in the bag?
   - A monkey.

b. - I always wanted to buy a large dog.
   - What do you need a big dog for?

c. - What kind of dog did you want to buy?
   - Maybe I'll buy a German shepherd.

d. - What are you reading?
   - I'm reading an interesting novel.

e. - Here is my prettiest picture.
   - I'd like to see your ugliest one.

f. - I have a younger brother and an older
      sister.

        - What do they do? Are they still in school?

g.   - Is you sister older or younger than your brother?

       - My sister is four years older than my brother.

h.   - This lesson is very difficult.

       - Every lesson is difficult.

i.   - I'm waiting for my good friend Božena. Do you know her?

       - Of course I know her. That's my good colleague.

j.   - Do you remember Mária? She is doing very well. (**dobre sa jej darí**)

       - Of course I remember her. She always looks wonderful. She is very nice. I like her a lot.

k.   - You look very good today. You always look good.

       - Thanks, you do too.

l.   - My aunt is older than my uncle.

       - That's strange. Your uncle looks a lot (**oveľa**) older.

m.   - Do you remember my father?

       - Of course, I remember him well.

n.   - What do you study in school?

       - Foreign languages and music.

o.   - My dog and I are watching television tonight.

       - What mainly interests him?

p.   - What do you usually do in the evening?

       - I like to listen to music and watch television.

r.   - What's your sister interested in?

       - She's interested only in clothes.

s.   - Give me that pencil please.

U

- Here you are.
t. - What do you need a pencil for?
- I may need it.
u. - What kind of music do you prefer (**mať radšej**)?
- I prefer popular music.
v. - What's your dog called?
- Bandit. He's a sheepdog.
w. - Who watches your children when you're at work?
- Their grandmother. The children adore her.
x. - Do you have brothers-and-sisters?
- No, I'm an only child (**jedináčik**).
y. - What does your sister do?
- She works as an engineer.
z. - What are you going to buy for dinner?
- I don't know. I have a desire for something sweet.

30. Situations. Prepare for, and act out, the following situations; or write a playscript describing them.

a. You are shopping for a pet. Discuss with your partner what to buy.

b. Discuss the pros and cons of having your grandmother live with you.

c. Someone asks you about your family. Bring them up to date on what everyone is doing.

d. Describe in detail your brother's or sister's life style or living habits.

e. Describe the contents of your handbag or briefcase.

f. Carry on a conversation with someone about a mutual acquaintance whom neither of you has seen for a while.

Idem do kina

ČÍTANIE

Sestra, brat a pes

Volám sa Jožo. Mám staršiu sestru Boženu a mladšieho brata Paľa. Božena je staršia odo mňa o tri roky. Paľo je mladší odo mňa len o rok. Boženu zaujímajú len šaty. Stále kupuje pekné a drahé veci, lacné veci ju vôbec nezaujímajú. Treba jej priznať, že vždy výborne vyzerá.

Paľa zaujíma len hudba a jeho veľký čierny pes. Pes sa volá Zlodej. Je ovčiak, hoci nikdy v živote nevidel ovcu. Každý večer Paľo a pes spolu sedia a počúvajú hudbu alebo sa pozerajú na televíziu. Pavla obyčajne zaujíma populárna hudba. Psa hlavne zaujímajú filmy o druhej svetovej vojne.

odo mňa *than I*
o tri roky *by three years*
vôbec *not at all*

Otázky:

1. Je Božena staršia alebo mladšia ako Jožo?
2. Čo ju zaujíma?
3. Kto je Paľo?
4. Čo ho zaujíma?
5. A čo vás zaujíma?
6. Máte zviera? Aké? Pozeráte s ním televíziu? Čo ho hlavne zaujíma?

ako *as, in the function of*
aký, aká, aké *what kind*
babička *granny*
budúci *next, future*
celý *all, whole*
časopis *magazine*
čierny *black*
čítať *-am -ajú read*
dať dám dajú *(perf.) give*
dedko *granddad*
deti *children*
drahý *dear, expensive*
had *snake*
horší *worse, (comp. of* **zlý**)
hudba *music*
chlapec *-pca boy*
chuť *(f.) taste, desire*
inžinier *engineer*
jedináčik *-čka only child (m.)*
jedináčka *only child (f.)*
jesť jem jedia *eat*
karta *postcard*
každý *each, every*
keď *when, if*
kniha *book*
krajší *prettier (comp. of* **pekný**)
kúpiť *-im -ia buy (perf.)*

kupovať *-ujem -ujú buy*
lacný *cheap*
láskavosť *(f.) favor*
len *only*
lepší better, *(comp. of* **dobrý**)
list *letter*
loď *(f.) boat*
ľúbiť *-im -ia love*
ľutovať *-ujem -ujú be sorry*
mačka *cat*
malý *small, little*
mať rád (rada) *to like*
menší *smaller, (comp. of* **malý**)
myslieť *-ím -ia na (+ Acc.) think about*
načo *for what*
nájsť nájdem nájdu *find (perf.)*
nejaký *some (sort of)*
niečo *something*
noviny *newspaper*
o + Acc. *by (an amount)*
obyčajný *ordinary*
obyčajne *usually*
od, odo *(+Gen.) from, than* **mladší odo mňa** *younger than I*
opatrovať *-ujem -ujú look after*

opica *monkey*

ovca *sheep*

oznam *advertisement*

pamätať sa -ám -ajú
  na *(+ Acc.) remember*

pes psa *pl.* psi *or* psy
  dog

písať píšem píšu *write*

počúvať -am -ajú
  listen to

pohľadnica *picture
  postcard*

populárny *popular*

potom *then, later*

potrebovať -ujem
  -ujú *need*

povedať -viem -vedia
  (perf.) say, tell

pozerať -ám -ajú na
  watch (e. g. television)

požičať -ám -ajú *lend*

priznať -ám -ajú
  (perf.) admit

protivný *repugnant,
  unlikeable*

pudlík *poodle*

radšej *rather*

ryba *fish*

sedieť -ím -ia *sit*

sladký *sweet*

spolu *together*

stále *constantly*

stará mama *grand-
  mother*

súrodenec *brother or
  sister, sibling*

svetový *world (adj.)*

šaty *(pl. form) clothing*

taška *handbag*

ťažký *heavy, difficult*

televízia *television*

torta *(layer) cake*

úloha *task, assignment*

väčší *greater, comp.
  of* veľký

vec veci *(f.) thing*

večera *supper*

veľký *great, large*

viac *more (of).* najviac
  most (of)

víkend *week-end*

víno *wine*

vlčiak *German shepherd*

vojna *war*

voz *car*

vôbec *(not) at all*

všetky *all*

všetko *everything*

vták *bird*

výborný *excellent*

zaujímať -am -ajú
  to interest

zdravý *healthy*

zlodej *robber*

zviera *(n.) animal*

V

DOPLŇUJÚCE ČÍTANIE

Amerika

Amerika je druhý najväčší svetadiel. Má dve časti: Severnú Ameriku a Južnú Ameriku. Stredná Amerika medzi nimi tvorí úzky most. Celá Amerika má *vyše* 623 miliónov obyvateľov. Asi 65% je bielych, asi 20% Indiánov a 15% černochov. V Severnej Amerike sa hovorí zväčša po anglicky, *v* Južnej po španielsky a portugalsky. V Severnej Amerike je aj dosť Slovákov.

asi *probably, around*
medzi nimi *between them*
tvoriť -ím -ia *form*
vyše *more than, over*

Without worrying about understanding all of the grammar in this reading, try to deduce the meaning of the following words on the basis of the context and your general knowledge: **svetadiel, časť, severný, južný, stredný, úzky, obyvateľ, černoch, zväčša.**

Šiesta lekcia

sixth lesson

A. Ako *vždy*

- **Pamätáš sa na Miša Horalca (Máriu Horal-covú)?** *Do you remember Mike (Mary) Horalec?*
- **Áno, samozrejme. Veľmi dobre sa na neho (ňu) pamätám. Prečo?** *Of course. I remember him (her) very well. Why?*
- **Videl(a) som ho (ju) *včera*. Darí sa mu dobre. Je advokátom (advokátkou)** or: **inžinierom (inžinierkou), lekárom (lekárkou).** *I saw him (her) yesterday. He (she) is a lawyer (or: engineer, doctor) now.*

141

- Ale čo nepovieš! A ako *vyzerá*?
  You don't say! Well, and how does he/she look?
- Vyzerá dobre, ako *vždy*, a *veľmi* dobre sa
  mu (jej) darí. *He/she looks fine, as always,
  and is doing very well.*
 - Niet di*vu*. Vždy bol(a) *veľmi* schopný
  (-á). *No wonder. He (she) always was very
  capable.*

Otázky:
   1. Čo robí Mišo Horalec (Mária Horal-
      cová?
   2. Pamätáš sa na neho (ňu)?
   3. Kde bý*va*?
   4. Stretol si ho (ju) *včera*?
   5. Ako *vyzerá*? Je schopný (-á)? Dobre
      sa mu darí?

B. Píšem radšej ceruzou

- Podaj (podajte) mi ceruzu, prosím. *Give me
  a pencil please.*
- Nech sa páči. *Here you are.*
- Ďakujem. *Thanks.*
- Prosím. Čo píšeš (píšete)? *You're welcome.
  What are you writing?*
- List domo*v*. *A letter home.*
- Nechceš (nechcete) radšej pero ? *Don't you
  rather want a pen?*
- Nie. Radšej píšem ceruzou. *No I prefer to
  write with a pencil.*

Otázky:
1. Čo píšeš?
2. Píšeš list domov?
3. Komu píšeš?
4. Píšeš perom alebo ceruzou?
5. Píšeš radšej perom?

C. Leteckou poštou

- Prosím? *Yes?*
- **Prosím, čo (koľko) sa platí za list (pohľadnicu) do Spojených štatov?** *What does a letter (picture post-card) to the United States cost?*
- **Obyčajnou poštou alebo letecky?** *By ordinary post or air-mail?*
- **Obyčajnou.** *By ordinary.*
- **Tri (dve) koruny. Ale taký list (taká pohľadnica) do Ameriky ide veľmi dlho, vyše dva mesiace. Pošlite ho (ju) radšej leteckou poštou.** *Three (two) crowns. But that kind of letter (post-card) to America takes a very long time. Better send it airmail.*
- **Ďakujem, ale pošlem ho (ju) radšej obyčajnou poštou. Dajte mi, prosím, štyri známky po tri (dve) koruny.** *Thanks, but I'll send it rather by ordinary post. Please give me four stamps at three (two) crowns each.*

Otázky:
1. Čo (koľko)   sa platí u nás za obyčajný list? Za letecký list? Za pohľadnicu?
2. Posielate priateľom a známym pohľadnice, keď idete na výlet?

143

Môj snúbenec (moja snúbenica)

3. Radi dostávate pohľadnice od
   priateľov a známych?
4. Prečo ide obyčajný list do Spojených
   štatov tak dlho?

D. Môj snúbenec (moja snúbenica)

- Ste ženatý (ste vydatá)? *Are you married?*
- Nie. Som ešte slobodný (slobodná), ale už
  som zasnúbený (zasnúbená). *No, I'm not
  married (lit. I'm still free), but I am
  already engaged.*
- A čo robí vaša snúbenica (váš snúbenec)?
  And what does your fiancé(e) do?
- Teraz nič nerobí. Chce sa stať herečkou
  (hercom). *She's (he's) not doing anything
  now. She (he) wants to become an actress
  (actor).*

Otázky:
   1. Ste ženatý (vydatá)?
   2. Čo robí vaša snúbenica (snúbenec)?
   3. Je pekný (-á) a zaujímavý (-á)?
   4. Ako sa volá?
   5. Máte ho (ju) radi?
   6. Chceli by ste sa stať hercom?
      (herečkou)?

E. Pod stolom

- Kde je moja kniha? *Where is my book ?*
- Aká kniha? *What book?*
- Tá, ktorú čítam. *The one I'm reading.*

VI

- Odkiaľ to mám vedieť, akú knihu čítaš?
  Tam pod stolom je nejaká kniha. Možno,
  je to ona. *How am I to know what book you
  are reading? There's some book under the
  table. Maybe that's it.*
- Áno, to je ona. *Yes, that's it.*

Otázky:
1. Kde je tvoja kniha?
2. Vidíš moju knihu?
3. Aký má obal?
4. Je to zaujímavá kniha?
5. O čom je tá kniha?
6. Aké knihy rád (rada) čítaš?
7. Môžeš mi odporučiť nejakú dobrú
   knihu?

F. S kým si sa rozprával(a)?

- S kým si sa včera večer rozprával(a)? *Who
  were you talking with yesterday evening?*
- Kde? *Where?*
- Pred domom. *In front of the house.*
- Nepamätám sa, možno s naším susedom,
  pánom Vlkom/s našou susedkou, pani
  Vlkovou. *I don't remember, but perhaps
  with our neighbor, Mr./Mrs. Vlk.*
- Nie, to nebol(a) on (ona). *No, it wasn't
  him/her.*
- Tak potom neviem, kto to mohol byť.
  *Well then I don't know, who it could have
  been.*

G. Čím skôr, tým lepšie

- Ahoj, Pavol (Eva), to je Martin (Zdenka).
  Hi, Pavol (Eva), this is Martin (Zdenka).
- Ahoj, Martin (Zdenka). Čo je nového? *Hi,
  Martin (Zdenka), what's new?*
- Počúvaj. Organizujeme večierok u mňa
  dnes večer. Prídeš? *Listen. We're
  organizing a party at my place this evening.
  Will you come?*
- Samozrejme, s radosťou.
  Of course, with pleasure.
- Ak chceš, tak prines niečo na jedenie
  (pitie). *If you want, bring something to eat
  (drink).*
- Čo mám priniesť? *What should I bring?*
- Hocičo. Na tom nezáleží. *Whatever. It
  doesn't matter.*
- A o ktorej mám prísť? *And what time
  should I come?*
- Čím skôr, tým lepšie. Čakáme ťa. *The
  sooner the better. We're waiting for you.*
- Dobre, tak ahoj. *O.K., good-bye.*

Otázky:
  1. Čo je nového?
  2. Môžeš prísť na večierok dnes večer?
  3. Prinesieš niečo na jedenie alebo na
     pitie?
  4. Často organizuješ večierky?
  5. Čo sa robí u teba na večierku? Čo sa
     je, pije?

VI

POZNÁMKY

Miša Horalca. The Accusative case form of
Horalec. Male last names ending in consonants
decline the same as any other personal name.

Mária Horalcová. Women's last names are
formed from the man's name by the addition of
the suffix **-ová.**

dobre sa mu (jej) darí. *it's going well for
him (her).* An idiom.

čo sa platí? *what does one pay?*

dve známky po tri koruny. *two stamps at
three crowns each.* Using **po** instead of **za** in
the sense of paying "for" lends the sense of
"each." Using **za** would imply "in all".

píšem radšej ceruzou *I prefer writing
with a pencil.* Note the way "prefer" is expressed
by using the verb in conjunction with **radšej**
rather.

s pani Ulkovou. Note that the title **pani**
does not take endings in the Accusative or
Instrumental case.

vydatá *married (of woman),* **ženatý**
married (of man).

odkiaľ to mám vedieť? literally, "from
where am I supposed to know that?"

u mňa *at my place* (u plus Genitive).

na tom nezáleží *it doesn't matter.* An
idiom.

o ktorej (hodine) *at what time.* (o plus
Locative).

148

THE FORMATION OF THE INSTRUMENTAL CASE.

The Instrumental case endings for nouns and modifying adjectives, uses for which will be discussed below, are the following:

1. For masculine and neuter nouns, the endings are:

adjective:	noun:
-ým	-om

dobrý muž *good man*	s dobrým mužom *with a good man*
vysoké okno *high window*	pod vysokým oknom *beneath the high window*

Soft-stem neuter nouns of the **poludnie** *noon* type take the Instrumental ending **-ím**:

poludnie *noun*	pred poludním *before noon.*
naše čítanie *our reading*	pred naším čítaním *before our reading*

The noun **dieťa** has the stem **dieťať-** hence its Instrumental sg. form is **dieťaťom**. The noun **múzeum** has the Instrumental sg. form **múzeom**.

Note the Instrumental endings of the possessive and demonstrative pronouns:

naše dieťa *our child*	s naším dieťaťom *with our child*
môj otec *my father*	s mojím otcom *with my father*
ten stôl *that table*	pod tým stolom *under that table.*

2. For feminine nouns, the Instrumental ending is -ou for both adjectives and nouns:

milá žena *nice woman*	s milou ženou *with a nice woman*
tá stolička *that chair*	pod tou stoličkou *under that chair.*

The title **pani** Mrs. Ms. has the following Instrumental forms:

Sg. **pani** (=Nom.)   Pl. **paniami.**

Feminine last names in **-ová** take adjective endings:

pani Bednárková   pani Bednárkovou.

3. In the plural, feminine and neuter nouns, and masculine nouns in **-m**, take the endings:

adjective:	noun:
-ými	**-ami.**

vysoké stromy *tall trees*	pod **vysokými** stromami *beneath the tall trees*
tie ženy *those women*	medzi **tými** ženami *among those women*

Masculine nouns tend to take the ending **-mi**:

dlhé vlasy *long hair*	s **dlhými** vlasmi *with long hair*
tí ľudia *those people*	medzi **tými** ľuďmi *among those people.*

Masculine nouns will take the ending **-ami** when the stem ends in either **m** or in two consonants, cf:

dom domami   kufor kuframi
house   *suitcase.*

4. Instrumental forms of personal pronouns
(repeated from Lesson 4):

ja:	mnou	my:	nami
ty:	tebou	vy:	vami
on:	ním	oni:	nimi
ono:	ním	ony:	nimi
ona:	ňou	čo:	čím
kto:	kým	seba:	sebou

VI

USES OF THE INSTRUMENTAL CASE. The Instru-
mental case of nouns takes its name from the
fact that this is the case used in expressions of
means and instrument, for example:
Píšem ceruzou. *I write with a pencil.*
Krájam chlieb týmto nožom. *I cut bread
with this knife.*

In practice, the Instrumental case is much more
frequent in uses other than the expression of
instrument or means. Its most important other
uses are the following:

1. **PREDICATE NOUNS:** A "predicate noun" is a
second noun in a sentence, besides the subject,
that is linked to the subject by the verb "to be"
or some other "linking" verb, like "become." For
example, in the sentence <u>John is a salesman,</u>
John is the subject, **salesman** is the predicate
noun, and **is** is the linking verb. In Slovak,
predicate nouns referring to noninherent states
can occur in the Instrumental case. The most
frequent nouns that occurs in the Instrumental
case in this use are those referring to
professions:
Ján je advokátom. *John is a lawyer.*
Mária sa chce stať herečkou. *Maria wants
to become an actress.*

Compare this sentence with
Ján je Slovák. *John is a Slovak.*
Peter je náš sused. *Peter is our neighbor.*

In the first examples, the predicate nouns **advokátom** and **herečkou** occur in the Instrumental case because being a lawyer or an actress are acquired states. In the second examples, the predicate nouns (**Slovák, sused**) occur in the Nominative case, because being a Slovak or a neighbor can be considered inherent traits.

In the present tense there is a certain amount of vacillation as to the use of the Nominative or Instrumental case with predicate nouns; nouns that are clearly acquired states occur in the Instrumental. Nouns naming temporary but nevertheless involuntary states tend to occur in the Nominative. Compare:

Eva je lekárkou. *Eva is a doctor.* (acquired voluntary state)

Eva je študentka. *Eva is a student.* (acquired, but not voluntary, state).

The Nominative is more frequent when there is a qualifying adjective:

Peter je dobrý lekár. *Peter is a good doctor.*
The use of the Instrumental case with predicate nouns is much more frequent when the verb "to be" is in the past or future tense, is in the infinitive, or when there is a qualifying phrase:

Vtedy som bol študentom (študentkou). *I was a student then.*

Moja snúbenica bude herečkou. (Chce byť herečkou). *My fiancée is going to be an actress. (She wants to be an actress).*

Pavol je učiteľom na univerzite. *Pavol is a teacher at the university.*

The Instrumental with predicate nouns occurs much more frequently in formal writing and in proclamations, of the type:

Ochrana hraníc je <u>povinnosťou</u> každého občana. *Defense of the borders is the duty of every citizen.*

2. THE INSTRUMENTAL AFTER CERTAIN PREPOSITIONS.

The Instrumental case is required after a number of important prepositions. The most important such preposition is **s- (so-)** with:

Ján ide do kina s Máriou. *John is going to the movies with Maria.*

Rozprávam sa so susedkou. *I'm talking with my neighbor.*

The form **so** occurs before words beginning with **s** and before certain consonant clusters, especially before the Instrumental form of **ja: mnou**:

Chceš ísť na prechádzku so mnou? *Do you want to go on a walk with me?*

Chcem hovoriť so slečnou Dubíkovou. *I want to speak with Miss Dubik.*

Most of the prepositions that occur with the Instrumental case refer to peripheral location. Such prepositions include:

pred *in front of:*

Stretneme sa pred divadlom. *We'll meet in front of the theater.*

medzi *between, among:*
    Aký je rozdiel medzi časopisom a novi-
        nami? *What's the difference between a*
        magazine and a newspaper?

pod *below, underneath:*
    List leží pod časopisom. *The letter is*
        lying underneath the magazine.

nad *above, on top of:*
    Nad nami visí lampa. *There's a lamp hanging*
        above us.

za *behind, in back of:*
    Kniha je za posteľou. *The book is behind*
        the bed.

THE EXPRESSION 'Mother and I'. The expression
"someone and I" as the subject of a sentence is
often expressed by phrases of the type **my s
mamou** *mother and I,* **my s Jánom** *John and I,*
and so on:
    (My) s mamou ideme nakupovať. *Mother*
        and I are going shopping.
    (My) s Jánom ideme do kina. *John and I are*
        going to the movies.

THE VERBS stáť *stand,* **ležať** *lie,* **visieť** *hang.*
The verb **stáť** *stand* (i.e., to be standing) has the
following present forms:

stojím	stojíme
stojíš	stojíte
stojí	stoja.

VI

The verb **ležať** *lie* (i.e., to be lying) has the forms
ležím   ležíme
ležíš   ležíte
leží   ležia.

Finally, the verb **visieť** *hang* has the forms:
visím   visíme
visíš   visíte
visí   visia.

These verbs refer to states:
Kto to stojí tam pred domom? *Who's that standing there in front of the house?*
Ján je chorý a leží dnes v posteli. *John is sick today and is lying in bed.*
Obraz visí na stene. *The picture is hanging on the wall.*

These verbs are often used to refer to the position of objects, in cases where English would usually use the verb "to be":
Lampa stojí v rohu. *The lamp is (standing) in the corner.*
Kniha leží pod stolom. *The book is (lying) under the table.*

THE WORDS aký AND ktorý AS QUESTION WORDS.
As a question word, **aký aká aké** corresponds most closely to English "what, what kind of":
Aká je tá lampa? *What (sort of) lamp is that?*
Aké rádio bude dobré? *What (sort of) radio would be good?*
Aký strom je najvyšší? *What is the biggest tree?*

The word **ktorý ktorá ktoré** when used as a question word is more specific than **aký aká aké**; **ktorý** asks about "which specific one out of one or more others":

Ktorá kniha bude dobrá? *Which book (of several) would be good?*

Ktoré mesto je väčšie? *Which town is larger?*

Ktorý chlapec je najlepší? *Which boy is the best*

and so on.

THE RELATIVE PRONOUN ktorý *who, which, that.* A relative pronoun occurs in a subordinate clause and refers to a noun in the main clause, with which the relative pronoun agrees in gender and number, but not in case. The case of a relative pronoun is determined by its function in the subordinate clause. Note the use of the word **ktorú** (Accusative case) in the following sentence:

Kde je tá kniha, ktorú čítam? *Where is that book (which) I'm reading?*

The relative pronoun **ktorú** in the subordinate clause **ktorú čítam** refers to the word **kniha** in the main clause **Kde je tá kniha;** **ktorú** agrees with **kniha** in gender (feminine) and number (singular), but not in case. In the main clause, **kniha** is the subject of the sentence and hence is in the Nominative case. In the subordinate clause, **ktorú** occupies the position of direct object of the verb **čítam** and hence is in the Accusative case. Here are some additional examples:

Kto to bol ten muž, s ktorým si sa včera
rozprával? *Who was that man with
whom you were talking yesterday?*
To nie je ten pes, na ktorého sa pamätám.
That's not the dog (that) I remember.

As the parentheses in some of the above
examples show, English often drops the relative
pronoun <u>that</u>; in Slovak this is not possible. When
translating from English to Slovak, be sure
always to supply the relative pronoun:
What is that music we're listening to?
Aká je to hudba, <u>ktorú</u> počúvame?

The word **aký** can also be used as a relative
pronoun. **Aký** occurs as a relative pronoun
especially in sentences of the following sort,
usually translating English "that":

Je to najhrubšia kniha, akú mám. *That's
the thickest book that I have.*
On je najlepší študent, akého poznám. *He's
the best student that I know.*
and so on.

THE EXPRESSION ten istý, tá istá, to isté.
The English expression "the same" has a
correspondent in the Slovak **ten istý, tá istá,
to isté**:
To je ten istý človek, na ktorého sa
pamätám. *That's the same man (that) I
remember.*
Idem do kina s tou istou ženou, ako vždy.
*I'm going to the movies with the same
woman as always.*

The adverbial form of this expression is **tak isto**:
On hovorí tak isto dobre, ako ty. *He speaks just as well as you do.*

SOME WORDS REFERRING TO PROFESSIONS

m.	f.	
lekár	lekárka	*doctor*
zubný lekár	zubná lekárka	*dentist*
advokát	advokátka	*lawyer*
profesor	profesorka	*professor*
staviteľ	staviteľka	*builder*
inžinier	inžinierka	*engineer*
herec *actor*	herečka	*actress*
účtovník	účtovníčka	*accountant*
úradník	úradníčka	*clerk*
maliar	maliarka	*painter*
ošetrovateľ	ošetrovateľka	*nurse.*

SOME ADJECTIVE OPPOSITES

chorý *sick*	zdravý *well, healthy*
bohatý *rich*	chudobný *poor*
dôležitý *important*	bezvýznamný *unimportant*
slávny *famous*	neznámy *unknown*
dlhý *long*	krátky *short*
ľahký *light, easy*	ťažký *heavy, difficult*
hrubý *thick*	tenký *thin*
slobodný *free*	neslobodný *not free*
pekný *good-looking*	škaredý *ugly*
drahý *expensive*	lacný *cheap*

Note that the adjective **pekný** *pretty* can be used of men as well as of women:
Máte veľmi pekného syna. *You have a very good-looking son.*

VI

THE EXPRESSION Kto je ten muž?. The English expression "who is that man (woman, etc.)?" has a Slovak correspondent in expressions like

Kto je ten muž (tá žena)? *Who is that man (woman)?*

Kto sú tí ľudia? *Who are those people?*

In the past tense, the verb "to be" agrees in gender with the noun:

Kto bol ten muž? *Who was that man?*

Kto bola tá žena? *Who was that woman?*

Kto boli tí ľudia? *Who were those people?*

GENDER AGREEMENT WITH kto. The pronoun kto *who* always takes masculine agreement, even when in clear reference to women. For example,

Kto je nasledujúci? *Who is next?*

could be spoken to any group of people.

WORD ORDER WITH PRONOMINAL COMPLEMENTS. If there is a choice, pronominal complements will not occur in either initial or final position in a sentence. For example, in the sentence

Pamätám sa <u>na ňu</u>. *I remember her.*

there is virtually no choice but to put the pronominal complement at the end. When more words are added, the pronominal complement is placed away from the end of the sentence:

Veľmi dobre sa <u>na ňu</u> pamätám. *I remember her very well.*

160

ČÍTANIE

Pán Rudolf Šťuka

Ten *vysoký* pekný muž s bradou je pán
Rudolf Šťuka. Rudolf je slávny maliar.
Každý deň maľuje nový obraz alebo dva.
Niet divu, že je veľmi bohatý. Má moderný
byt so všetkým pohodlím a veľký červený
voz. Rád cestuje tým vozom po celej Európe.
Doma má novú farebnú televíziu a video, na
ktorom pozerá všetky najnovšie zahraničné
filmy. Rudolf má tiež peknú mladú
manželku, Lidu, ktorá je slávnou herečkou.
Lida je mladšia od Rudolfa o mnoho rokov.
Rudolf teraz čaká na Lidu pred divadlom,
kde vystupuje v novej hre. Pôjdu s
priateľmi na večeru do veľmi dobrej
reštaurácie osláviť jej najnovší úspech.

rokov *years.* Genitive pl. of rok *year* after
mnoho *many.*

po celej Európe *all over Europe.* po plus
Locative case.

Otázky:
1. Má Rudolf bradu? Má talent?
2. Je *vysoký?* Mladý? Bohatý?
3. Čo robí?
4. Aký má byt? Auto? Televíziu?
5. Aké filmy pozerá?
6. Ako sa volá jeho manželka?
7. Čo robí Lida?
8. Kam idú Rudolf a Lida?
9. Prečo idú do reštaurácie? Sú hladní?

CVIČENIA

Follow the models:

1. Mišo: **a. Pamätáš sa na Miša?**
             b. Dobre sa na neho pamätám.

Paľo, Viera, Jožo, Božena, Ján, Pavol, Jana, Peter Eva.

2. *In this exercise, express the 3rd person pronouns but delete the 1st and 2nd person pronouns. Pay attention to the proper placement of the reflexive pronoun.*

on, ja: **a. On sa na mňa pamätá.**
            b. Pamâtám sa na neho.

ona, ty; vy, ony; my, on; ja, oni.

3. **váš brat:**   **Samozrejme, pamätám sa**
                na vášho brata.

ten muž, tá žena, váš syn, tvoja teta, ich dcéra, tvoj starší brat, vaša mladšia sestra, jeho otec, jej matka, slečna Dúbikova.

4. **advokát:**   **(On) je advokátom.**

lekár, zubný lekár, profesor, staviteľ, herec, účtovník, úradník, maliar, ošetrovateľ.

5. advokát: (Ona) chce sa stať advokátkou.

Use the vocabulary of Exercise 4.

6. oni: Ako vyzerajú?

on, ty, ja, my, vy, ony, ona.

7. *Use* vydatá *or* ženatý *as appropriate:*

ty, teta: Je tvoja teta vydatá?

ty, brat; oni, dcéra; on, sestra; ona, syn; vy, ujko, my, sused.

8. kniha, pero: a. Kniha leží pod perom.
                    b. Pero leží pod knihou.

ceruza, taška; časopis, list; karta, krieda; noviny, úloha; článok, obraz; cvičenie, slovník.

9. my, Mišo: a. Ideme s Mišom.
             b. Musíme ísť s Mišom.
             c. Chceš ísť s Mišom?

ty, Anna; on, Jozef; ona, Mária; vy, Ján; my, Viera; ja, Mišo.

10. čítam knihu: Kde je tá kniha, ktorú čítam?

píšem list, robím úlohu, pozerám na slovník, vidím ženu, dobre vyzerá muž, kúpim časopis, poznám človeka.

11. under the table: **pod stolom**
behind the house, with mother, with whom, in front of the window.

12. oni, bohatý: a. Oni sú bohatí.
               b. Oni musia byť bohatí.

ona, krásny; on, lenivý; ono, šťastný; my, smutný; vy, škaredý.

13. bohatý lekár: Každý lekár je bohatý.

zaujímavý profesor, pekná herečka, zaneprázdnený úradník, dobrý maliar, milá ošetrovateľka.

14. on, ona: a. On ju vidí.
         b. Ona ho vidí.

my, vy; ja, on; oni, my; ty, ja.

15. *Use different tenses of the verb "to be", and modify the adverb accordingly:*

ja: **Neviem, kde som bol(a) *včera*.**

on, my, ono, ty, *vy*, oni, ona.

16. ja, ty, strom: **Nerozumiem, čo robíš s tými stromami.**

my, on, *vec*; ona, *vy*, taška; ja, oni, oznam; Jano, ony, televízor.

17. ja, otec: **Idem so svojím otcom.**

my, matka; oni, sestra; ty, brat; *vy*, spolužiačka; ono, dieťa; ona, snúbenec; on, snúbenica.

18. on, my: a. **On ide s nami.**
                 b. **My ideme s nimi.**

ja, ty; on, ona; *vy*, oni; ony, my.

Pán Novák, Pani Nováková; slečna Hovorková, Pán Gulik.

19. stolička: a. **s tou dobrou stoličkou**
                 b. **s tými dobrými stolič-**
                   kami

dievča, chlapec, sestra, televízia, Slovák.

20. **stôl, stolička:** **Aký je rozdiel medzi stolom a stoličkou?**

kniha, časopis; strop, povala; dieťa, decko; Jožo, Jano; muž, chlapec.

21. **Ján, dobrý lekár:**   a. **Ján je dobrý lekár.**
                           b. **Ján chce byť dobrým lekárom.**

Anna, šťastná matka; Dušan, zaujímavá osoba; Mišo, bohatý staviteľ; otec, zaneprázdnený úradník; strýko, milý manžel.

22. **ja, ty, divadlo:**   **Čakám na teba pred divadlom.**

Dana, ja, kino; on, ona, múzeum (Note: Inst. **múzeom**); oni, Juraj, športový klub; my, vy, škola; Martin, ty, úrad.

23. *Use different complements, of your own choosing, after* **ísť:**

ja, mama: **(My) s mamou ideme nakupovať.**

ty, Ján; my, otec; Mara, brat; Peter, sestra.

24. *Use different appropriate prepositions requiring the Instrumental case:*

lampa, posteľ: Lampa stojí za posteľou.

Peter, stôl; oni, škola; dieťa, otec; ja, ty; Nataša, dom.

25. brat, lekár: a. Môj brat je lekár.
                   b. Môj brat bude lekárom.

snúbenec, herec; Ľuba, maliarka; teta, ošetrovateľka; syn, učiteľ, Viera, účtovníčka.

26. televízia a. Aká je tá televízia?
             b. Ktorá televízia bude dobrá?

dcéra, rádio, koncert, škola, múzeum, časopis.

27. muž, ty: Kto bol ten muž, s ktorým si sa
                                                                                                                                                                                                   včera rozprával(a)?

človek, vy; osoba, ty; lekár, on; žena, ona; dieťa, ja; herec, oni.

28. *Supply a noun and give the opposite:*

dlhý: dlhá lekcia; krátka lekcia.

bohatý, chorý, známy, pekný, slobodný, starý, smutný, ľahký, tenký, dôležitý.

VI

29. *Translate into Slovak:*

a. - Do you remember Božena?
   - Yes, I remember her well.

b. - I saw Jozef yesterday. He looks great.
   - He always looks great.

c. - My fiancé wants to be a painter.
   - Does he have any talent?

d. - We are going to the theater with Mišo.
   - I am going by myself.

e. - Do you have time?
   - Yes, I'm not doing anything now.

f. - We'll wait for you in front of the house.
   - In front of what house?

g. - Who was that woman you were talking
        with? (= with whom you were talking)
   - That was my neighbor.

h. - That man with the beard is our new
        neighbor. He is a dentist.
   - All dentists must be rich.

i. - Where is the book I'm reading?
   - How am I supposed to know what book
        you're reading?

j. - Who are those people?
   - Our new neighbors?

k. - I can't find my book.
   - I see it there under the chair.

l. - Who is that woman with the long hair?
   - I don't know. I don't know her.

m. - How do you want to send that letter?
   - It doesn't matter

n. - Do you want to go to the movies with me?
   - Yes, we'll meet (**stretneme sa**) behind the
        museum.

o. - How long does an ordinary letter go to the
        United States?
   - More than two months.

p. – Ján and I are going shopping.
    – What are *you* going to bu*y*?
q. – Wh*y* is the radio under the table?
    – It's broken.
r. – Which tele*v*ision is better?
    – Neither one nor the other (**druhý**) is good.
s. – Is *y*our sister married?
    – No, but she's engaged.
t. – What's the difference between air mail and
        ordinar*y* post?
    – Four crowns.

31. Make five-line conversations, using the
     following first lines:

  a. **Pamätaš sa na Annu?**
  b. **Ste ženatý?**
  c. **S kým si *v*čera ho*v*orila?**
  d. **Kto sú títo ľudia?**
  e. **Aký magnetofón bude dobrý?**

32. *Fill in the blanks with a single meaningful
word:*
  a. Pamätáš sa na ____?
  b. Dobre sa na ____ pamätám.
  c. Ona chce by*ť* ____.
  d. Ako že ____?
  e. Je t*v*oj ujko ____?
  f. Ceruza leží pod ____.
  g. Ideme s ____ do kina.
  h. Ktorá ____ bude dobrá?
  i. Oni sú veľmi ____.
  j. Myslím, ____ on*y* musia by*ť* šťastné.

k. Každý zubný lekár je ____.

l. Všetci ____ sú chudobní.

m. On ____ vidí.

n. Neviem, ____ včera som bol.

o. Čo robíš s ____ stromami.

p. Idem do divadla so ____ sestrou.

q. Ideš ____ nami?

r. Ján chce byť ____ advokátom.

s. Čakáš ____ mňa?

t. Lampa visí ____ stoličkou.

u. Lampa stojí ____ stolom a stoličkou.

v. ____ televízia bude dobrá?

w. Kto to bola tá žena, s ____ sa si včera rozprával?

x. Chce poslať ten list leteckou ____.

y. Chcem sa stať ____.

z. Vidím tvoju ____ pod stolom.

33. Situations. Rehearse, and the act out, the following situations; or write a playscript describing them.

a. Enlist someone's help in locating some lost object.

b. Discuss career or life plans with someone.

c. Ask in a post-office how much various kinds of letters and postcards cost to send.

d. You saw two people together under suspicious circumstances. Gossip about this with a third person.

advokát *lawyer*
aký *what kind*
auto *car*
bohatý *rich*
brada *beard*
byt *apartment*
cestovať -ujem -ujú
   travel
červený *red*
darí sa mu/jej dobre
   he (she) is doing well
divadlo *theater*
dlhý *long*
dôležitý *important*
farebný *color (adj.)*
film *film, movie, cinema*
herec -rca *actor*
herečka *actress*
hladný *hungry*
hocičo *anything*
hrubý *thick, coarse*
chlieb *bread*
chorý *sick*
inžinier *engineer*
kino *cinema, movie-*
   house
krájať -am -ajú *cut*
   (e. g. bread)
krátky *short*
ktorý *(rel. pron.)*
   who, which, what
lekár *doctor*
ležať -ím -ia *lie, be*
   in a lying position

ľudia *people*
maliar *painter (m.)*
maliarka *painter (f.)*
maľovať -ujem -ujú
   paint
manžel *husband*
manželka *wife*
mladý *young*
medzi *(+Inst.) among,*
   between
mnoho *many*
moderný *modern*
modrý *blue*
muž *man*
nad *(+Inst.) over, above*
nezáleží *it's not*
important
neznámy *unknown*
nôž *G. noža knife*
oslavovať -ujem -ujú
   celebrate
ošetrovateľ *nurse (m.)*
   -ka *nurse (f.)*
pán *Mr.*
pani *Mrs., Ms.*
pekný *pretty, hand-*
   some
pod *(+Inst.) under,*
   beneath
pohodlie *comfort*
posielať -am -ajú
   send
posteľ *(f.) bed*
potom *then*

pozerať -ám -ajú
  watch, view
pred (+ Inst.) in front of
reštaurácia
  restaurant
roh corner
schopný capable
slávny famous
slobodný free
snúbenec -nca fiancé
snúbenica fiancée
staviteľ architect
stať sa stanem
  stanú (perf.) become
stáť stojím stoja
  stand, be standing
stretnúť -em -nú
  (perf.) meet
strom tree
sused neighbor (m.)
susedka neighbor (f.)
šesť six
šiesty sixth
talent talent
účtovník accountant
účtovníčka account-
  ant (f.)

úradník clerk, office
  worker
úradníčka clerk,
  office worker (f.)
úspech success
veľký great, huge
vidieť -ím -ia see
visieť -ím -ia hang
vlasy hair (pl. form)
vlčiak German shepherd
vlk wolf
voz car
všetko everything
vydatá married (of
  a woman)
vystupovať -ujem
  -ujú appear in
vyzerať -ám -ajú look,
  i.e. appear
za behind, beyond
  +Inst.)
zahraničný foreign
zasnúbený engaged
zdravý healthy, well
ženatý married (of
  a man)
zubný lekár dentist
  (lit. tooth doctor)

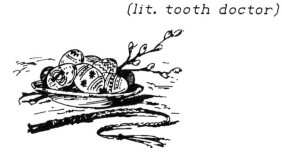

DOPLŇUJÚCE ČÍTANIE VI
Vrabec

Vrabca vídame v záhradke, na plote, na odkvape, na streche, na dvore. Je ho aj počuť, lebo je hlučný a zvyčajne nie je sám. Sliepky, ani psa sa vôbec neboja a pred človekom uletí, až keď musí. Hniezdo si stavia pod strešnými hradami alebo pod odkvapom. Veľkú prácu si s ním nedá, takže vyzerá naozaj ako vrabčie hniezdo. Je rozkuštrané a neusporiadané. Samička tam znáša až tri razy ročne vajíčka a vyvádza zakaždým 5-6 mláďat. To znamená, že vrabec sa rýchlo rozmnožuje. Mláďata kŕmi hmyzom, ale najväčšmi mu chutí zrno. Na zimu neodlieta. Dobre vie, že sa u nás uživí.

dvor (here:) outdoors	stavať build (often)
hmyz insects	strešný roof (adj.)
hrada beam	uletieť fly away
najväčšmi most of all	vídať see (often)
odkvap gutter	vôbec (not) at all
plot fence	vrabčí sparrow's
počuť hear	vrabec sparrow
ročne yearly	záhradka garden
rozmnožovať multiply	zakaždým each time
samička the female	zrno grain
sliepka hen	zvyčajne usually

Try to guess the meaning of the following words on the basis of context and your knowledge of the world: hlučný, hniezdo, rozkuštraný, neusporiadaný, znášať, vajíčka, vyvádzať, mláďa, rýchlo, kŕmiť, odlietať, uživiť sa.

173

Okolo Levoči

(: Tam okolo Levoči tam sa voda točí :)
(: Ktorá nemá frajera, ktorá nemá frajera,
ktorá nemá frajera, tá nech do nej skočí!:)

(: Ej čo by ja čo by ja do vody skákala :)
(: Pre jedného beťára, pre jedného beťára,
pre jedného beťára, život utrácala! :)

beťár *rascal, rogue*	**skákať** *-am -ajú jump*
frajer *suitor,*	**skočiť** *-ím -ia (pf.) jump*
sweetheart	**točiť sa** *-í -ia (here:) flow*
okolo *near*	**utrácať** *-am -ajú lose*
pre *for (the sake of)*	**život** *life*

174

Siedma lekcia

Seventh lesson

A. Čo študuješ?

- **Čo študuješ na univerzite?** *What are you studying at the university?*
- **Biológiu (fyziku, matematiku, chémiu, filozofiu, anglickú filológiu, cudzie jazyky).** *Biology (physics, mathematics, chemistry, philosophy, English philology, foreign languages).*
- **Je to veľmi ťažký (ľahký) predmet, však?** *That's a very hard (easy) subject, isn't it?*
- **Veru. Ale myslím si, že každý predmet (všetky predmety) je (sú) rovnako ťažký/ ľahký (ťažké/ľahké).** *Sure. But I suppose that each subject (all subjects) is (are) equally difficult (easy).*

175

Univerzita Komenského *v* Bratislave

Otázky:
1. Študuješ na univerzite?
2. Čo študuješ?
3. Je to zaujímavý predmet?
4. Je to ľahký alebo ťažký predmet?
5. Ktorý predmet máš najradšej?
6. Sú *všetky* predmety rovnako ťažké?
7. Ktoré predmety sú ľahké?

B. Hovoríš po slovensky?

- Hovoríš po slovensky? *Do you speak Slovak?*
- Trochu. Rozumiem oveľa lepšie než
  hovorím. *I speak a little. I understand a lot
  better than I speak.*
- Kde si sa naučil(a) po slovensky? *Where
  did you learn Slovak?*
- Študujem slovenský jazyk na univerzite. A
  okrem toho moji rodičia sú Slováci.
  Často doma hovoria po slovensky. *I am
  studying Slovak language at the university.
  And besides that my parents are Slovaks.
  They often speak Slovak at home.*

Otázky:
1. Ktoré jazyky ovládaš?
2. Študuješ cudzie jazyky?
3. Si Slovák? A tvoji rodičia?
4. Sú tvoji rodičia Slováci?
5. Hovorí niekto u *vás* doma po
   slovensky? Kto?
6. Lepšie rozumieš alebo hovoríš po
   po slovensky?

C. Zabudol som

- Pán Novák (Pani Nováková), viete túto
  báseň naspamäť? *Mr. Novak (Ms. Novak), do
  you know this poem by heart?*
- Prepáčte, zabudol som sa ju naučiť. *Excuse
  me, I forgot to learn it.*
- Máte úlohu na dnes? *Do you have the assign-
  ment for today?*
- Zabudol som si ju napísať. *I forgot to write
  it.*
- Ukážte mi váš zošit, prosím. *Show me
  your notebook please.*
- Nanešťastie som si ho zabudol doma.
  Unfortunately, I left it at home.
- Tak mi ho prineste zajtra, dobre? *Then
  bring it to me tomorrow, all right?*
- Dobre, určite ho prinesiem. *All right, I'll be
  sure to bring it.*
- Nie aby ste na to zabudli! *Just so you don't
  forget!*

Otázky:
1. Viete túto báseň? Naučili ste sa ju?
2. Kde máte úlohu na dnes? Zabudli ste
   ju doma? Prinesiete ju zajtra?
3. Môžete mi (nám) ukázať svoj zošit?
4. Často zabúdate na dôležité veci?

D. Obchodný dom

- Kde je tu dobrý obchodný dom? *Where is there a good department store here?*
- Tu za rohom. *Here around the corner.*
- Čo sa tam dá kúpiť? *What can one buy there?*
- Skoro **všetko** - kabát*y*, saká, klobúk*y*, košele, rádia, telev**í**zor*y* i rozličné iné **v**eci. *Almost everything - coats, jackets, hats, shirts, radios, televisions, and various other things.*
- Možno tam kúpiť i (aj) topánk*y*? *Can one a also buy shoes there?*
- Samozrejme možno, ale lepší **v**ýber nájdeš **v** inom obchode. *Of course, you can, but the best shoes you will find in another store.*

Otázk*y*:
1. Je tu niekde obchod? Kde?
2. Čo sa tam dá kúpiť? Možno tam kúpiť koberce? Topánk*y*? O**v**ocie?
3. Čo chceš kúpiť?
4. Máš peniaze?
5. Kam ideš nakupo**v**ať?
6. Kde **v** tomto meste možno kúpiť najkrajšie klobúk*y*?

179

Obchodný dom "Jednota" *Union*

E. Príjemnú zábavu

- Čo kupuješ? *What are you buying?*
- Banány, orechy, cukríky, ovocie, tortu a dajaké dobré víno. *Bananas, nuts, candies, fruit, a cake, and some kind of good wine.*
- Robíš večierok? *Are you having a party?*
- Nie, môj priateľ (moja priateľka) príde ku mne dnes večer. Budeme pozerať nový anglický film na videu. *No, my friend is coming to my house tonight. We are going to watch a new English film on (our) VCR.*
- Aha. Tak príjemnú zábavu. *Hmm. Well, then, have a good time!*
- Neboj sa. Určite sa príjemne zabavíme. *Don't worry. We're sure to have a good time.*

Otázky:
1. Robíš večierok?
2. Rád sa zabávaš?
3. Na čo sú ti tie cukríky?
4. Kto k tebe príde?
5. Čo budeš jesť? Piť?
6. Budeš pozerať televíziu? Čo budeš pozerať?
7. Máš doma video? Rád pozeráš na videu staré filmy?

VII

F. Po prvé, po druhé

- Halo, Martin (Zdenka), tu je zase Pavol
  (Eva). Počúvaj, prepáč, ale zabudol
  (zabudla) som, že nemôžem prísť k tebe
  dnes večer. *Hello, Martin (Zdenka), this is
  Pavol (Eva). Listen, I'm sorry, but I forgot, I
  can't come over to your place tonight.*
- Aká škoda. Prečo, ak sa môžem spýtať?
  What a shame. Why, if I may ask?
- Vieš, po prvé mám dohodnutú schôdzku na
  siedmu so spolužiakom (spolužiačkou).
  Pripravujeme sa na skúšku... *Well, see, in
  the first place I have a meeting at 7 o'clock
  with a class-mate. We're going to study for
  an exam...*
- To nie je žiaden problém. Môžeš prísť
  neskoršie, so spolužiakom (spolužiač-
  kou), ak chceš. *That's no problem. You can
  come later, with your class-mate, if you
  want.*
- ... a po druhé mám zajtra tú skúšku, a
  určite by som zostal(a) u teba príliš
  dlho. Poznám už tvoje večierky. *...and in
  the second place I have that exam
  tomorrow, and I would surely stay too long.
  I know what your parties are like.*
- Škoda, že nemôžeš prísť. V poriadku. Tak,
  veľa šťastia na skúške. *It's too bad you
  can't come. All right. Well, good luck on the
  exam.*
- Vďaka, ahoj!. *Thanks, goodbye.*

Otázky:

1. Máš zajtra skúšku? Si na ňu pripravený (-á)?
2. Potrebuješ moju pomoc?
3. Máš dohovorenú schôdzku? S kým, ak sa smiem spýtať?

Andrej Mišanek

Park of Culture and Leisure

POZNÁMKY

filológia *philology, i.e. language and literature*

lepšie *better.* The comparative form of the adverb **dobre** *good, well.*

dá sa kúpiť *can one, it is possible it buy.* Literally, "it gives itself to buy".

čo možno kúpiť *what can one buy?* The word **možno** is often used in combination with the infinitive to form impersonal sentences of this sort.

možno kúpiť i (aj) topánky? *can one also buy shoes?* Note the use of **i (aj)** in the function of "also, as well"; see the grammar section to this lesson.

vieš po slovensky *you know Slovak.* The verb **vedieť** plus the adverbial expression **po... -y** is used to express the idea of "knowing" a language. See the grammar section to this lesson.

baviť sa *to amuse oneself.* **zabávať sa** *enjoy oneself, to "party".* The difference in meaning is primarily one of intensity.

v inom obchode *in another store.* **v tvojom dome** *in your house.* The Locative case, exhibited by these forms, is presented in Lesson 8.

ku mne *to me,* **k tebe** *to you (sg.)* **k vám** *to you (pl.),* The Dative case forms of **ja, ty, vy,** exhibited by these forms, are presented in Lesson 10.

po prvé *in the first place,* **po druhé** *in the second place.* The (nonstandard) expressions **za prvé, za druhé** are also used in this meaning.

díki *thanks.* A highly colloquial expression.

GRAMATIKA
THE NOMINATIVE PLURAL FORMS OF NOUNS

HARD AND SOFT CONSONANT STEMS. In Slovak, for purposes of describing the occurrence of certain endings, certain consonants are referred to as "soft", others as "hard". By this term is meant that a noun whose stem ends in a hard or soft consonant will take, in certain instances (for example, in the Nominative plural), correspondingly different vowel endings. The following consonants are "soft" in this sense:

c, č, dz, š, ž, ť, ď, ľ, ň, j.

Most other consonants are considered to be "hard," although some consonants, mainly l, r and m, can be either hard or soft, depending on the word and the grammatical category concerned.

MASCULINE NONPERSONAL AND FEMININE PLURAL OF NOUNS. The usual ending for masculine nonpersonal and feminine nouns is -y for hard stems, and -e for soft stems:

Sg.	*Pl.*
MASCULINE	
hard stems:	
strom *tree*	stromy
stôl *table*	stoly
úrad office	úrady
most *bridge*	mosty

185

VII

soft stems:

týždeň *week*	týždne
kôň *horse*	kone
mesiac *month*	mesiace
stroj *machine*	stroje

FEMININE
hard stems:

taška *bag*	tašky
ceruza *pencil*	ceruzy
žena *woman*	ženy
škola *school*	školy

soft stems:

ulica *street*	ulice
práca *work*	práce
tabuľa *blackboard*	tabule
kaviareň *café*	kaviarne
tvár *face*	tváre
zem *ground,*	zeme

The plural of **pani** Mrs., Ms., is **panie.**

Feminine nouns ending in -sť form the plural in
-i; in addition, a small number of other
soft-stem nouns, both masculine and feminine,
form the plural in -i:

kosť *bone (f.)*	kosti
deň *day (m.)*	dni
vec *thing (f.)*	veci
noc *night (f.)*	noci.

186

THE PLURAL OF NEUTER NOUNS. Hard-stem neuter nouns form the Nominative plural in -á; soft-stems neuter nouns take -ia. The softness or hardness of the stem consonant can be determined from the Nominative singular ending: hard-stem neuter nouns end in -o, soft stems in -e:

hard stems:

okno *window*	okná
pero *pen*	perá
sako *jacket*	saká
mesto *town*	mestá

soft stems:

vajce *egg*	vajcia
srdce *heart*	srdcia
vrece *sack*	vrecia
pole *field*	polia
more *sea*	moria
namestie *square*	namestia.

The plural of the neuter noun **dievča** *girl* is **dievčatá**. Similarly: **zviera zvieratá** *animal*. The plural of the neuter noun **dieťa** *child* is **deti.**

THE ACCUSATIVE PLURAL OF NOUNS AND ADJECTIVES OTHER THAN MASCULINE PERSONS. The Accusative case forms of all nouns other than masculine persons is identical to the Nominative plural:

Chcem kúpiť orechy, banány, i vajcia. *I
want to buy nuts, bananas, and eggs.*
Veľmi dobre poznám tvoje sestry. *I know
your sisters very well.*
Vidíte tie deti? *Do you see those children?*
and so on.

THE INTENSIVE PRONOUN. The intensive pronoun
sám sama samo expresses the meanings of
"oneself" and "alone", depending on context:
Robíš to sám (sama)? *Are you doing that
yourself (by yourself, alone)?*
Učím sa sám (sama). *I study by myself.*
Except for the Nominative case forms, this
pronoun is similar to the adjective **samý** *very,
nothing but:*
Treba začať od samého počiatku. *One
has to begin from the very beginning.*
Tu sú samé chyby. *There are nothing but
mistakes here.*

THE EXPRESSION OF "BOTH...AND", "NEITHER ...
NOR". The Slovak equivalent of "both... and..." is
i... i... or, especially colloquially, **aj... aj:**
Chcem kúpiť i (aj) banány i (aj) orechy. *I
want to buy both bananas and nuts.*
Som i (aj) unavený i (aj) nahnevaný. *I am
both tired and angry.*

"Neither... nor..." is expressed by **ani... ani...**; the
verb in a sentence employing **ani... ani...** will be
negated:

Nehovorím ani po anglicky ani po slovensky. *I don't speak either English or Slovak.*

Nie som ani šťastný ani nešťastný. *I'm neither happy nor unhappy.*

THE EXPRESSION OF "ALSO", "TOO", "AS WELL".

When the item being additionally included is a noun, the notion of "too" or "also" is usually expressed by either i or aj, placed in front of the noun:

Chcem kúpiť i (aj) topánky. *I also want to buy shoes.*

When it is a verbal action that is being additionally included, "also" or "too" is usually expressed by tiež, placed in front of the verb:

Ján tiež prinesie tortu. *Jan is also bringing a cake.*

In this sentence, the implication is that Jan is doing something else besides bringing the cake. If someone else were bringing a cake in addition to Jan, the sentence would be Aj Ján prinesie tortu. The word tiež often appears in truncated sentences of the type:

- Som unavený. *I'm tired.*
- Ja tiež. *Me too.*

Even though in the last sentence tiež appears in conjunction with the pronoun ja, it is really the state of being tired that is being included.

189

VII

NAMES FOR SOME FOOD ITEMS THAT CAN OCCUR
IN SINGULAR AND PLURAL

cukrík *(piece of) candy*	citrón *lemon*
torta *cake*	uhorka *cucumber*
banán *banana*	jablko *apple*
hrozienko *raisin*	orech *nut*
vajce *egg*	melón *melon*
slivka *plum*	pomaranč *orange*

NAMES FOR ITEMS OF CLOTHING

košeľa *shirt*	klobúk *hat*
kabát *coat*	kravata *tie*
sako *jacket*	blúza *blouse*
sukňa *skirt*	taška *handbag*
topánka *shoe*	ponožka *sock*
čiapka *cap*	nohavice *trousers*
remeň *belt*	šaty *dress*
sveter *sweter*	pulóver *pullover*
pančuchy *panty hose*	bielizeň *underwear*
odev *piece of clothing*	oblek *piece of clothing*

The nouns **pančuchy, nohavice, šaty** occur mainly in the plural form.

SOME NATIONALITY ADJECTIVES

anglický *English*	nemecký *German*
český *Czech*	poľský *Polish*
čínsky *Chinese*	ruský *Russian*
francúzsky *French*	slovenský *Slovak*
japonský *Japanese*	španielsky *Spanish*
maďarský *Hungarian*	taliansky *Italian*

The above adjectives form an adverbial form in po... -y:

Hovoríme i po anglicky i po slovensky. *We speak both English and Slovak.*

Nevieme ani po španielsky ani po francúzsky. *We don't know either Spanish or French.*

LANGUAGE NAMES. Names for languages are formed with the suffixes **-čina, -ština, -čtina**:

angličtina *English*

čeština *Czech*

čínština *Chinese*

francúzština *French*

japončina *Japanese*

maďarčina *Hungarian*

nemčina *German*

poľština *Polish*

ruština *Russian*

slovenčina *Slovak*

španielčina *Spanish*

taliančina *Italian*

SOME SCIENTIFIC AND PROFESSIONAL NAMES. Words naming scientific professions usually have a directly related noun referring to a person, whether man or woman, in that profession:

chémia *chemistry*

    chemik, chemička *chemist*

fyzika *physics*

    fyzik, fyzička *physicist*

filozofia *philosophy*

    filozof, filozófka *philosopher*

matematika *mathematics*

    matematik, matematička *mathematician*

filológia *philology*

    filológ, filológička *philologist*

The word for "scholar" is **učenec**, Accusative **učenca**; "scientist" is **vedec**, Acc. **vedca**.

VII

INDEFINITE PRONOUNS, ADVERBS, AND ADJECTIVES. Indefinite pronouns, adverbs, and adjectives can be formed with the prefixes **nie-** (**ne-**) (nonspecific) and **da-** (specific but still unknown):

niekto *someone*	**dakto** *somebody, anyone*
niečo *something*	**dačo** *something anything*
niekde *somewhere*	**dakde** *somewhere, anywhere*
niekedy *sometime*	**dakedy** *sometime, anytime*
niektorý *some*	**daktorý** *some, any*
nejaký *some (sort)*	**dajaký** *some, any*

-Kúp mi <u>niečo</u>. *Buy me something.*

-Kúp mi <u>dajakú</u> tortu. *Buy some kind of cake.*

The suffix **-koľvek** creates indefinites corresponding to English -<u>ever</u>:

ktokoľvek *who(so)-ever*	**čokoľvek** *what(so)-ever*
ktorýkoľvek *which(so)ever*	**kdekoľvek** *where(so)ever*
akýkoľvek *what-(so)ever*	**kamkoľvek** *where-, whithersoever*
kedykoľvek *when(so)ever:*	

<u>Akúkoľvek</u> tortu mi kúpiš, som si istý, že bude dobrá. *Whatever kind of cake you buy me, I am sure it will be good.*

<u>Kamkoľvek</u> pôjdeš, nájdem ťa. *Wherever you go, I will find you.*

THE COMPARATIVE AND SUPERLATIVE ADVERB.

The Nominative sg. neuter form of the comparative and superlative adjective also functions as an adverbial form:

Píšem <u>lepšie</u> než hovorím. *I write better than I speak.*

Koho máš <u>najradšej</u>? *Who(m) do you like best?*

Kto môže kričať <u>hlasnejšie</u> (<u>najhlasnejšie</u>)? *Who can shout louder (the loudest)?*

Hovor <u>tichšie</u>! *Talk quieter (more quietly)!*

VERBS OF THE niesť nesiem TYPE.

Verbs adding -em -eš -e -eme -ete -ú in the present whose stem vowel is **ie** shorten the stem vowel to **e** and lengthen the link vowel **e** to **ie**:

niesť nesiem *carry*

nesiem	nesieme
nesieš	nesiete
nesie	nesú

viezť veziem *carry (by vehicle), drive*

veziem	vezieme
vezieš	veziete
vezie	vezú

viesť vediem *lead*

vediem	vedieme
vedieš	vediete
vedie	vedú.

A number of *verbs* whose stems end in hard consonants also display long endings in the present:

brať beriem *take*

beriem	berieme
berieš	beriete
berie	berú

hrýzť hryziem *bite, gnaw*

hryziem	hryzieme
hryzieš	hryziete
hryzie	hryzú

klásť kladiem *place*

kladiem	kladieme
kladieš	kladiete
kladie	kladú

and others.

EXPRESSING "prefer". The idea of "preferring" to do something is expressed by accompanying the main *verb* with the adverb **radšej** *rather*:

Hovoríme radšej po anglicky. *We prefer to speak English.*

Žijeme radšej na Slovensku. *We prefer living in Slovakia.*

ČÍTANIE

Anna Horecká

Anna Horecká je študentka na univerzite. Študuje cudzie jazyky: nemčinu a ruštinu. Výborne hovorí po nemecky a po rusky. Hovorí tiež trochu po španielsky.

Ale nemyslí stále len na učenie, rada sa i zabáva. Má často návštevy. Anna rada nakupuje a varí. Vie variť veľmi dobré jedlá, preto pozýva často svojich priateľov na večeru. Po večeri jej priatelia pijú, tancujú, fajčia i rozprávajú sa do neskorej noci.

Napriek tomu, že Anna venuje veľmi málo času učeniu, profesori hovoria, že je nádejná študentka. Anna si myslí, že vždy je lepšie žiť v prítomnosti, lebo kto vie, čo prinesie budúcnosť? Možno, že má aj pravdu.

napriek tomu, že *despite the fact that*
venuje učeniu *devotes to studying* (Dative case).

Otázky:
1. Čo študuje Anna?
2. Ktoré cudzie jazyky ovládate?
3. Rozumiete po slovensky?
4. Anna sa rada zabáva?
5. Koho pozýva Anna na večeru?
6. Čo pripravuje Anna svojím priateľom?
7. Čo robia priatelia po večeri?
8. Venujete príliš mnoho času učeniu?

CVIČENIA

1. strom: a. **ten strom**
               b. **tie stromy.**

úrad, týždeň, more, ceruza, noc, stroj, okno, mesiac, tvár, stôl, pole, kôň, škola, most, vrece, vec, ulica, srdce, pero, žena, kosť, deň, mesto.

2. **ťažký predmet:**
          a. **Každý predmet je ťažký.**
          b. **Všetky predmety sú ťažké.**

ľahký jazyk, zaujímavý film, nemecký časopis, dôležité oznámenie, dlhý list, stará kniha, nové cvičenie.

3. ja, biológia: a. **Študujem biológiu.**
                   b. **Chcem študovať biológiu.**

my, fyzika; oni, matematika; on, informačná veda; ty, filozofia; ona, anglická literatúra; vy, cudzí jazyk.

4. Chinese: **Hovoríš po čínsky?**

Italian, German, Slovak, Czech, Hungarian, Polish, Russian, Japanese, French, Spanish.

5. ja, čínský   a) Trochu hovorím po čínsky.
               b) Ovládam čínštinu.

my, slovenský; on, poľský; vy, maďarský; ty nemecký; oni, francúzsky; ona, španielsky; ony, taliansky.

6. ja, čínský: **Čítam po čínsky lepšie než píšem.**

Use the vocabulary of the preceding exercise.

7. ja, čínský: **Rozumiem lepšie po čínsky než hovorím.**

Use the vocabulary of the preceding exercises.

8. český, slovenský: **Hovorím horšie po česky než po slovensky.**

poľský, ruský; čínsky, japonský; taliansky, španielsky; nemecký, francúzsky.

9. ty, slovenský: **Odkiaľ [ty] vieš po slovensky?**

on, ruský; ona, český; vy, anglický; oni, maďarský.

10. kabát:
- a. Kde možno kúpiť dobrý kabát?
- b. Kde možno kúpiť dobré kabáty?

košeľa, sako, sukňa, čiapka, remeň, sveter pančucha, klobúk, kravata, blúza, taška, pulóver, rádio.

11. cukrík: Kde nájdeme dobré cukríky?

torta, banán, hrozienko, vajce, slivka, citrón, uhorka, jablko, orech, melón, pomaranč.

12. predmet: Aký predmet máš najradšej?

televízia, klobúk, šaty, košeľa, sako, topánka, blúza, mesto, sukňa, remeň, nohavice.

13. Make up short sentences illustrating the following indefinite pronouns and adverbs:

niekto: a) Hovorí tu niekto po slovensky?
   b) Potrebujeme niekoho, kto hovorí po slovensky.

niekde, niekto, niečo, niekedy, nejaký.

14. *Translate, using language adverbs:*
- a. We write Slovak.
- b. You (sg.) speak German.
- c. They (fem.) know Italian.
- d. He understands French.

e. They (masc. pers.) understand Russian
f. I write Hungarian.
g. You (pl.) know English.
h. She reads Chinese.

15. robím: **Robím to sám (sama).**

robíte, robíš, robia, robíme, robí.

16. on: **Čo on sám myslí?**

ona, oni, ty, *vy*, my, ja, ony.

17. on: **On sa učí sám.**
Use the *vocabulary* of the preceding exercise.

18. on, cukríky, torta: **On chce kúpiť aj**
                                            cukríky, aj tortu.

my, orechy, hrozienka; ty, banán, pomaranč; ja,
melón, uhorka; oni, kabát, klobúk; ona, sako,
sukňa; *vy*, košeľa, kravata.

19. čapica: a. **Chcem kúpiť aj čiapku.**
                   b. **Chcem kúpiť *všetky* čiapky.**

sveter, taška, pančuchy, torta, citrón, cukrík.

VII

20. *Review of interjections, adverbs, and tags.*
Use the following words in a short sentence:

určite: **Určite sa budeme dobre baviť.**

samozrejme, *veru*, pravda, často, tak, teda,
možno, *vždy*, tu, ešte, teraz, tam, zasa.

21. *Fill in the blanks:*
a. ʼŠtudujem ____.   i. ____ filozófiu.
b. Všetky ____ sú ____.   j. Študujem na ____.
c. Každá ____ je ____.   k. Čo budete ____?
e. ____ trochu po poľsky.   l. Radi sa ____?
f. Odkiaľ ty ____ po   m. Lepšie ____ nájdeš
   slovensky?   *v* inom obchode.
g. Kde možno kúpiť ____   n. Chcem kúpiť aj ____.
   sukňu?   o. Akú ____ máš naj-
h. Píšem ____ než čítam.   radšej?

22. *Compose dialogues of at least five lines each,*
using the following as first lines:
   a. **Čo študuješ?**
   b. **Akými jazykmi hovoríš?**
   c. **Čo chceš kúpiť?**
   d. **Robíš večierok?**
   e. **Kde tu možno kúpiť dobré topánky?**
   f. **Dobre varíš?**

23. *Translate into Slovak:*
a.   – All subjects are equally difficult, right?
     – No, philosophy is more difficult than other
        subjects.

b.   - It seems to me (**Mne sa zdá**) that all
          languages are equally easy.
      - You couldn't be more wrong (use **mýliť sa**).

c.   - I forgot that I can't come to your party.
      - That's no problem.

d.   - What subject do you like the most?
      - I don't like any (**žiaden**) subject *very* much.

e.   - I read Slovak a lot better than I write it.
      - No wonder.

f.   - Where did your brother study French?
      - At the university, like everyone.

g.   - Are your parents Slovak?
      - Yes, but they don't speak Slovak at home.

h.   - Why can't you come over to my house
          tonight?
      - In the first place I have an appointment
          with a friend, and in the second place I
          have an exam tomorrow morning.

i.   - What languages do you speak?
      - I speak Chinese and a little Japanese.

j.   - Does anyone here speak Italian?
      - No, no one here speaks Italian.

k.   - Can one find shoes in this store?
      - Yes, but you'll find the best shoes in
          another store.

l.   - Is there a department store here?
      - Yes, there is a department store on the
          corner.

m.   - Can one buy blankets here?
      - Yes, but why do you need a blanket?

n.   - Why are you going to buy that coat?
      - Because I like it and because I have the
          money (**peniaze**).

VII

o.   - The best wine is Hungarian.
     - I prefer Slovak wine.
p.   - My friend is coming over this evening.
     - Have a good time!
     - Don't worry, we will.
q.   - What are you doing this evening?
     - I'm preparing for an exam.
r.   - Are you having a party?
     - Yes, but I don't know who to invite.
s.   - Are you going to watch television alone?
     - No, with my dog.
t.   - Lots of luck on your exam.
     - Thanks.
u.   - Who here writes Slovak best?
     - What do you yourself think?
v.   - Talk more quietly!
     - All right.
w.   - What did you do after dinner?
     - We talked until late at night.
x.   - He prefers to live in the past.
y.   - Is he also bringing a cake? (say in two ways, *depending on which element is taken as additive*)
z.   - We want to buy some sort of cap.
     - What kind?
     - Any kind.

24. Situations. Rehearse, then act out the following situations; or write a playscript describing them.

  a. Discuss with someone your respective foreign language abilities, asking relevant questions.

b. You are looking to buy some kind of item of clothing. Ask someone where would be the best place to look.

c. Discuss your course of studies with someone.

d. Invite someone to a party who is trying to make excuses not to come.

e. Make excuses to someone who is trying to invite you to a party you don't want to go to.

f. Discuss what to buy for, and what you plan to do at, a party you and a friend are planning.

SLOVNÍK

anglický *English (adj.)*
angličtina *English
(language)*
banán *banana*
báseň *(f.) poem*
bielizeň *(f.) underwear*
biológia *biology*
blúza *blouse*
budúcnosť *(f.) the
future*
ceruza *pencil*
citrón *lemon*
cudzí *foreign*
čiapka *cap*
často *often*
český *Czech (adj.)*
čeština *Czech
(language)*
čínsky *Chinese (adj.)*
čínština *Chinese
(language)*
dať dám dajú *(perf.)
give.*
dá sa *one may*
deň dňa *day*
dohodnutá schôdzka
appointment
doma *at home*
filológia *philology*
filozófia *philosophy*
francúzsky *French*

francúzština *French
(language)*
fyzika *physics*
hlasný *loud*
hrozienko *raisin*
chémia *chemistry*
iný *other, different*
japonský *Japanese*
japonština *Japanese
(language)*
jednako *equally*
jesť jem jedia *eat*
kabát *coat*
keďže *since*
klobúk *hat*
koberec *carpet*
košeľa *shirt*
kosť *(f.) bone*
kôň *horse*
kravata *tie*
kričať -ím -ia *shout*
literatúra *literature*
maďarský *Hungarian*
maďarčina *Hungarian
(language)*
málo *little, not much*
matematika
mathematics
melón *melon*
mesiac *month*
mesto *town*

more *sea*

most *bridge*

možno *possible, one can*

nádejný *promising*

nahnevaný *angry*

nájsť -jdem -jdu (perf.) *find*

nanesťastie *unfortunately*

naspamäť *by heart*

návšteva *meeting, get-together*

nemecký *German*

nemčina *German (language)*

neskorý *late.* adv. neskoro

než *than*

noc *(f.) night*

nohavice *trousers*

obchodný dom *department store*

orech *nut*

oveľa *(by) a lot*

ovládať -am -ajú *master, control*

ovocie *fruit*

pančuchy *stockings*

peniaze *(pl. form) money*

piť pijem pijú *drink*

po druhé *in the second place*

pole *field*

poľský *Polish*

poľština *Polish (language)*

ponožky *socks*

po prvé *in the first place*

poriadok -dku *order.* v poriadku *O.K., all right*

pozvať -em -ú (perf.) *invite*

pravda *truth.* mať pravdu *be right*

predmet *subject*

príjemný *pleasant*

priniesť -nesiem -nesú (perf.) *bring*

pripravovať sa -ujem -ujú *prepare oneself*

prísť prídem -prídu (perf.) *come*

prítomnosť *(f.) the present*

problém *problem*

pulóver *pullover*

remeň *belt*

rodič *parent*

roh *corner*

rovnako *equally*

rozličný *various*

rozprávať sa -am -ajú *converse with one another*

VII

ruský *Russian*

ruština *Russian (language)*

rozumieť -umiem -umejú *understand*

sám sama samo sami samy *alone, by oneself*

sako *jacket*

schôdzka *meeting*

siedmy *seventh*

skoro *soon, almost*

slivka *plum*

slovenčina *Slovak (language)*

spýtať sa -am ajú *(perf.) inquire*

srdce *heart*

stôl stolu *table*

stroj *machine*

strom *tree*

sukňa *skirt*

sveter -tra *sweater*

šaty *dress*

španielsky *Spanish*

španielčina *Spanish (language)*

šťastný *happy*

tabuľa *blackboard*

taliansky *Italian*

tancovať -ujem -ujú *dance*

tichý *quiet*

topánky *shoes*

torta *cake*

trochu *a little*

týždeň -dňa *week*

učenec -nca *scientist*

uhorka *cucumber, pickle*

ulica *street*

unavený *tired*

úrad *office*

určite *really, certainly*

vajce *egg*

variť -ím -ia *cook*

vec *(f.) thing*

večierok -rka *party*

venovať -ujem -ujú *(+ Dat.) devote to*

veru *truly, in truth*

video *VCR*

víno *wine*

výber *choice, selection*

zábava *party*

zabaviť sa -ím ia *amuse, enjoy o. s.*

zabúdať -am -ajú na *(+ Acc.) forget about*

zabudnúť -nem -nú *(perf.) forget*

zasa *again.(as tag;) right?*

zdať sa -ám -ajú *seem*

žiaden -dna -dne *none, no*

DOPLŇAJÚCE ČÍTANIE *supplementary reading*
Consult the glossary at the end of the book, or a dictionary, only as a last resort.

Zbierka

Zbierať nálepky zo zápaliek nie je zlý nápad. Aspoň zberateľ vidí, čo sa kde na zápalkových škatuľkách odporúča. Pravdaže možno si robiť aj iné zbierky. Ľudia zbierajú známky, mince, pohľadnice, nálepky, rozličné obrazy, sošky, gramofónové platne, ľudovú keramiku, motýle, chrobáky nerasty, vylisované rastliny a podobne. Niektoré veci, ako poštové známky alebo nálepky z rozličných miest, sa zhromažďujú pomerne ľahko, a preto robiť také zbierky môžu aj deti. Pravda, pri zadovažovaní vecí do zbierky treba mať rozum. A veď deti ho tiež majú.

aspoň *at least*
ľudový *folk (adj.)*
chrobák *bug, beetle*
minca *coin*
motýľ *butterfly*
nerast *minerals*
odporúčať *recommend*

pomerne *comparative*
rastlina *plant*
soška *figurine*
zadovažovať *procure*
zápalka *match*
zbierať *collect*
zhromažďovať *accumulate*

Try to deduce the meaning of the following words on the basis of the context and general knowledge: zbierka, nálepka, zberateľ, platňa keramika, vylisovaný, poštový.

207

Zbierka nálepiek z *vína*

Ôsma lekcia

eighth lesson

A. Sladký, kyslý, svetlý, čierne

- Čo je **v** tom pohári? *What's in that glass?*
- Mlieko (pivo). Prečo? *Milk (Beer). Why?*
- Má čudnú farbu (čudnú chuť, čudný
  zápach). *Because it has a very strange
  color (taste, smell).*

a. - To preto, že to je
  - kyslé (a nie sladké) mlieko.
  - čierne (a nie svetlé) pivo.

*That's because it's sour (not sweet) milk
/ dark (not light) beer.*

b. - Nie, mýliš sa. To je obyčajná farba
  (obyčajná chuť, obyčajný zápach) akú
  (aký) má mať mlieko (pivo). *No, you're
  mistaken. That's an ordinary color (taste,
  smell) for milk (beer).*

209

Otázky:
1. Čo je *v* pohári?
2. Piješ mlieko (pivo)?
3. Prečo má čudnú farbu (chuť)?
4. Je mlieko kyslé (pivo tmavé) ?
5. Máš rád (rada) sladké mlieko (tmavé pivo?)
6. Akú farbu má mať mlieko (pivo)?

B. Zlozvyk

- Čo je *v* tej škatuľke? *What's in that box?*
- Cigarety (cukríky). Dáš si? *Cigarettes (candy). Would you like one?*
- Áno, prosím si. *Yes, please.*
- Nevedel (nevedela) som, že fajčíš (máš rád sladkosti). *I didn't know you smoked (liked sweets).*
- Áno, každý má nejaký zlozvyk. *Yes, everyone has some bad habit.*

Otázky:
1. Čo je *v* škatuľke?
2. Chceš cigaretu? Cukrík?
3. Máš rád (rada) sladkosti?
4. Prečo majú tie cigarety čudnú chuť?
5. Fajčíš? Máš rad (rada) silné (slabé) cigarety?
6. Máš cukríky? Chceš cukrík?
7. Akú farbu majú tie cukríky?
8. Aké máš zlozvyky?

C. Upravo, vľavo

- Hľadáte niečo? *Are you looking for
  something?*
- Áno, hľadám kostol Svätého Martina
  (obchod s vínom) na Zelenej ulici. *Yes
  I'm looking for the wine store (the church
  of Saint Martin) on Zelena (Green) street.*
- Vidíte tamtú ulicu vľavo? To je Zelená
  ulica. Ten kostol (obchod) je sto
  metrov vpravo. *Do you see that street on
  the left. That's Zelena street. That (church)
  store will be about 100 meters on the right.*
- Ďakujem. *Thank you.*
- Vďačne. Ale neviem, či ten kostol (obchod)
  bude dnes otvorený. *Don't mention it.
  But I don't know whether that church
  (store) won't be open today.*

Otázky:
1. Ktorú ulicu hľadáš? Prečo?
2. Je Zelená ulica blízko?
3. Vie tento muž, kde je kostol (obchod)?
4. Dá sa dnes kúpiť víno? A prečo?
5. Na akej ulici bývaš?
6. Prečo je dnes kostol (obchod)
   zatvorený?

D. Blízko, ďaleko

- Prepáčte, ste odtiaľto? *Excuse me, are you
  from here?*
- Áno, hľadáte niekoho? *Yes, are you looking
  for someone?*

- Áno, hľadám priateľa Krištofa Pavlíka,
  (priateľku Kristínu Pavlíkovú), ktorý
  (ktorá) býva na tejto ulici. *Yes, I'm
  looking for my friend Kristof/Kristina Pavlík,
  who lives on this street.*
- Viete adresu? *Do you know the address?*
- Medová ulica, číslo sedemnásť. *Med (honey)
  street number 17.*
- To bude dosť blízko (ďaleko) odtiaľto.
  Dúfam, že ho (ju) nájdete. *That will be
  rather close to (far from) here. I hope that
  you find him (her).*
- Ja tiež. Ďakujem. *Thank you, me too.*

Otázky:
1. Je ten muž (tá žena) odtiaľto?
2. Koho hľadáte?
3. Pozná ho (ju) ten muž?
4. Poznáte jeho (jej) adresu?
5. Býva blízko?
6. Nájdete svojho priateľa (svoju
   priateľku)?

E. Boli ste na Slovensku?

- Boli ste niekedy na Slovensku? *Were you ever in Slovakia?*
- Áno, bol (bola) som *vo všetkých väčších* mestách: *v* Bratislave, *v* Žiline, *v* Prešove, *v* Košiciach... *Yes, I've been in all the more important towns: Bratislava, Žilina, Prešov, Košice...*
- Boli ste niekedy *v* Banskej Bystrici? *Have you ever been to Banská Bystrica?*
- Nie, nikdy som tam nebol (nebola). *No, I've never been there.*
- Škoda, lebo to je iste pekné mesto. *That's too bad, because it is a really nice town.*

Otázky:
1. Boli ste na Slovensku?
2. Chceli by ste tam ísť?
3. V akých mestách ste boli?
4. Boli ste niekedy *v* Modre?
5. Je Pittsburgh pekné mesto?

Hrad Devín *Devin Castle*

213

F. V reštaurácii

- Ahoj, Martin (Marta)! Prepáč, že idem tak neskoro. *Hi, Martin/Marta. Forgive me for being so late.*
- Nečakám až tak dlho. Chceš sa trochu osviežiť? *I haven't been waiting so long. Do you want to freshen up a bit?*
- To je skvelý nápad. Je tu umyváreň? *That's a great idea. Is there a washroom here?*
- Určite. V každej reštaurácii je umyváreň. *Certainly. There's a washroom in every restaurant.*
- Pravdaže. Počkaj na mňa tu. Hneď sa vrátim. *Of course. Wait for me here. I'll be right back.*
- Dobre. *All right.*

Otázky:
1. Ako dlho tu čakáš?
2. Chce sa Martin (Marta) trochu osviežiť?
3. Je v reštaurácii umyváreň?
4. Ako vieš, že je v reštaurácii umyváreň?
5. Počkáš na Martina (Martu)? Kedy sa vráti?

Električka, autobus

G. Nastúpiť, prestúpiť, *vy*stúpiť

— Prepáčte, ako sa ide odtiaľto do mesta?
  Excuse me, how does one get from here to downtown?
— To nie je také ľahké. Vidíte tú zastávku? Tam treba nastúpiť na električku. *That's not so easy. Do you see that stop? You have to get on a trolley there.*
— Na ktorú? *On which one?*
— To je jedno. (Na hociktorú.) Potom prejdete tri zastávky a *vy*stúpite na Októbro*v*om námestí. Tam musíte prestúpiť na autobus, ktorý *v*ás do*v*ezie do mesta. *It's all the same (On any one.) Then ride three stops and get out at October Square. There you have to transfer to a bus. It will take you to town.*
— Ako budem *v*edieť, ktorým smerom mám ísť? *How will I know what direction to go?*
— Opýtajte sa ľudí. Každý *v*ám po*v*ie. *Ask people. Anyone will tell you.*
— Ďakujem pekne. *Thanks very much.*
— Vďačne. *You're most welcome.*

Otázky:
  1. Ako sa odtiaľto ide do mesta? Možno tam ísť električkou?
  2. Na ktorý autobus (ktorú električku) treba nastúpiť? Je to jedno? Treba prestúpiť na iný autobus (inú električku)?
  3. Ktorým smerom treba ísť?

POZNÁMKY

má mať *should, is supposed to have.*

hľadať -ám -ajú *look for.* This single word plus the Accusative case, translates the notion of English "look for".

obchod s vínom *wine-store.* Note the use of **s** plus the Instrumental case in designating different kinds of stores. Compare also: **obchod s oblekmi** *clothing store,* and so on.

sto metrov *100 meters.* The Genitive plural of **meter** after the numeral **sto**.

niekedy *ever, at any time.*

čo takého *what (sort of) thing?*

nič zvláštne *nothing special.*

VIII

GRAMATIKA
THE LOCATIVE CASE OF NOUNS AND ADJECTIVES.
The Locative case is used after the following prepositions:

v (*vo*) *in, at*   **pri** *near, by*
na *on, at, for*   **po** *after*
o *about.*

Sestra žije *v* Bratislave. *My sister lives in Bratislava.*

Čo je *v* tom pohári? *What is in that glass?*

Bývam na tejto ulici. *I live on this street.*

Rozmýšľame o tebe. *We're thinking about you.*

Dom stojí pri parku. *The house stands next to the park.*

Po nedeli je pondelok. *After Sunday is Monday.*

The form *vo* occurs before certain consonant clusters, cf. *vo* **mne** *in me.* Note that the prepositions *v*, **na**, **o**, and **po** can also occur with the Accusative case in different meanings; see further below. When forming the Locative case of nouns, the distinction between plus-hard and plus-soft consonants (the latter consisting of **c, dz, č, š, ž, j, ť, ď, ľ**) is relevant.

THE LOCATIVE SINGULAR OF FEMININE NOUNS AND ADJECTIVES.
The Locative ending for feminine nouns is **-e** for plus-hard stems and **-i** for plus-soft stems. The adjective and pronominal adjective ending is **-ej**:

Feminine Hard Stems

nová kniha *new book*   *v* novej knihe *in the new book*

218

milá žena *nice woman*	o milej žene *about the nice woman*
veľká fabrika *large factory*	vo veľkej fabrike *in the large factory*
tá izba *that room*	v tej izbe *in this room*
naša dcéra *our daughter*	o našej dcére *about our daughter*

Feminine Soft Stems

široká ulica *wide street*	na širokej ulici *on a wide street*
malá fľaša *small bottle*	v malej fľaši *in the small bottle*
stará tabuľa *old blackboard*	na starej tabuli *on the old blackboard*
tá reštaurácia *that restaurant*	pri tej reštaurácii *near that restaurant*
naša spálňa *our bedroom*	v našej spálni *in our bedroom*

All feminine nouns whose Nominative form ends in a consonant, whether or not the consonant is soft, form the Locative singular in -i:

pekná tvár *pretty face*	o peknej tvári *about a pretty face*
zlá vec *bad thing*	o zlej veci *about a bad thing*
dlhá noc *long night*	po dlhej noci *after a long night*
tá umyváreň *this washroom*	v tej umyvárni *in this washroom*
Karlová Ves *(town name)*	v Karlovej Usi *in Karlova Ves*

219

The title **pani** does not change in the Locative. The Locative ending of female last names in **-ová** is **-ej**:

pani Bučková *Mrs. Bučková*

o pani Bučkovej *about Mrs. Bučková.*

THE LOCATIVE SINGULAR OF MASCULINE NONPERSONAL AND NEUTER NOUNS AND ADJECTIVES. Masculine nonpersonal and neuter nouns take the same endings as feminine nouns (hard stems take **-e**, and soft stems take **-i**), except that stems ending in **k, g, h, ch** take **-u**. The adjective and pronominal adjective ending is **-om**:

Hard stems (but not **k, g, h, ch***);*
Masculine

obchodný dom *department store*

v obchodnom dome *in the dept. store*

malý strom *small tree*

na malom strome *on the small tree*

môj zošit *my notebook*

v mojom zošite *in my notebook*

ten program *that program*

o tom programe *about that program.*

Neuter

staré mesto *old town*

v starom meste *in the old town*

nové kino *new movie-house*

v novom kine *in the new movie house*

slávne divadlo *famous theater*

v slávnom divadle *in a famous theater*

hlboké jazero *deep lake*

v hlbokom jazere *in a deep lake.*

220

Soft stems:
Masculine

dobrý deň *good day*

po dobrom dni *after a good day*

ten stroj *that machine*

na tom stroji *on that machine*

veľký kôš *large basket*

vo veľkom koši *in the large basket.*

Neuter

veľké vrece *large sack*

vo veľkom vreci *in a large sack*

čerstvé vajce *fresh egg*

v čerstvom vajci *in the fresh egg*

hlboké more *deep sea*

v hlbokom mori *in the deep sea.*

Note: neuter soft-stem nouns in -ie take Locative singular in -í:

staré príslovie *old proverb*

o starom prísloví *about an old proverb.*

Masculine nouns with stems in l and r are divided between hard and soft endings (one must simply memorize the Locative ending):

Soft:

dlhý večer *long evening*

po dlhom večeri *after a long evening*

náš hotel *our hotel*

v našom hoteli

Hard:

žltý syr *yellow cheese*

v žltom syre *in yellow cheese.*

náš kostol *our church our*

v našom kostole *in our church.*

221

VIII

Stems in **k, g, h, ch:**
Masculine

Nový Rok *New Year*	**po Novom Roku** *after the New Year*
ostrý roh *sharp corner*	**na ostrom rohu** *on a sharp corner*
ten duch *this spirit*	**v tom duchu** *in this spirit*

Neuter

čierne sako *black jacket*	**na čiernom saku** *on the black jacket*
moje vrecko *my pocket*	**v mojom vrecku** *in my pocket.*

Neuter nouns of the **dieťa** *child,* **dievča** *girl* type have the locative forms **dieťati, dievčati:**
naše dieťa *our child*   **o našom dieťati** *about our child.*

THE LOCATIVE SINGULAR OF MASCULINE PERSONAL NOUNS. Masculine personal nouns have the Locative singular ending **-ovi:**

bohatý sused *rich neighbor*	**o bohatom susedovi** *about a rich neighbor*
môj otec *my father*	**pri mojom otcovi** *next to my father*
dobrý muž *good man*	**o dobrom mužovi** *about a good man*
jeho brat *his brother*	**o jeho bratovi** *about his brother*

The ending **-ovi** also occurs with masculine-gender animals, and with masculine nouns whose Nominative singular ends in **-a:**

môj pes *my dog* | o mojom psovi *about my dog*

náš kôň *our horse* | na našom koňovi *on our horse*

unavený turista *tired tourist* | o unavenom turistovi *about the tired tourist.*

THE LOCATIVE PLURAL OF NOUNS AND ADJECTIVES. Masculine nouns form the Locative plural in **-och**; feminine and neuter nouns take **-ách** (**-iach** with soft stems). Adjectives of all genders take **-ých** (**ích**).

Masculine

cudzí jazyk *foreign language* | o cudzích jazykoch *about foreign languages*

bohatý sused *rich neighbor* | o bohatých susedoch *about rich neighbors*

vysoký strom *tall tree* | na vysokých stromoch *on tall trees*

Feminine

pekná žena *pretty woman* | o pekných ženách *about pretty women*

tá taška *that bag* | v tých taškách *in those bags*

široká ulica *wide street* | na širokých uliciach *on wide streets*

Neuter

veľké mesto *large town* | vo veľkých mestách *in large towns*

malé okno *little window* | v malých oknách *in little windows*

každé vajce *every egg* | v každých vajciach *in all eggs*

223

VIII

The Locative plural of **dieťa** *child* is **deťoch:**
ich dieťa *their child*   o **ich deťoch** *about their children*

THE LOCATIVE CASE OF PERSONAL PRONOUNS

ja:	mne	my:	nás
ty:	tebe	vy:	vás
on:	ňom	oni:	nich
ona:	nej	ony:	nich
kto:	kom	čo:	čom
seba:	sebe		

THE USE OF *v*, na, po, o PLUS THE ACCUSATIVE.
The prepositions **v**, **na**, **po**, and **o** occur with the Accusative case in a number of uses, most importantly, the following:

***v*(o) + Accusative:** in certain expressions, especially, day-of-the-week phrases: **v stredu** *on Wednesday.*

na + Accusative:
a) after motion verbs, where the preposition of Location is **na** + Locative: **Idem na trh.** *I'm going to market.*
b) the "for" of purpose: **na pitie** *for drinking*, **na prechádzku** *for a walk*, **na Vianoce** *for Christmas.*
c) "for" a period to come: **ísť do hôr na týždeň** *go to the mountains for a week*
d) after various verbs, for example, **hnevať sa na** *to be angry at*, **odpovedať na** *answer (to)*, and many others.

224

o + Accusative: primarily after verbs of care or concern: **starať sa o koho** *to look out for someone*; **báť sa o koho** *to be fearful for someone*; **dbať o** *care for, about.*

po + Accusative:

a) going after, for, to fetch: **ísť po lekára** *go for the doctor.*

b) "up to, as far as: **po pás** *up to one's waist.*

c) the "each" of distribution: **Dal som im po tri koruny.** *I gave them three crowns each.*

THE NEGATIVE POLARITY ITEM **žiaden žiadna žiadne.**

A "negative polarity item" is an element that requires that some other element in the clause be negated. For example, words beginning with **ni-** (**nikto, nič,** and so on) are negative polarity items in that they require that the verb be negated: **Nikto tu nebýva.** The pronominal adjective **žiaden žiadna žiadne** *no, none, (not) any* is a negative polarity item in the same sense, in its requiring that a co-occurring verb be negated:

Žiaden lekár nie je dobrý. *No doctor is good.*

When part of the verbal complement, **žiaden** usually corresponds to English "any":

Nepoznám žiadneho dobrého lekára. *I don't know any good doctor.*

VIII
"EACH, EVERY, ALL, EVERYTHING". The
pronominal adjective **všetok všetka všetko** is
used in the sg. to mean "all" in such expressions
as

> **Je všetka káva vypitá?** *Is all the coffee*
> *drunk up?*
> **Trávi všetok čas učením.** *He spends all*
> *his time on studying.*

By itself, the neuter form **všetko** functions as
the word for "everything":

> **Je všetko v poriadku?** *Is everything all*
> *right?*
> **Pamätali ste na všetko.** *You remembered*
> *everything.*

In the plural (note the exceptional ending -*y*),
this pronominal adjective occurs in the meaning
"all":

> **Všetky obchody sú zatvorené.** *All the*
> *stores are closed.*

The Nominative sg. masculine personal plural
form is **všetci**:

> **Všetci študenti sú unavení.** *All the*
> *students are tired.*

By itself, **všetci** is used in the sense of
"everyone":

> **Sú všetci spokojní?** *Is everybody pleased?*

Všetky and **všetci** function as the plural of
každý:

> **Každá izba je obsadená.** *Every room is*
> *occupied.*
> **Všetky izby sú obsadené.** *All rooms are*
> *occupied.*
> **Každý študent je unavený.** *Every student*
> *is tired.*
> **Všetci študenti sú unavení.** *All students*
> *are tired.*

IMPERFECTIVE-PERFECTIVE VERB PAIRS. Most Slovak verbs, especially verbs of action, occur in pairs, consisting of an Imperfective verb and a corresponding Perfective partner. Imperfective verbs are the most basic. They can refer to on-going actions or to actions in general. Perfective verbs are used to refer to single, simple, complete and successful actions. Perfective verbs are not used to refer to the on-going present. The underlined verbs in the following examples are Perfective:

> Chcem <u>kúpiť</u> nové auto. *I want to buy a new car.*
>
> Chceš sa trochu <u>osviežiť</u>? *Do you want to freshen up a little?*
>
> <u>Počkaj</u> na mňa tu. *Wait for me here.*

The present-tense form of a Perfective verb usually has future meaning (although English does not always use the future tense in the corresponding translation:

> Myslím, že <u>kúpim</u> to sako. *I think I'll buy that jacket.*
>
> <u>Počkám</u> na teba pred domom. *I'll wait for you in front of the house.*
>
> Hneď sa <u>vrátim</u>. *I'll be right back.*
>
> Počkaj na mňa, kým sa <u>osviežim</u>. *Wait for me while I freshen up.*
>
> Dúfam, že ho <u>nájdeš</u>. *I hope that you (will) find him.*

The Perfective future, just illustrated, contrasts with the Imperfective future, formed with the auxiliary verb **budem**. The Imperfective future expresses a repeated or continuous future action or a general intent to do something:

Perf.: **Hneď sa vrátim.** *I'm right back.*
Impf.: **Budem sa vracať tadeto o štvrtej ráno.** *I'll be coming back here around four o'clock.*

Perf.: **Kúpim to auto.** *I'll buy that car.*
Impf.: **Budem kupovať auto.** *I'm going to buy, to be buying, a car.*

The auxiliary verb **budem** can never combine with a Perfective infinitive. Here are some common Imperfective-Perfective verb pairs:

Imperfective	*Perfective*
kupovať -ujem -ujú *buy*	**kúpiť** -im -ia
čakať -ám -ajú *wait*	**počkať** -ám -ajú
vracať sa -iam -ajú *come back*	**vrátiť sa** -im -ia
nachádzať -am -ajú *find*	**nájsť** -jdem -jdu

The Perfectives of activity verbs whose action tends toward a goal, like "read", "write" carry a nuance of reading or writing to the end, to finish reading or writing:

čítať -am -ajú *read*   **prečítať** -am -ajú
                            finish reading
písať píšem -u *write*   **napísať** -píšem -u
                            finish writing.

The perfective of **ísť** *go (on foot)* does not have a separate infinitive; **ísť** serves as the infinitive for both. The Perfective form means either to set out for somewhere or to go there successfully:

ísť idem -ú *go*   **ísť pôjdem** -ú *go,*
                       (successfully), set out

Usually the Imperfective and corresponding Perfective verbs are based on the same or a similar root. This is not so in the case of the verb "to say":

   hovoriť -ím -ia *talk, say, speak (Imperf.)*
   povedať -viem -vedia *(Perfective)*

Some few Imperfective verbs do not have perfective partners, for example: **potrebovať** -ujem -ujú *need*, **hľadať** -ám -ajú *look for* **dúfať** -am -ajú *hope*, and others.

SEQUENCE OF TENSES IN REPORTED SPEECH.

English usually requires that a verb following a reporting verb be in the past tense, even when the reported activity logically belongs to the present. Slovak requires that the verb be in the logical tense:

> **Nevedel som, že fajčíš.** *I didn't know that you smoked (literally, "that you smoke").*

SOME SLOVAK TOWNS

Banská Bystrica	Modra
Bratislava	Nitra
Košice	Prešov
Kremnica	Trnava
Levoča	Žilina
Martin	Piešťany

Note that the names of some Slovak towns are plural in form, for example, **Košice, Piešťany**: *v* **Košiciach,** *v* **Piešťanoch.**

229

SOME LIQUIDS

voda *water*
džús *(citrus) juice*
minerálna voda
  mineral water
minerálka (= mine-
  rálna voda)
víno *wine*
červené víno *red wine*
čierne pivo *dark beer*
čaj *tea*
káva *coffee*
šampanské *cham-
  pagne*

šťava *juice*
mlieko *milk*
ovocná šťava *fruit
  juice*
malinovka *raspberry
  drink*
pivo *beer*
biele víno *white wine*
svetlé pivo *light beer*
sóda *soda pop*
koňak *brandy*
slivovica *plum brandy*
borovička *(Slovak) gin*

COLORS

čierny *black*
biely *white*
červený *red*
modrý *blue*
šedý *grey*
ružový *pink*

zelený *green*
žltý *yellow*
oranžový *orange*
hnedý *brown*
fialový *violet, purple*
béžový *beige*

MORE ADJECTIVE OPPOSITES

mŕtvy *dead*
obyčajný *ordinary*
široký *wide*
hlboký *deep*
kyslý *sour*
tmavý *dark*
silný *strong*
pravý *right*
otvorený *open*
zázračný *wonderful*
prázdny *empty*

živý *alive*
zvláštny *special*
úzky *narrow*
plytký *shallow*
sladký *sweet*
svetlý *light (colored)*
slabý *weak*
ľavý *left*
zatvorený *closed*
strašný *terrible*
plný *full.*

SOME CONTAINERS

pohár *glass*	škatuľka *(small) box*
fľaša *bottle*	kufor *trunk, suitcase*
šálka *cup*	kufrík *small trunk*
vedro *bucket*	vrece *sack*
misa *bowl*	vrecko *pocket*

ČÍTANIE

Jozef je fajčiar

Jozef je fajčiar. Má najradšej turecké cigarety, lebo sú veľmi silné. Keď mu priatelia hovoria, že turecké cigarety strašne smrdia, Jozef sa len usmieva. Dnes už vyfajčil celú škatuľku. Bude musieť ísť po cigarety. Tentokrát by si chcel kúpiť celý kartón. Jozef vychádza z domu a hľadá trafiku. Ale najbližšia trafika je zatvorená. Bude musieť ísť do obchodu, ktorý býva otvorený aj večer. Pôjde autom. Spomína si, že nemá v aute benzín, nuž najprv pôjde kúpiť benzín. Nie je ľahké byť fajčiarom. Len aby nezabudol kúpiť aj zápalky!

Otázky:
1. Aký zlozvyk má Jozef?
2. A vy? Fajčíte?
3. Má Jozef v škatuľke cigarety?
4. Aké cigarety má Jozef rád?
5. Čo bude musieť Jozef hľadať?
6. Prečo hľadá trafiku?
7. Prečo je najbližšia trafika zatvorená?
8. Čo bude teraz?
9. Prečo nie je ľahké byť fajčiarom?

231

CVIČENIA

1. pohár: Čo je *v* tom pohári?

kôš, *v*rece, mesto, jazero, dom, zošit, reštaurácia, izba, škatuľka, fabrika, kniha, park.

2. *Add appropriate adjectives, using the words of exercise 1:*

pohár: Čo je *v* tom čer*v*enom pohári?

3. nedeľa: **Po nedeli je pondelok.**

pondelok, utorok, streda, štvrtok, piatok, sobota.

4. special: **Nechcem nič zvláštne.**

sweet, sour, ordinary, ali*v*e, dead, strong, weak, light, dark.

5. *Translate, using some logical preposition (***o, pri, po, na, v***) requiring the Locative case:*

small bottle: **a. *v* malej fľaši.**
                 b. *v* malých fľašiach

big glass, pretty box, Slovak city, nice place, your (sg.) child, pretty woman, interesting thing, long day, rich brother, my neighbor, good dog, tall tree, pretty face, large factory, old street, our daughter, every egg.

6. sestra, Bratislava: Sestra býva *v* Bratislave.

brat, Košice;   študentka, Žilina;   ja, Prešov;
matka Bratislava; otec, Pittsburgh.

7. dom, park: Dom stojí pri parku.

lampa, posteľ; stolička, stôl; sestra, dom; lavica,
more;   učiteľ, tabuľa.

8. *Answer yes or no:*
reštaurácia, umyváreň:
    a. Je *v* tej reštaurácii umyváreň?
    b. Áno, *v* každej reštaurácii je
       umyváreň. (Nie, *v* žiadnej
       reštaurácii nie je umyváreň.)

dom, telefón;   byt, kúpelňa;   škola, chodba;
obchod, zrkadlo; izba, okno; úrad, popolník.

9. ja: Počkaj na mňa tu.

on, ona, my, oni, ony.

10. ja, ty: a. Myslím na teba.
           b. Spomínaš na mňa.

on, ty; my, vy; ony, ja; ona, oni.

12. bohatý sused: a. o bohatom susedovi
                b. o bohatej susedke.

môj otec, dobrý muž, jeho brat, náš ujko, unavený turista, pán Moravec, pani Moravcová.

13. on, kino, priateľka: On ide do kina so svojou priateľkou.

ona, divadlo, kamarát; my, obchod, susedia; oni, koncert, priatelia; ja, dom, deti; ony, pošta, pes.

14. *Supply appropriate adjectives for the second noun. For the verb, use either* byť *or one of the verbs* stáť *stand,* ležať *lie.*

dom, strom: a. Pri tom dome je (stojí)
              vysoký strom.
           b. Pri tom strome je (stojí)
              veľký dom.

múzeum, reštaurácia;   stôl, stolička;   fabrika, park; divadlo, obchod; jazero, kostol; kufor, lampa.

15. *In the following sentences, translate the English possessive pronouns with the correct form of the reflexive possessive pronoun* svoj:
    a. I'm looking for my handbag.
    b. Do you have your notebook?
    c. Do they have their car?
    d. We are looking for our friend.
    e. I'm thinking about my dog.

16. *Fill in the blank with a meaningful word in the correct grammatical form:*

    a. Tá žena má --- tvár.
    b. Čo je *v* tej --- fľaši?
    c. Boli ste niekedy *v* tom ---?
    d. V každej --- je stôl.
    e. Počkaj na --- tu pred ---.
    f. Potrebuješ sa trochu ---?
    g. Hneď sa ---.
    h. V akých --- sú univerzity?
    i. Je Modra --- mesto?
    j. Myslím na ---.
    k. Rozmýšľam o ---.
    l. Počkám na --- po --- pri ---.
    m. Dom stojí --- parku.

17. *Compose five-line conversations, using the following sentences as first lines:*

    a. Máš svoju tašku?
    b. Chcem kúpiť nové auto.
    c. Kam ide tvoj brat?
    d. Boli ste niekedy vo Francúzsku?
    e. Čo je *v* tej fľaši?
    f. Hneď sa vrátim.

18. *Translate into English:*
a.   - What is in that box?
      - You don't want to know.
b.   - That milk has a *very* strange taste. It must be sour.
      - No, *you* are mistaken. It's all right.
c.   - How does one get to town from here?

- You have to get on a bus and ride three stops.
d.   - Next to this restaurant there is an interesting museum.
    - I don't like any museums.
e.   - I want to know what is in those large bags.
    - They smell terrible. Probably (**asi**) fish.
f.   - What are you thinking about?
    - I'm thinking about our children.
g.   - Are there fish in this deep lake?
    - I think so.
h.   - Who are you talking about?
    - We are talking about Mrs. Bučková, our new neighbor.
i.   - Is there a washroom in this restaurant?
    - Yes, there's a washroom in every restaurant.
j.   - Do you want a cigarette?
    -Yes, please.
    -Here you are.
k.   - I have never been to Banská Bystrica.
    - That's too bad.
l.   - I've been waiting a long time.
    - Forgive me for being so late.
m.   - I didn't know you smoked.
    - Yes, we all have our bad habits.
n.   - I need to freshen up a bit.
    - I'll wait for you here.

SLOVNÍK VIII

adresa *address*
avšak *however*
benzín *gasoline*
béžový *beige*
biely *white*
čierny *black*
číslo *number*
čo takého *what (in the world)*
cigareta *cigarette*
cukrík *(piece of) candy*
dať si **dám dajú** *allow oneself*
divný *strange*
dlho *long (adv. of* dlhý*)*
dúfať -am -ajú *hope*
fabrika *factory*
fajčiar *smoker*
farba *color*
fialový *purple, violet*
fľaša *bottle*
hnedý *brown*
istý *true, real, same.* iste *truly*
izba *room*
kartón *carton*
každý *each, every*
koňak *brandy*
krabička *small box*
kým *while*
kyslý *sour*
med *honey*
medový *honey*
mesto *town*

mlieko *milk*
mocný *(physically) strong*
modrý *blue*
mŕtvy *dead*
mýliť sa -im -ia *be wrong, make a mistake*
myšlienka *idea*
myš *(f.) mouse*
na *on, at (+ Loc.)*
nachádzať -am -ajú *(imperf.) find*
najprv *first*
nanešťastie *unfortunately*
nápad *idea*
našťastie *fortunately*
nechávať -am -ajú *let, make (s.o.)*
niekedy *ever, at some time*
niekto *someone, anyone*
nuž *so*
o *about (+ Loc.)*
obchod *store*
obyčajný *ordinary*
odtiaľto *from here*
oranžový *orange (colored)*
osem *eight*
osviežiť sa -im -ia sa *(perf.) freshen up*
otvorený *open*
ôsmy *eighth*
pivo *beer*
po *after (+ Loc.)*

237

pohár *glass, tumbler*

potrebovať -ujem -ujú *need*

pravdaže *of course*

prázdny *empty*

pri *near, next to (+ Loc.)*

ružový *rose (colored), pink*

sedemnásť *seventeen*

silný *strong*

skvelý *brilliant*

sladkosť *(f.) sweet(ness)*

slivovica *plum brandy*

smieť smiem smú *dare, may*

smrdieť -ím -ia *smell bad, stink*

sóda *soda-pop*

spálňa *bedroom*

spomínať si -am -ajú na *(+ Acc.) recall*

sto metrov *100 meters*

strašný *terrible*

svetlý *light (colored)*

šedý *gray*

široký *wide*

škatuľka *box*

tmavý *dark*

trafika *news and tobacco shop*

turecký *Turkish*

tvár *(f.) face*

ulica *street*

určite *certainly*

usmievať sa -am -ajú *laugh*

uveriť uverím *(perf.) believe*

v, vo *in (+ Loc.)*

vďačne *gladly, kindly*

veriť -ím -ia *believe*

víno *wine*

vľavo *to, on the left*

vpravo *to, on the right*

vrátiť sa -im -ia *(perf.) return*

všetky všetci *(pl.) all*

všetko *everything*

výborný *excellent*

vychádzať -am -ajú *go out*

vyfajčiť -ím -ia *(perf.) smoke up*

zápach *smell*

zápalka *match*

zatvorený *closed*

zázračný *wonderful, miraculous*

zelenina *greens, vegetables*

zelený *green*

zlozvyk *bad habit*

zvláštny *special*

zvyk *habit*

žiadny *none, no, (not) any*

živý *alive*

žltý *yellow*

DOPLŇUJÚCE ČÍTANIE
Slon

Je to zviera veľmi múdre a má dobrú pamäť. Dá sa ľahko skrotiť. Učí sa neobyčajne ľahko a rozozná ľudí aj na diaľku. V cirkuse často predvádza neuveriteľné kúsky. Aj v zoologickej záhrade býva obľúbený pre svoju dobrú povahu a zmysel pre žart. V Indii však musia skrotené slony často ťažko pracovať. Voľakedy používali slony aj vo vojnách. Lenže sa často splašili a spôsobili škody aj vlastnej strane. Slon indický je o niečo menší ako africký, a má na chobote jeden "prst" a nie dva. Mnoho afrických slonov lovci vyhubili pre ich veľké kly, ktoré nazývame slonovou kosťou alebo slonovinou. Slony sú najväčšie suchozemské zvieratá. A tak aj veľa spotrebujú. Napríklad slon africký skonzumuje za deň asi 400 kg lístia, trávy a plodov. A slon indický dozaista nezaostáva veľmi za ním.

asi *around*	prst *finger*
dozaista *no doubt*	rozoznať *recognize*
chobot *trunk*	splašiť sa *panic*
kosť *bone*	spotrebovať *consume*
list *leaf*	spôsobiť *cause*
lovec *hunter*	strana *side*
múdry *wise*	škoda *harm*
na diaľku *at a distance*	tráva *grass*
neuveriteľný *un-believable*	vojna *war*
	vyhubiť *exterminate*
obľúbený *favored*	za deň *in a day*
plod *fruit*	záhrada *garden*
predvádzať *(here:) perform*	žart *joke*

Try to deduce the meaning of the following words on the basis on the context and your general knowledge: slon, skrotiť, cirkus, kúsok, povaha, zmysel, skrotený, používať, lenže, vlastný, kly, slonovina, suchozemský, skonzumovať, nezaostávať.

Pomôžte nájsť! *help (us) find!*
See how much of this newspaper clipping you can make out, not using a dictionary. Report on the import of the clipping in English. Taken from Večerník *The Evening News* (Bratislava).

ROČNÍK XXXIV. ● 90 (9123) ● CENA 50 HALIEROV

§ Pomôžte nájsť! §

Verejná bezpečnosť žiada o pomoc pri pátraní po **Imrichovi MÉSZÁROSOVI**, narodenom 18. 10. 1957, trvale bytom Nové Zámky, Žofijská ulica č. 9, prechodne Bratislava, ubytovňa ChZJD, Račianska ulica č. 1. Nikde nepracuje.

POPIS OSOBY: je 177 cm vysoký, strednej postavy, má tmavogaštanové vlasy ostrihané nakrátko, oválnu tvár, modrozelené oči, fúzy, bradu, ale môže byť aj oholený. Hovorí po slovensky a po maďarsky.

Imrich Mészáros je dôvodne podozrivý z rôznej trestnej činností. V mieste trvalého a prechodného bydliska sa nezdržiava a jeho pobyt nie je známy.

Akékoľvek informácie o hľadanom Imrichovi Mészárosovi môžete oznámiť osobne na ObS ŽNB Bratislava III, Vajnorská ul. č. 25 alebo telefonicky na číslach 208 3235, 208 3236, prípadne na linke č. 158.

−več−

Deviata lekcia

ninth lesson

A. Susedia

- Sú *v*aši susedia *v*ždy takí hluční? *Are your neighbors always so noisy?*
- Nie *v*ždy. Asi oslavujú dačie narodeniny (meniny). *Not always. Maybe they are celebrating someone's birthday/name-day.*
- Veru sa dobre zabávajú. Ale mali by by̌t trošku tichšie. *They sure are having a good time. But they might be a little quieter.*
- A *v*y by ste mohli by̌t trochu tolerantnej-ší. Narodeniny (meniny) sa oslavujú len raz do roka. *And you could be a little more tolerant. Birthdays (namedays) are celebrated only once a year.*

Susedia

Otázky:

1. Kde bývate?
2. Máte milých susedov?
3. Prečo sú tvoji susedia dnes takí hluční? Sú *vždy* takí hluční?
4. Sú tvoji susedia príjemní?
5. Čo radi oslavujete?
6. Radi sa zabávate?

B. Robotníci, úradníci

- Čo tu robia tí robotníci (úradníci)? *What are those workers (office-workers) doing?*
- Myslím, že stavajú most/opravujú stoku (pripravujú správu). *I think that they're building a bridge/fixing the sewer (working on a report).*
- Ako dlho už tak pracujú? *How long have they been working like this?*
- Myslím, že už dlho. *For quite some time, I think.*

Otázky:

1. Kto tu robí?
2. Čo robia robotníci? Úradníci?
3. Ako dlho tu pracujú?
4. Sú títo robotníci (úradníci) pracovití?

C. Noví susedia.

- Kto sú títo ľudia? *Who are those people?*
- Ktorí ľudia? *Which people?*
- Ten muž s bradou a tá žena, ktorá nesie malého psa. *That man with the beard and the woman carrying the little dog.*
- To sú naši noví susedia, pán a pani Holúbkovci. *Those are our new neighbors, Mr. and Mrs. Holubek.*
- Čo robia (aké majú zamestnanie)? *What do they do (what is their profession)?*
- On je zubný lekár a ona je účtovníčka. *He is a dentist, and she is an accountant.*
- Zubní lekári dobre zarábajú, nie? *Dentists make good money, don't they?*
- Áno, ale účtovníci zarábajú ešte lepšie. *Yes, but accountants earn even more.*

Otázky:
1. Vidíte niekoho?
2. Má muž bradu?
3. Čo nesie žena?
4. Kto zarába lepšie, muž alebo žena? Prečo?
5. Kto je lekárom?
6. Kto je účtovníčkou?

D. V tom istom úrade

- Dovoľte, aby som sa vám predstavil.
  Miroslav Smolár (Miroslava Smolárová).
  Allow me to introduce myself: Miroslav
  Smolar (Miroslava (Smolar).
- Adam Jantár (Eva Jantárová). Teší ma, že
  vás poznávam. Myslím si, že poznám
  vášho manžela (vašu manželku). *Adam*
  Jantar (Eva Jantar). I'm glad to meet you.
  I believe I'm acquainted with your husband
  (your wife).
- Áno? *Really?*
- Áno. Pracujeme v tom istom úrade, ale
  v iných oddeleniach. *Yes. We work in the*
  same office, but in different departments.
- Áno, on (ona) mi o vás neraz rozprával(a).
  Yes, he (she) has often spoken of you.

E. Svokor

- Všetci tvoji hostia sú veľmi milí a
  zaujímaví, Tóno (Tonka). *All your guests*
  are very nice and interesting, Tono (Tonka).
- Teší ma, že sa ti páčia, Mišo (Monika). Už si
  sa zoznámil(a) s mojím svokrom
  (mojou svokrou)? *I'm glad that you like*
  them, Mike (Monica). Have you met my
  father-in-law (mother-in-law) yet?
 - Ešte nie. *No, I haven't met him (her) yet.*
 - Hneď ťa predstavím. Bude ho (ju) určite
   zaujímať tvoje rozprávanie o Afrike. *I'll*
   introduce you right away. Your story
   about Africa is sure to interest him (her).

245

Otázky:
1. Máte svokra? Svokru?
2. Je milý (-á) a zaujímavý (-á)?
3. Boli ste v Afrike?
4. O čom sa môžete zaujímavo
   rozprávať?
5. Máte radi hosťov?

F. Musím už ísť

- Ďakujem, Daniel (Daniela), musím už ísť.
  Daniel (Daniela), thanks, but I have to go.
- Ozaj už musíš ísť? *Do you really have to go?*
- Áno, zajtra musím veľmi skoro vstávať.
  Yes, I have to get up very early tomorrow.
- Dúfam, že sa dostaneš dobre domov. *I
  hope that you'll get home all right.*
- Neboj sa. O tomto čase ešte chodí veľa
  autobusov. *Don't worry. At this hour
  there are still lots of buses running.*

Otázky:
1. Už musíš ísť?
2. Musíš ráno skoro vstávať? O ktorej?
3. Ako sa dostaneš domov?
4. O tomto čase ešte chodia autobusy?

G. Nič zvláštne

- Vieš, čo som videl(a) v umyvárni? *You
  know what I saw in the washroom?*
- Čo takého? *What?*
- Myš. *A mouse.*
- Mŕtvu? *Dead?*
- Nie, celkom živú. *No, quite alive.*
- No, vieš, to nie nič zvláštne.
  Well, there's nothing so special about that.

246

H. Bolí ma hlava

- O, ako ma strašne bolí hlava! *Oh, how terribly my head hurts!*
- Nemala si včera tak veľa piť. *You shouldn't have drunk so much yesterday.*
- Možno, ale teraz mi to už nič nepomôže. *Maybe so, but that doesn't help me now.*
- Vezmi si tabletky. Bude ti lepšie. *Take these tablets, You'll feel better.*

Otázky:
1. Piješ niekedy príliš mnoho?
2. Bolí ťa hlava? Čo ťa bolí?
3. Chceš si vziať tabletky?
4. Cítiš sa už lepšie?

— Zistil som, že vo víne je viac pravdy ako v knihách...

Andrej Mišanek

POZNÁMKY

narodeniny *birthday.* **meniny** *name-day.* These nouns have plural forms only. One's name-day refers to the day of the saint after whom one is named.

mali by *they ought to.* The conditional form of the modal verb **mať** *have, may.*

ešte *still, yet, even.*

dostanete sa dobre domov *you'll arrive home safely.*

o tej hodine *at that hour (time).*

veľa autobusov *many buses.* The Genitive plural of **autobus,** following the quantifier **mnoho.** See lesson 13.

maslo

GRAMATIKA

MASCULINE PERSONAL PLURAL

1. Masculine personal nouns usually form the
Nominative plural in -i:

muž *man*	muži
chlap *fellow*	chlapi
lekár *doctor*	lekári
turista *tourist*	turisti
chlapec *boy*	chlapci
pilot *pilot*	piloti

If the noun stems ends in **k**, the **k** will be
replaced by **c** before this ending:

vojak *soldier*	vojaci
vnuk *grandson*	vnuci
úradník *clerk*	úradníci
Slovák *Slovak*	Slováci.

If the noun stem ends in **ch**, the **ch** will be
replaced by **s**:

beloch *white man*	belosi
černoch *black man*	černosi.

Occasionally nouns referring to animals will
optionally take this ending, especially with the
following nouns:

vták *bird*	vtáci (vtáky)
vlk *wolf*	vlci (vlky)
pes *dog*	psi (psy)
býk *bull*	býci (býky).

2. The ending -ia occurs with a few nouns:

učiteľ *teacher*	učitelia
sused *neighbor*	susedia
priateľ *friend*	priatelia
manžel *husband*	manželia
rodič *parent*	rodičia
brat *brother*	bratia
Američan *American*	Američania.

The plural of **človek** *man, human being* is **ľudia**.

3. Some nouns, mainly names for relations and some professions (especially professional names ending in **g**), form the Nominative plural in **-ovia**:

otec *father*	otcovia
strýko *uncle*	strýkovia
syn *son*	synovia
dedo *grandfather*	dedovia
biológ *biologist*	biológovia
chirurg *surgeon*	chirurgovia.

SPECIAL NOMINATIVE PLURAL NUMERAL FORMS.
The numbers 2, 3, 4 have special forms for referring to masculine persons:

masculine persons:	*compare with:*
dvaja chlapci *2 boys*	dva stromy *2 trees*
traja synovia *3 sons*	tri kone *3 horses*
štyria manželia *4 husbands*	štyri ulice *4 streets*

The animal names listed on the preceding page occasionally take the personal form:
štyria psi *four dogs* or **štyri psy** *four dogs.*

Remember that with non-personal nouns, the number 2 is expressed by **dva** with masculine nouns and by **dve** with feminine and neuter nouns:

jeden stroj *1 machine*	**dva stroje** *2 machines*
jedno okno *1 window*	**dve okná** *2 windows*
jedna tabuľa *1 black-board*	**dve tabule** *two blackboards*

The quantifier "both" is expressed by **obidva** (masc.) **obidve** (fem. and neut.) and **obidvaja** (masc. pers.):

obidva stoly *both tables*
obidve lekárky *both (f.) doctors*
obidve okná *both windows*
obidvaja úradníci *both office-workers.*

THE PLURAL FORMS OF PRONOMINAL ADJECTIVES

1. Possessive pronouns generally have the Nominative plural endings **-i** for masculine persons and **-e** for all others:

náš sused *our neighbor*	**naši susedia**
naša susedka	**naše susedky**
môj syn *my son*	**moji synovia**
moja dcéra *my daughter*	**moje dcéry**

2. The plural of **ten tá to** is **tí** (masculine persons) **tie** (others):

ten chlapec *that boy*	**tí chlapci**
ten lekár *that doctor*	**tí lekári**
ten brat *that brother*	**tí bratia**
ten strom *that tree*	**tie stromy**
ten kôň *that horse*	**tie kone**

tá žena *that woman*	tie ženy
tá ulica *that street*	tie ulice
to sako *that jacket*	tie saká
to pole *that field*	tie polia.

In case a masculine animate noun takes the plural ending -i, a modifier will take the personal form:

ten pes *that dog*	tie psy *or* tí psi
ten vták *that bird*	tie vtáky *or* tí vtáci.

3. The plural of the pronominal adjective **aký aká aké** *what (kind)* is **akí** (masculine persons) **aké** (others). Note that the stem-final **k** does not change to **c** before the ending -i, as happens with the noun:

aký človek *what kind of man*	akí ľudia
aký dom *what kind of house*	aké domy
aká kniha *what kind of book*	aké knihy
aké mesto *what kind of town*	aké mestá.

4. The plural of the pronominal adjective **všetok všetka všetko** *all* has the forms **všetci** (masculine persons) and **všetky** (others):

(každý muž *every man*)	všetci muži
(každá žena *every woman*)	všetky ženy
(každé okno *every window*)	všetky okná.

5. The pronominal adjective **sám sama samo** *self, alone* has endings similar to **všetok**:

oni sami *they themselves (masc. pers.)*
ony samy *they themselves (others).*

6. The pronominal adjectives iný (an)other, jeden *some*, **samý samá samé** *nothing but* form regular adjectival plurals:

> iní ľudia *other people*
> iné dievčatá *other girls*
> samí mužovia *nothing but men*
> jedny ženy *some women.*

ADVERBIAL FORMS OF ADJECTIVES. Most adjectives referring to a quality can form an adverb of manner (in the same way that, for example, English <u>quick</u> forms the manner adverb <u>quickly</u>). Most Slovak manner adverbs are formed with the ending -e:

dobrý *good*	dobre *well*
zlý *bad*	zle *badly*
stály *constant*	stále *constantly*
určitý *exact*	určite *really*
presný *exact*	presne *exactly.*

The ending -e occurs particulary often after adjectives in consonant plus -n-ý:

lačný *hungry*	lačne *hungrily*
šťastný *happy*	šťastne *happily*
spokojný *peaceful*	spokojne *peacefully*
pekný *beautiful*	pekne *beautifully.*

The adverbial ending -o is also quite common with adjectives whose stems end in k, h, ch:

ľahký *easy*	ľahko *easily*
hladký *smooth*	hladko *smoothly*
ťažký *heavy*	ťažko *heavily*
dlhý *long*	dlho *long*
krátky *short*	krátko *shortly.*

253

Many other common adjectives also take the
adverbial ending -o, for example:

milý *nice*	milo *nicely*
tvrdý *hard*	tvrdo *hard (adv.)*
malý *small*	málo *small*
svieži *fresh*	sviežo *freshly*
častý *frequent*	často *frequently*
bohatý *rich*	bohato *richly*
rýchly *quick*	rýchlo *quickly*
skorý *soon*	skoro *soon*
zdravý *healthy*	zdravo *healthily.*

The manner adverb from adjectives in **-ský** or
-cký is formed with the ending **-sky, -cky**. One
sees this ending most often in adverbs formed
from adjectives of nationality, used in
combination with the prefixal particle **po**, for
example:

slovenský *Slovak*	**po slovensky** *in Slovak, Slovak-style.*
anglický *English*	**po anglicky** *in English, English-style.*

EXPRESSIONS OF OBLIGATION. The most frequent
means of expressing obligation are with the verb
mať mám majú *have to, be supposed to*, the
verb **musieť -ím -ia** *must, need to*, the verbal
treba *(+ Dative) need, ought* , and the expression
mal(mala, mali) by *should, ought*:

Mám ísť nakupovať. *I have to go shopping.*

Musím už ísť. *I have to go already.*

Treba to urobiť. *I have to do that.*

Mali by byť tichší. *They ought to be
quieter.*

CVIČENIA

1. muž: a. Tu je jeden muž
b. **Tu sú dvaja muži.**

lekár, turista, úradník, učiteľ, sused, Slovák, chlapec, priateľ, brat, syn, Američan.

2. tento muž: a. **Čo robí tento muž?**
b. **Čo robia títo muži?**

táto žena, toto dieťa, ten sused, tvoja matka, tá úradníčka, váš lekár.

3. tvoj priateľ: a. **Tvoj priateľ sa dobre
zabáva.**
b. **Tvoji priatelia sa dobre
zabávajú.**

váš kamarát, vaša žena, jeho matka, jej brat, náš otec, naša susedka, môj učiteľ, moja dcéra, tvoj syn.

4. ten robotník, dom:
a. **Ako dlho pracujú tí robotníci na
tom dome?**
b. **Ako dlho na ňom robia?**

otec, auto; brat, list; matka, torta; lekár, práca; dievča, blúza; priateľka, úloha, to dieťa, cvičenie, tvoj strýko, lampa.

IX

5. muž, dlhá brada:
   a. Kto je tento muž?
   b. Ktorý muž?
   c. Ten muž s dlhou bradou.
   d. Nepoznám ho.

žena, pekné vlasy; dievča, modré oči; dieťa, pekné hračky [toys], brat, veľké auto; priateľka, dlhé ruky; tetka, pekný remeň.

6. Do exercise 5 in the plural:
   a. Kto sú títo muži?
   b. Ktorí muži?
   c. Títo muži s dlhými bradami.
   d. Nepoznám ich.

7. Review of svoj:
on, priateľka: a. To je jeho priateľka.
                      b. (On) hľadá svoju
                         priateľku.

ona, sestra; on, kabát; oni, dom; ty, topánky; ja, syn; vy, sveter, my, kniha.

8. vy, hlučný sused:
   a. Prečo je váš sused taký hlučný?
   b. Sú vaši susedia vždy takí hluční?

on, hladný (hungry) pes; oni, unavené dieťa; ja, nespokojná teta; ja, tvrdá (hard) torta; ona, nahnevaná (angry) sestra; ty, šťastná dcéra; ono, mäkká (soft) stolička; my, usilovný (diligent) pracovník.

9. on, tichý: a. On by mal byť trošku
                    tichší.
                 b. Oni by mali byť trošku
                    tichší.

tvoj brat, veselý (merry); on, spokojný; my, dobrí;
ty, milý; vy, silní; oni usilovní; môj priateľ
zaujímavý; syn, vysoký.

10. Review of comparative of adjectives:

hlučný sused: a. Tento sused je hlučný.
                 b. Títo susedia sú
                    hlučnejší.

smutný film, krásna herečka, modré more, dlhá
sukňa, zlý pes, zaujímavá kniha, silný [strong]
kôň, krátka lekcia.

11. zubný lekár, účtovník: Zubní lekári
        lepšie zarábajú než účtovníci.

robotník, chemik; filozof, biológ; učiteľka, herečka;
maliar, inžinier; lekár, filológ; profesorka, lekárka.

12. zubný lekár:
        a. On je zubný lekár.
        b. On chce byť zubným lekárom.

*Use as cues the profession-words from Exercise
11.*

13. ten muž, dlhá brada, sused:
   a. Ten muž má dlhú bradu.
   b. Ten muž s dlhou bradou je môj
      sused.

tá žena, pekná tvár, spolužiačka; to dievča, modré
oči, susedka; tá žena, pekný kabát, matka; ten
účtovník, zaujímavý doklad, priateľ; ten lekár
nové auto, brat; tá turistka, veľká mapa, teta;
to dieťa, hnedé vlasy, syn.

14. obchod s vínom:
   a. Hľadáš niečo?
   b. Čo hľadáš?
   c. Áno, hľadám obchod s vínom.
   d. Dúfam, že ho nájdeš.
Mária Dúbková:
   a. Hľadáš niekoho?
   b. Koho hľadáš?
   c. Hľadám Máriu Dúbkovú.
   d. Dúfam, že ju nájdeš.

zaujímavý film, Peter Mrázik, moja sestra, ujko a
teta, slovenská kniha, čerstvé ovocie, dobré
orechy, moderná reštaurácia, moje spolužiačky,
náš učiteľ.

15. Give the positive and the comparative adverb:

dlhý: a. dlho
             b. dlšie

dávny, ťažký, krátky, častý, zlý, dobrý, ľahký.

16. Compose brief sentences using the responses of exercises 15:

dlhý: a. Ako dlho tu pracuješ?
       b. Pracujem tu dlšie, než
          všetci iní.

17. zatvorené okno:
    a. Jedno okno je zatvorené.
    b. Obidve okná sú zatvorené.

otvorené dvere, červená košeľa, pekné dievča, smutný film, nové auto, mladá matka, zlý pes, modré more; veselý chlapec, malá lampa, dlhá ulica.

18. Contrast of Accusative and Nominative:

muž: a. Aký je ten muž?
      b. Ktorého muža máš rád (rada)?

kniha, polievka, film, herec, učiteľka, maliar, lekárka, pes, ryba, reštaurácia, hotel, obchod, kôň, počítač.

19. 2, chlapec: dvaja chlapci.

3, stroj; 3, lekár; 4, kôň; 4, syn; 4, dcéra; 2, strom; 2, sused; 2, susedka; 3, okno; 3, ulica; 3, vlk; 3, turista; 4, Američan; 4, Slovák; 4, obchod; 2, žena; 3, Slovenka, 3, dievča.

IX

20. Write five-line conversations, using as first line the following sentences:
    a. Máte milých susedov?
    b. Čo robia tí robotníci?
    c. Kto sú títo ľudia?
    d. Čo robí tvoj brat?
    e. Hľadáte niekoho?

21. Fill in the blanks with a single meaningful word:
    a. Sú vaši susedia ____?
    b. Radi sa ____?
    c. Čo tu robia tí ____?
    d. Ako dlho pracuješ na tej ____?
    e. Kto je ten muž s dlhou ____?
    f. Zubní lekári ____ zarábajú?
    g. Účtovníci zarábajú ____ než
       robotníci.
    h. Vidíte tamtoho ____?
    i. Ten obchod bude dnes ____.
    j. Hľadám môjho ____.
    k. Tu sú dve ____ i dvaja ____.
    l. Moja priateľka býva na tejto ____.
    m. Bývam dosť blízko ____. (from here).

23. Translate into Slovak:
a. – Are your neighbors always so nice?
    – No, they're usually quite rude
       (nevychovaný).
b. – My neighbors are noisier than yours.
    – That's hard to believe.
c. – Your friends sure are having a good
       time.
    – Yes, they must be celebrating a birthday.

d.   – Those children might be a little quieter.

      – And you might be a little more tolerant.

e.   – How long have you been working here?

      – For as long as I remember.

f.   – Those workers have been working on that house for longer than I remember.

      – I thought it was a bridge.

g.   – Which people are your new neighbors?

      – The man with the beard and the woman with that little dog.

h.   – Dentists earn more than biologists.

      – No, not all dentists.

i.   – Do you know where a wine store is?

      – Yes, but unfortunately all stores will be closed today.

j.   – You ought to be more tolerant.

      – All my friends say that.

k.   – Do you live far from here?

      – I live quite near from here, around the corner, on the left.

l.   – Excuse me, are you from here?

      – No, I'm not.

m.   – Are you looking for someone?

      – Yes, I'm looking for my friend (wife, child).

n.   – Do you see that church (**kostol**) on the left?

      – Yes, I see it.

o.   – Where is the nearest church?

  – Around the corner on the right. But it's not a Catholic (**katolický**) / Lutheran (**evanjelický**) church.

IX

ČÍTANIE

Dvaja bratia

Na našej ulici býva veľa zaujímavých ľudí. Napríklad v susednom dome bývajú dvaja bratia, Martin a Peter Jarošovci. Martin je učiteľ. Veľmi veľa a tvrdo pracuje. Do práce chodí presne. Je vždy veľmi dobre oblečený.

Peter je účtovník, ale nechodí do práce. Má dlhú bradu, nosí čudné šaty a trávi všetok voľný čas doma nad počítačom. Hovorí, že vypracováva nový program pre účtovníkov. Robí na ňom už tri roky. Je presvedčený, že keď ho dokončí, účtovníci nebudú už potrební, ale že on bude veľmi bohatý. Jeho priatelia mu želajú, aby mu to vyšlo, ale neveria tomu veľmi.

zaujímavých ľudí *of interesting people.* The Genitive case after veľa *a lot (of).*
pre účtovníkov *for accountants.* účtovníkov is Accusative plural of účtovník *accountant,* required after the preposition pre *for.*
mu *to him*
želajú, aby mu to vyšlo *they wish that it might work out for him*

Otázky:
1. Kto býva na tejto ulici?
2. Čo robí Martin?
3. Kde pracuje Peter?
4. Ako vyzerá Martin? Peter?
5. Čo myslíte, dokončí Peter ten program?

262

SLOVNÍK

adresa *address*

biológ *biologist*

blízky *near, close*

bolieť bolí *hurt*

brada *beard*

často *frequently*

celkom *completely*

číslo *number*

čoskoro *right away*

dačí -čia -čie *someone's*

deviaty *ninth*

ďaleko *(adv.) far*

dedo *granddad*

divný *strange*

dlhý *(adv.) long*

doklad *document*

dokončiť -ím -ia *(perf.)*
  bring to completion

dostať -stanem -stanú
  (perf.) get

dosť *enough*

dovoliť -ím -ia *allow,*
  permit (perf.)

dúfať -am -ajú *hope*

ešte *still*

hladký *smooth*

hľadať -ám -ajú *seek*

hlava *head*

hlučný *noisy*

chlap *fellow*

iný *(an)other, different*

istota *certainty.* s isto-
  tou *certainly*

hosť *pl.* hostia *guest*

každý *each, every*

kompjuter *computer*

kôň *horse*

krátky *short*

ľahko *easily*

lebo *because*

ľúto *sorry, regret (+ Dat.)*

meniny *namesday*

meter *meter*

mnoho *many*

most *bridge*

naopak *on the other hand*

napríklad *for example*

narodeniny *(pl.) birthday*

nejako *somehow, anyhow*

neraz *often*

nevychovaný *rude*

niečo *something*

niesť nesiem nesú *carry*

nanešťastie *unfortunately*

oblečený *dressed*

oddelenie *department*

odtiaľto *from here*

opravovať -ujem -ujú
  repair

oslavovať -ujem -ujú
  celebrate

ostatne *after all*

otvorený *open*

pilot *pilot*

počítač *computer*

pole *field*

ponechať -ám -ajú *leave*

potrebný *necessary*

pre *(+ Gen.) for*
predstaviť –ím –ia *(perf.)*
  present, introduce
prepáčiť –im –ia *excuse*
príjemný *agreeable*
prípad *case, incident*
  v každom prípade *in
  any case*
pripravovať –ujem –ujú
  prepare
protivný *opposite*
raz do roku *once a year*
rodič *parent*
rozprávať –am –ajú
  narrate, tell
rozprávka *story, tale*
sedemnásť *seventeen*
skončiť –ím –ia *(perf.)*
  finish
správa *report*
stále *constantly*
stavať –ám –ajú *build*
stoka *sewer*
strašný *terrible*
stroj *machine*
sto *hundred*
stráviť –im –ia *(perf.)*
  spend
susedný *neighboring*
šťastný *happy*
tabletka *tablet*
ťažký *heavy, difficult,
  hard*
tesť *father-in-law*
testina *mother-in-law*
tešiť –ím –ia *gladden,
  make glad, please*

tichý *quiet*
tolerantný *tolerant*
tvrdiť –ím –ia *assert*
účtovníčka *accountant*
už *already*
vďačne *don't mention it*
veriť –ím –ia *(+ Dat.)*
  believe
veru *truly*
vľavo *on the left*
vlk *wolf*
vnuk *grandson*
vojak *soldier*
vpravo *on the right*
vstať vstanem vstanú
  (perf.) get up
všetok všetka všetko
  all **všetci** *all, everyone*
  (m. pers. pl.)
vták *bird*
vybavovať –ujem –ujú
  *execute, work on, take
  care of, arrange, fix*
vypiť –pijem pijú
  (perf.) drink (up)
vypracovávať –am –ajú
  work out, elaborate
vziať vezmem vezmú
  (perf.) take
vždy *always*
zabávať sa –am –ajú
  *enjoy oneself
  have a good time*
zarábať –am –ajú *earn*
želať –ám –ajú *wish*
zdravý *healthy*

IX

DOPLŇUJÚCE ČÍTANIA

Zuby

Každý zub má koreň, krček a korunku. Obyčajne vidieť iba korunky. Krček a koreň môžeme vidieť len vtedy, keď nám lekár zub vytrhne. Na povrchu korunky je pevná sklovina. Pod ňou je zubovina a ešte hlbšie vnútri dreň s cievami a nervami. Cievami prichádza do zuba výživa, nervami cítime, keď sa nám zub pokazí. Vpredu má každý dospelý človek štyri horné a štyri dolné rezáky, ktorými potravu odhryzne. Vedľa nich je po jednom očnom zube, za nimi dva zuby črenové a tri stoličky. Nimi potravu rozmelíme. Každý človek si musí zuby chrániť už od malička. Treba ich udržiavať v čistote a i ten najmenší kaz hneď dať ošetriť v zubnej ambulancii. Veď, ak nám vytrhnú zub, namiesto neho nám už iný nenarastie.

čistota *cleanliness*
črenový *cuspid (adj.)*
dolný *lower*
dospelý *adult (adj.)*
dreň *pulp*
horný *upper*
chrániť *take care of*
kaz *flaw, problem*
koreň *root*
krček *neck (dim.)*

namiesto *in place of*
pevný *firm, solid*
pokaziť sa *be injured*
potrava *food*
povrch *surface*
vedľa nich *next to*
stolička *molar*
vnútri *on the inside*
vpredu *in front*
výživa *nourishment*

IX

Most other words can be found in the main glossary at the end of the book.

Try to deduce the meaning of the following words on the basis of context and general knowledge: **korunky, vytrhnúť, sklovina, zubovina, cieva, nerv, odhryznúť, stoličky, rozmlieť, udržiavať, ošetriť, ambulancia, narásť.**

Zubom silu zas dá
TUTI FRUTI pasta!
Ráno, večer, po jedení,
Nech sa vám na zúbkoch pení!

jedenie *eating*
sila *strength*

peniť –í *foam*
zas = zasa *again*

(taken from a toothpaste box)

266

drahocenný *valuable*	**rada** *advice*
domácnosť *household*	**rýchly** *quick, fast*
hryz *bite*	**rozčúlený** *excited*
hviezda *star*	**skúsiť** *try, attempt*
hviezdolet *spaceship*	**slávnosť** *festival*
koláč *sweetbread*	**súťažiť** *compete*
meno *name*	**tajomstvo** *secret*
napätie *excitement*	**veľmajster** *champion*
obyvateľ *citizen*	**vrcholiť** *culminate*
preteky *contest*	**výkon** *feat*
	žmurk *twinkle*

267

Kto si tú pesničku zaspieva

: Kto si tú pesničku zaspieva?
veselá partia z Bystrína. :
Oni si ju preveselo spievajú,
keď sa večer za diečatmi trajdajú.
Trajdajú, trajdajú velice,
keď idú cez pole k muzice!

: Anička, dušička, nekašli,
aby ma pri tebe nenašli. :
Ja ťa chytím, poľúbim, postískam
a pritom si preveselo zavýskam.
Zavýskam na celú dedinu,
akú mám šikovnú dievčinu!

dušička *darling*	preveselo *very merrily*
chytiť *catch*	spievať *sing . za- (pf.)*
kašlať *cough*	šikovný *(here:) pretty*
partia *(here:) gang*	trajdať *stroll*
pole *field*	velice *greatly, a lot*
postískať *hug (pf.)*	veselý *gay, merry*
	zavýskať *whoop, holler*

Desiata lekcia

tenth lesson

A. Je mi smutno

— Ako sa ti páči Slovensko (Amerika)? *How
   do you like Slovakia (America)?*
— Veľmi sa mi páči, ale je mi smutno za
   domovom. *I like it, but I'm homesick.*
— To prejde. *That will pass.*
— Pochybujem. *I doubt it.*

Otázky:
   1. Čo sa ti páči?
   2. Kde je tvoj domov?
   3. Je ti často smutno? Prečo?
   4. Čo robíš, keď ti je smutno?
   5. Prejde ti smútok rýchlo?

X

Hrad (Bratislava)

B. Ako ti chutí?

— Ako ti chutí tá polievka? *How do you like this soup?*

— Je veľmi slaná. *It's too salty.*

— Nebuď smiešny (smiešna). Veď som ju vôbec neosolila. *Don't be funny. Why I did't use any salt at all.*

— To je divné, je úplne slaná. *That's strange, because it's quite salty.*

— To sa ti len zdá. *It just seems that way to you.*

— Možno. *Maybe.*

Otázky:
1. Máš rád (rada) polievku?
2. Máš rád (rada) slané veci? Aké?
3. Čo ti ešte chutí?
4. Solíš polievku? Čo ešte solíš?
5. Zdá sa ti, že má divnú chuť?

C. Je mi dusno

— Je mi zima. Je tu prievan. *I'm cold. There's a draft here.*

— To sa ti len zdá. Všetky dvere a okná sú zatvorené. *It just seems that way to you. All the doors and windows are closed.*

— Áno? No tak ich hneď otvor, prosím ťa. Je mi dusno. *Really? Well then open them immediately, please. It's beginning to be stuffy.*

— Tebe je veru ťažko vyhovieť. *It's really difficult to please you.*

— To nie je pravda, tu naozaj cítim prievan. *That's not at all true, I really do feel a draft here.*

271

X

Otázky:
1. Je ti zima?
2. Nezdá sa ti, že je tu dusno?
3. Je tu prievan?
4. Chceš otvoriť (zatvoriť) okná?
5. Je ti ťažko vyhovieť?

D. Som hladný

— Som hladný (hladná)/smädný (smädná). *I'm hungry (thirsty).*
— Tak si zajedz (vypi) niečo. *So eat (drink) something.*
— Ale čo? Zdá sa mi, že tam nič dobrého nie je na jedenie (pitie). *But what? It seems to me that there's nothing good to eat (drink).*
— Máš pravdu. Budeš musieť si zajesť (vypiť) niečoho zlého. *You are right. You will have to eat something bad.*
— Ďakujem za dobrú radu. *Thanks for the good advice.*
— Niet za čo. *Don't mention it.*

Otázky:
1. Si hladný (smädný)?
2. Máš niečo dobrého na jedenie (na pitie)?
3. Potrebuješ radu? Akú?
4. Rád dávaš (počúvaš) rady?

E. Ako sa ti páči?

— Ako sa ti páči tento obraz? *How do you like this picture?*

— Ktorý obraz? *What picture?*

— Ten vpravo, s jasnými farbami. *The one on the right with the bright colors.*

— Čo je na tom obraze? *What is on that picture?*

— Neviem, ale v maľbe to nie je dôležité. *I don't know, but in a painting that's not important.*

— Páčia sa mi farby, ale nemám rád (rada) moderné maliarstvo. *I like the colors, but I don't like modern painting.*

— Aj mne sa viac páči tradičné umenie, ale tento obraz sa mi aj tak páči. *I also prefer traditional things, but even so I like that picture.*

— Každému sa páči niečo iné. *Everyone has his own taste.*

Otázky:

1. Aké obrazy sa ti páčia?
2. Máš rád(a) moderné obrazy?
3. Máš radšej tradičné umenie?
4. Aké farby máš rád (rada)?
5. Čo je podľa teba dôležité v maliarstve?

Historický znak
Slovenska

273

F. Nechce sa mi

- Chce sa ti niekam ísť? *Do you feel like going somewhere?*
- To závisí od toho kam. *That depends where.*
- K jazeru, napríklad. *To the lake, for example.*
- Nie, nechce sa mi. *No, I don't feel like it.*
- Aspoň je to výborný nápad. *At least it's an excellent idea.*
- Áno, ibaže neviem plávať, a nerád chytám ryby. *Yes, except that I don't know how to swim and I don't like to catch fish.*
- Tak teda vymysli niečo ty. *Well then you think of something.*
- Dobre. *O.K.*

Otázky:
1. Chce sa ti niekde ísť? Kde?
2. Chodíš často k jazeru?
3. Vieš plávať?
4. Rád (rada) chytáš ryby?
5. Je to dobrý nápad? A prečo?

G. Mám dobrú náladu

- Prečo si dnes taký veselý? *Why are you so happy today?*
- Neviem, jednoducho mám dobrú náladu. *I don't know, I'm just in a good mood.*
- To ti prejde, len čo začneš pracovať. *That'll pass as soon as you start to work.*
- Pochybujem. Keď mám ráno dobrú náladu, tak potom ju mám aj celý deň. *I doubt it. When I'm in a good mood in the morning, it stays with me all day.*

274

X

Otázky:
1. Máš dnes dobrú (zlú) náladu? Prečo?
2. Kedy ti to prejde?
3. Čo budeš dnes robiť?
4. Kedy máš dobrú náladu?

H. Čo ti je?

— Čo ti je? *What is (wrong) with you?*
— Nič mi nie je. Prečo? *Nothing's wrong with me. Why?*
— Akosi dnes zle vyzeráš. *Somehow you look rather poorly today.*

Konec A:
— To je divné, predsa dnes sa cítim dobre. *That's strange, because I feel fine today.*

Konec B:
— Veru necítim sa dnes celkom dobre. *Indeed I feel a little poorly today.*
— Zjedz túto polievku (vypi túto šťavu), urobí ti to len dobre. *Eat this soup (drink this juice). It'll just make you feel better.*
— Pochybujem, ale ochutnám ju. *I doubt it, but I'll try it.*

Otázky:
a. Ako sa dnes cítiš? Je ti zle?
b. Ako vyzerá tvoj priateľ?
c. Chceš niečo? Čo ti urobí dobre?
d. Chceš ochutnať túto polievku (šťavu)?
e. Čo ješ (piješ) keď ti je zle?

X

POZNÁMKY:

ako sa ti to páči? *how do you like it,* literally, *"how does it appeal to you".*

ako ti chutí tá polievka? *how do you like this soup?* — literally, *"how does it taste to you?"*

veď *why.* This word expresses the *"why"* of surprise and light contradiction.

nič dobrého *nothing good* — literally, *"*nothing of good*";* the Genitive case illustrated by this adjective form is introduced in the following lesson. In such expressions the Genitive is optional alongside the Nominative, cf. **nič dobré** *nothing good.*

niečoho zlého *something bad*

niet za čo *don't mention it* — literally, *"there's nothing (to thank) for".*

aj tak *even so.*

len čo *as soon as*

to závisí od toho kam *that depends where to* — literally, *"that depends on (the question) where".* The expression **závisí od** *it depends on* takes the Genitive case, introduced in the following lesson. For this use of **to**, see the Grammar section to this lesson.

nechce sa mi *I don't feel like it* — literally *"it doesn't want to me".*

čo ti je *what is wrong with you* - literally, *"what is it to you?"*

zle vyzeráš *you look poorly today.* Note that the verb **vyzerať** *look, appear* is followed by the adverbial form of the adjective; cf. also **dobre (zle) dnes vyzeráš** *you look well (bad) today.*

276

GRAMATIKA

THE DATIVE CASE OF PERSONAL PRONOUNS. The Dative case expresses most often the notion of "to" or "for" (in the sense of "for the benefit of") a person (or an animal). The Dative case appears most frequently with the personal pronouns, the Dative forms of which are as follows:

ja:	mi (mne)	my:	nám
ty:	ti (tebe)	vy:	vám
on:	mu (jemu, nemu)	oni:	im (nim)
ono:	mu (jemu, nemu)	ony:	im (nim)
ona:	jej (nej)	kto:	komu
	si (sebe)	čo:	čomu

The Dative form of the neuter indefinite pronoun **to** is **tomu**, often occurring after the preposition **proti** in expressions such as the following:

Máš niečo proti **tomu**? *Do you have anything against that?*

Nemám nič proti **tomu**. *I don't have anything against that.*

The Dative case of the reflexive pronoun **si (sebe)** is not to be confused with the 2nd pers. form of the verb **byť**, also **si**:

Čo <u>si</u> mal na mysli? *What did you have in mind? (**si** as verb form).*

Čo <u>si</u> želáte? *What do you desire (for youself? (**si** as reflexive pronoun).*

The longer forms of the Dative pronouns (**sebe** for **si, mne** for **mi, tebe** for **ti, jemu** for **mu**) are used for emphasis; in addition, these forms are required after prepositions. If there is a choice, forms beginning with **n—** are used after prepositions, hence **k nemu** *toward him,* **proti**

nej *against her.* The short forms occur most frequently and are the only forms practiced in the converations and exercises to this lesson, for example:

To sa <u>ti</u> len zdá. *It just seems (that way) to you.*

Nechce sa <u>mi</u>. *I don't feel like it.*

The Dative form **si** is spelled and pronounced the same as the 2nd per. sg. of the verb **byť.** Often these two forms will occur side by side, the verb form preceding the pronoun:

Čo si si vybrala? *What did you choose for yourself?*

USES OF THE DATIVE CASE

1. The Dative case occurs most frequently in the expression of indirect object after verbs like the following: **dať dám** (Perf.), **dávať** (Imperf.) *give;* **kúpiť** (Perf.), **kupovať** (Imperf.) *buy;* **objednať** (Perf.) **objednávať** (Imperf.) *order.* The indirect object identifies the person for whom the action is performed:

Daj mi ten chlieb. *Give me that bread.*

Kúpim si tú košeľu. *I'll buy myself that shirt.*

Objednám vám kávu. *I'll order you some coffee.*

2. The Dative also occurs as the case of complement after some verbs whose meaning encompasses either empathy for or harm to a person, e.g. **rozumieť** *understand;* **škodiť** *harm;* **veriť** *believe;* **vyhovieť** *please:*

Ťažko je ti vyhovieť. *It's difficult to please you.*

Tomu nerozumiem. *I don't understand that.*

Neveria tomu veľa. *They don't have much faith in that.*

Fajčenie škodí zdraviu. *Smoking is harmful to health.*

3. A number of verbs that occur mainly in the 3rd person with an indefinite subject occur with the Dative case, for example:

páčiť sa páči sa páčia sa *to be pleasing to*

chutiť chutí chutia *to taste*

chcieť sa chce sa *feel like*

dobre robiť robí *do someone good*

zdať sa zdá sa *seem, appear;*

cnieť sa cnie sa *be sad, pine for, long for;*

dariť sa darí sa *to go well for*

podariť sa —darí sa *(perf.) to make out well*

Ako sa ti páči ten film? *How do you like this film?*

Táto polievka mi veľmi chutí. *This soup tastes good to me.*

Nechce sa mi ísť na jazero. *I don't feel like going to the lake.*

To sa ti len zdá. *It just seems that way to you.*

Tá šťava ti urobí dobre. *This juice will be good for you*

Cnie sa mi za tebou. *I miss you.*

Dobre sa mu darí. *He's doing well.*

Podarilo sa mi nájsť dobré kazety. *I had the luck to find good cassettes.*

4. Weather adverbs occur with the Dative-case pronouns in impersonal constructions corresponding to English "I'm warm, hot, cold, chilly,"

X

and so on:

Je mi <u>horúco</u> *v* tejto izbe. *I'm hot in this room.*

Je ti <u>zima</u> (<u>chladno</u>)? *Are you cold?*

Je nám <u>chladno</u>. *We are chilly.*

Je *vám* <u>teplo</u>? *Are you warm?*

5. A number of impersonal adverbs referring to states of mind also take the Dative:

Je mi <u>smutno</u>. *I'm sad.*

Je ti <u>dobre (zle)</u>? *Do you feel good (bad)?*

Prečo ti je dnes tak <u>veselo</u>? *Why are you so happy today?*

<u>Clivo</u> mi je za tebou. *I miss you.*

Je mi <u>ľúto</u>. *I'm sorry.*

6. The *verbal* **treba** *it is necessary* may take an indirect object in the Dative case:

Treba mi utekať. *I have to run.*

Predpoveď počasia *weather forecast*

PREDPOVEĎ NA ZAJTRA: Veľká, cez deň časom zmenšená oblačnosť. Nočné teploty 13 až 9 st., najvyššie denné 19 až 21 st. Severovýchodný vietor 10 až 15 km/h. **EXTRÉMNE TEPLOTY** namerané v Bratislave 17. 5.: najvyššia teplota 29,8 st. v roku 1971, najnižšia teplota 1,1 st. v roku 1895. **VČERA** bola priemerná teplota 14,8 st. Celzia.

Dnes je utorok, 16. mája – **Svetozár,** slnko zapadne o 20.45, zajtra vyjde o 5.10 h.

PREDPOVEĎ NA ZAJTRA: Pekne a teplo, k večeru možnosť búrky. Nočné teploty 13 až 11 st., najvyššie denné okolo 28 st. Severovýchodný vietor 10 km/h. **EXTRÉMNE TEPLOTY** namerané v Bratislave 19. 5.: najvyššia teplota 29,7 st. v roku 1979, najnižšia 1,1 st. v roku 1874. **VČERA** bola priemerná teplota 19,1 st. Celzia.

Dnes je štvrtok, 18. mája – **Viola,** slnko zapadne o 20.28, zajtra vyjde o 5.08 h.

7. The following two common prepositions require that the noun objects be in the Dative case **k** *to, toward(s)*, **proti** *against:*

Nemám nič proti nej. *I don't have anything against her.*

Kedy prídete k nám? *When are you coming to us (to our place)?*

THE IMPERATIVE FORM OF THE VERB

The Imperative, or command, form of the verb occurs in the 2nd pers. sg., the 2nd pers. pl. (or sg. polite) and 1st pers. pl.:

píš!   **píšte!**   **píšme!**
write! (sg.)   *(pl. or formal)*   *let's write!*

When negated, the negative particle **ne—** is prefixed to the verb: **neboj sa!** *don't be afraid!*

For the most part, the Imperative is formed on what amounts to the bare present stem of the verb, visible in its fullest form in the 3rd pers. pl. The specifics are as follows:

a. Verbs whose present forms are **—ám —ajú** or **—iem —ejú** form the Imperative in **—aj** or **—ej**, respectively:
čítať —am —ajú *read*
     čítaj!   **čítajte!**   **čítajme!**
rozumieť —umiem —umejú *understand*
     rozumej!   **rozumejte! rozumejme!**

281

b. Verbs whose present forms are —ím —ia (—a) or —em —ú usually form the imperative in —0:

robiť —ím —ia *do*
  rob!   robte!   robme!

ležať —ím —ia *lie, recline*
  lež!   ležte!   ležme!

báť sa bojím sa boja sa *be afraid*
  boj sa!   bojte sa!   bojme sa!

písať píšem píšu *write*
  píš!   píšte!   píšme!

brať beriem berú *take*
  ber!   berte!   berme!

žuť žujem žujú *chew*
  žuj!   žujte!   žujme!

pracovať —ujem —ujú *work*
  pracuj!   pracujte! pracujme!

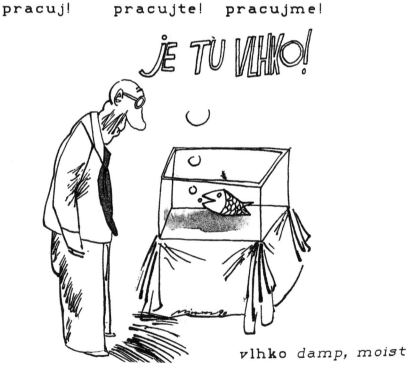

vlhko *damp, moist*

c. Verbs of the types mentioned under b) above whose present stem ends in **t, d, n, l** show a soft final consonant in the Imperative:

chodiť —ím —ia *walk*
  choď!   choďte!   choďme!
viesť vediem vedú *lead*
  veď!   veďte!   veďme!

d. Verbs of the **piť** type drop stem—final j in the Imperative:

piť pijem pijú *drink*
  pi!   pite!   pime!

e. Verbs with stems in consonant plus —n— add —i— when forming the Imperative:

padnúť —nem —nú *(perf.) fall*
  padni!   padnite! padnime!

This ending also occurs, sometimes optionally, with some other verbs whose stems end in two consonants:

vymyslieť —ím —ia *(perf.) think up*
  vymysli   vymyslite vymyslime
dokončiť —ím —ia *(perf.) finish up*
  dokonč(i)   dokonč(i)te dokonč(i)me

f. Irregular:
byť som sú *be*
  buď!   buďte! buďme!
chcieť chcem chcú *want*
  chci!   chcite! chcime!
jesť jem jedia *eat*
  jedz!   jedzte! jedzme!
vedieť viem vedia *know*
  vedz!   vedzte! vedzme!

X

VERBS OF LIKING. The English word "like" has a number of translations into Slovak, depending on the context.

    1. **mať rád (rada rado radi)** *to like.* This is the usual correspondent of English "like." It may be said of people or things, usually on the basis of long—standing acquaintance:

    Poznám Martu. Veľmi ju mám rád. *I know Marta. I like her a lot.*

    Mám rád toto mesto. *I like this town.*

    2. **rád** + *verb. to be glad to do something.* When English "like" is followed by a verb in the infinitive, its usual correspondent in Slovak is **rád (rada rado radi)** plus the present tense. The form of the adjectival pronoun agrees with the subject of the verb:

    V lete rád cestujem. *I like to travel in the summer.*

    Veľmi rád tu trávim čas. *I like to spend time here a lot.*

When negated, the negative particle is written as part of the adjectival pronoun:

    Nerád chodím pešo. *I don't like to go on foot.*

"Prefer" is expressed with this same construction, changing the form of **rád** to the adverb **radšej:**

    Radšej cestujem v lete. *I prefer traveling in the summer.*

    3. **páčiť sa** (impersonal *verb) to be pleasing, to appeal to.* This verb renders English "to like on the basis of first or superficial contact". It occurs with the Dative case:

Ako sa ti páči tento obraz? *How do you like this picture?*

Páči sa mi to. *I like it.*

When the subject is plural, this verb occurs in the 3rd pers. pl. form:

Ako sa ti páčia tie obrazy? *How do you like those pictures?*

The notion of "prefer" in this sense of "like" is expressed with this verb in combination with **viac(ej)** *more* or (less preferable) **lepšie** *better*:

Ten obraz sa mi viac(ej) (lepšie) páči ako tento. *I prefer this picture to that one.*

4. **ľúbiť ľúbim** *love, like a lot.* When said of people, this verb usually means "love". When said of things, it can mean "like a lot, adore":

Mišo ľúbi Máriu. *Mišo loves Maria.*

Ľúbim dobrú hudbu. *I adore good music.*

This verb may take the infinitive, in which use it is similar in meaning to the **mať rád** expression (see below):

Neľúbim chytať ryby. *I hate to catch fish.*

5. **tešiť sa teším sa na niečo.** *be glad about, look forward to:*

Ľudia sa tešia na jar. *People look forward to the spring.*

Teším sa na tvoj dar. *I'm looking forward to your present.*

Without the reflexive particle **sa**, this verb can mean "please":

Tvoj dar ma veľmi teší. *Your gift pleases me very much.*

Teší ma vás poznať. *I'm pleased to meet you.*

X

6. **chutiť (chutí mi, chutia mi)** *to taste (good).* When said of food, "like" is usually expressed by the verb **chutiť**. This verb agrees in number with the food (whether singular or plural) and occurs in combination with the Dative-case pronouns.

Ako ti chutí tá šunka? *How do you like this ham?*

Tie vajcia mi veľmi chutia. *I like these eggs a lot.*

Nechutí? *Don't you like it?*

— Škoda, že sa nevyjadril konkrétne o akú pomoc mu ide...

The importance of expressing oneself clearly. **pomoc** *aid, help, assistance.* **vyjadriť** *express.* **o čo ide?** *what is the matter, issue, concern?*

THE VERBS **cítiť (sa)** *feel,* **tešiť (sa)** *please.*
The verb "feel" may be either transitive, in
which case it takes an Accusative direct object:
Cítim tu prievan. *I feel a draft here.*
— or it may be intransitive, referring to the
state of mind of the subject, in which case this
verb occurs together with the reflexive particle
sa and an adverb:
Dobre sa cítim. *I feel fine.*
The verb **tešiť (sa)** similarly commonly occurs in
both intransitive and transitive uses:
Tvoj príchod ma vždy teší. *Your arrival*
always makes me happy.
Teším sa na jar. *I'm looking forward to*
spring.

THE FACTUAL CONNECTIVE. Sometimes a clause
is related to another clause by a factual
relationship:
Teší ma, že si prišiel. *I'm glad that you've*
arrived — literally, "It gladdens me that
you've arrived."
In the above sentence, the factual clause "you
have arrived" serves as subject of the verb
"pleases me". In case the factual clause occurs as
the object of a preposition, the connector **to** *(the*
fact) that will appear at the beginning of the
clause and will take the case ending required by
the preposition:
To závisí od <u>toho</u>, kam ideš. *That depends*
on where you are going.
Nemám nič proti tomu, aby som išiel dnes
na jazero. *I don't have anything against*
going to the lake today.

X

SOME FOOD ITEMS. Some of these words will be
used in exercises to this lesson:

Sweets:
torta *cake*   zmrzlina *ice cream*
čokoláda *chocolate*   orechovník *nut roll*
makovník *poppyseed cake*

Beverages:
pivo *beer*   víno *wine*
káva *coffee*   mlieko *milk*
čaj *tea*   malinovka *raspberry*
voda *water*   *drink*
džús *(citric) juice*   šťava *juice*
slivovica *plum brandy*   borovička *gin*

Fruits, nuts:
jablko *apple*   hruška *pear*
banán *banana*   citrón *lemon*
slivka *plum*   pomaranč *orange*
orech *nut*   mak *poppyseed*
hrozno *grape(s)*   jahoda *strawberry*
broskyňa *apricot*   čerešňa *cherry*

Vegetables:
fazuľa *bean(s)*   hrach *peas*
cibuľa *onion(s)*   cesnak *garlic*
mrkva *carrot(s)*   paradajka *tomato*
kapusta *cabbage*   ryža *rice*
zemiak *potato*   kukurica *corn*
uhorka *cucumber,*   cvikla *beet(s)*
  pickle   hríb *mushroom*

Seafood:

pstruh *trout*	**morský rak** *lobster*
krab *crab*	**treska** *cod*
kapor *carp*	**losos** *salmon*
okúň *pike*	**škebľa** *clam.*

Meat:

mäso *meat*	**sliepka** *chicken*
jahňa *lamb*	**zajac** *hare*
kačica *duck*	**hus** *goose*
stejk *steak*	**rezeň** *chop*
klobása *sausage*	**morka** *turkey*
šunka *ham.*	

Side dishes:

halušky *noodles*	**plnka** *stuffing*
knedľa *dumpling*	**chlieb** *bread*
rožok *croissant*	**žemľa** *roll.*

Soup: **polievka** *soup.*

X   CVIČENIA

1. dom: a. Ako sa ti páči tento dom?
           b. Ako sa ti páčia tieto domy?

obraz, film, farba, kniha, zábava, učiteľ, program, sveter, sukňa, blúza, strom, vták, pes, mačka, pero.

2. *Make up responses, using the vocabulary of Exercise 1:*
dom: a. Páči sa mi, ale prečo je on
           taký malý?
       b. Páčia sa mi, ale prečo sú
           ony také malé?

3. on, polievka: a. Ako mu chutí tá
                    polievka?
                b. Veľmi mu chutí.

ona, torta; my, čokoláda; ja, víno; ty, paradajka; ony, klobása, on a ona, halušky; oni, mlieko; vy, voda; ono, sliepka.

4. *Make up responses, using the vocabulary of Exercise 3:*
on, polievka: Chutí mu tá polievka, ale
                  prečo je taká slaná?

5. on, Slovensko: a. Za čím je mu smutno?
                  b. Smutno mu je za
                  Slovenskom.

ona, Amerika; ty, priateľ; my, škola; on, sestra; ja, domov; oni, Pittsburgh; ono, matka; vy, otec; ty, Bratislava.

6. on, ona: a. Clivo mu je za ňou.
               b. Clivo jej je za ním.

my, vy; ja, ty; oni, on; ony, on.

7. on: a. Čo mu je?
       b. Nič mu nie je.

my, ja, ty, ona, oni, vy, my, ony.

8. *Use the cues of Exercises 7.*
on: a. Nechce sa mu.
       b. To sa mu len zdá.
       c. Cnie sa mu.

9. I, sad: Je mi smutno.

he, merry; you (pl.) stuffy; we, hot; they (mp.), cold; she, chilly; you (sg.), long for; they (non-mp.), warm.

10. pijem mlieko: a. Musím piť mlieko.
                     b. Budem musieť piť
                        mlieko.

ješ fazuľu, jeme orechy, jete hrozno, jedia kapra, pijú šťavu, pije slivovicu, pijem bielu kávu, piješ čaj s citrónom, on je klobásu, ona pije vodu.

X

11. báť sa: Neboj sa!

jesť to, ísť, chodiť, kupovať to, ponáhľať sa, robiť to, čakať, študovať, pracovať, hovoriť, žartovať, čítať, písať, piť, fajčiť, zabávať sa.

12. on, polievka, solil: Veď on ju vôbec nesolil.

my, hríby, jesť; ona, zábava, mať; oni, kniha, čítať, my, večera, robiť, vy, narodeniny, oslavovať; otec, pivo, piť; matka, vták, kúpiť; ty, dom, stavať; ony, voľný čas, stráviť.

13. ja, dom, ty: a. Nemyslím, že ten dom
                     sa ti bude páčiť.
                 b. Nemyslíš, že ten dom
                     sa mi bude páčiť.

on, divadlo, ona; ja, šaty, vy; my, brada, oni; vy, auto, ja; ony, Slovensko, my; ona, jazero, ty.

14. my, polievka, ty:
  a. Boli sme si istí, že tá polievka ti bude chutiť.
  b. Bola si presvedčená, že tá polievka nám bude chutiť.

ona, šťava, ja; vy, jablko, ono; oni, zmrzlina, on; ja, makovník, my; ty, banán, ona; on, čerešňa, vy; ono, kapusta, ty; ja a ty, kapor, oni; on a ona, mäso, ja.

15. **my, ty, rada: Ďakujeme ti za tvoju radu.**

on, my, list; ja, ona, adresa; *vy*, oni, nápad; ona, my, práca; ono, ty, dar.

16. I, go on a walk: **Nechce sa mi ísť na prechádzku.**

she, go shopping; the*y*, swim; *y*ou (sg.) follow (listen to) m*y* ad*v*ice; I, think of something; the*y* (mp.) catch fish; he, listen to that music; we, bu*y* that computer; *y*ou (pl.) go to the lake.

17. **plávaš: a. Musíš plávať.
                        b. Nechce sa ti plávať.**

chytáte ryby, *v*ymyslíme niečo, osla*v*ujem meniny, robíš zába*v*u, farbia *v*lasy, píšem program, sta*v*ajú dom, rozprá*v*ajú po slo*v*ensky.

18. **on, tradičné *v*eci:
        On má rád len tradičné *v*eci.**

my moderná maľba; oni, jasné farby; *v*y, smutné filmy; ty, tvoja rada; ony, slané uhorky; ja, dobré jedlo; ona, slo*v*enská sli*v*o*v*ica.

19. **polie*v*ka, ty: Tá polie*v*ka ti urobí dobre.**

pomaranč, on; *v*oda, ja; *v*íno, ona; sliepka, my; ká*v*a, *v*y; čaj, oni; mlieko, ono; ryba, ony.

20. I travel: **Rád (rada) cestujem.**

we catch fish, he goes shopping, she watches television, you (pl.) see movies, they (non-mp.) write letters, you (sg.) lie in bed (**posteľ**), I spend time here, they (mp.) give advice, we read books, you (pl.) eat sausage, you (sg.) listen to music, we drink coffee.

21. For each of the items in the preceding model, construct a comparative sentence using **radšej**:

I travel: **Radšej cestujem než ležím doma v posteli.**

22. For each of the conversations at the beginning of this lesson, retell the conversation in the third person, either in writing or out loud.

23. For each of the conversations at the beginning of this lesson, write an alternative conversation beginning with same first line.

24. Translate:
a. — How do you like Bratislava?
   — I like it, but I'm homesick for Scranton.
b. — How do you like this fish?
   — It's too salty.
c. — There's a draft here.
   — That's strange, there are no windows.
d. — Open the window right away.
   — Why?
   — It's stuffy in here.
e. — You're difficult to please.
   — No, you're not right, I'm easy to please.

f. — It seems to me that you haven't salted this
        soup.
   — You're right, I forgot to salt it.
g. — Are you cold?
   — No, I'm fine.
h. — I'm hungry.
   — Then have something to eat.
i. — Thanks for the advice.
   — Don't mention it.
j. — What do you have to drink?
   — There's nothing to drink.
k. — All the windows and doors are closed.
   — So open them.
l. — How do you like these pictures?
   — I don't like them. I don't like modern art.
m.— Do you feel like going somewhere?
   — No, I don't feel like going anywhere.
n. — Let's go to the lake.
   — That's an excellent idea, except I don't know
        how to swim.
o. — Do you like to catch fish?
   — No, but I like to eat them.
p. — I'm in a good mood today.
   — That'll pass.
   — I doubt it.
q. — Try this soup.
   — I already did. I like it very much.
r. — What's wrong with you?
   - Nothing's wrong with me.
s. — I feel bad today.
   — That's odd. You look quite well.
t. — What kind of painting do you like>
   — I prefer traditional art.

25. *Fill in the blank with a correct form or phrase, as required by the grammar of the sentence:*

a. Ako sa ti páčia ---?
b. Ťažko je --- *vyhovieť.*
c. Tá polievka má --- chuť.
d. Ďakujem za dobrú ---.
e. Dobre sa mu ---.
f. Je mi tu ———.
g. Otvor hneď ———!
h. Neviem ———.
i. Páči sa mi ten obraz s ——— farbami.
j. Veľmi dobre ——— dnes cítim.
k. Celkom ——— dnes *vyzeráš.*
l. Ochutnám tento ———.
m. Je ——— zima?
n. Nechce sa mi ———.
o. Chceš ísť ——— jazeru?
p. Rád chytáš ———?
q. To ti prejde, len čo začneš ———.
r. Nerád ———.
s. Tá polievka ti dobre ———.
t. Akú máš dnes ———?
u. Aké ——— sa ti páči?
v. Ktorý obraz je podľa teba ———?
w. Budeš musieť ——— niečo.

Chytro, Kubko, práve ide film, ktorý je mládeži neprístupný!

neprístupný *forbidden*

ČÍTANIE

Rodina proti fajčeniu

U nás *v* rodine nefajčí nikto, no cigarety doma máme. Ponúkame ich hosťom, ktorí fajčia. "Nech sa páči!" žičlive *v*ravíme. Naozaj sa na každého fajčiara *v*eľmi hneváme. Vieme, že fajčenie škodí zdraviu, preto neradi dýchame dym. Keď od nás hosť odíde, urobíme prievan, a tak *v*yháňame cigareto*v*ý dym z izby. Ešte *v*äčmi nás hnevá, keď ľudia fajčia *v*o *v*laku. Najradšej by sme tam celkom zakázali fajčiť. "Kto fajčí nech ide pešo," si pre seba hovoríme.

u nás *(here;) at our house*
nech ide pešo *let him go on foot*
najradšej by som zakázal *I would best like to forbid*
ešte *v*äčmi *even more*
hovoriť si pre seba *say to oneself*

Otázky:

1. Kto u *v*ás *v* rodine fajčí?
2. Menej ľudí dnes fajčí? Prečo?
3. Kde je fajčiť zakázané, a kde nie?
4. Čo *v*ás najviac hnevá?
5. Ste tolerantní pred fajčiarmi?

akosi *somehow*
broskyňa *apricot*
celkom *wholly, quite*
cesnak *garlic*
cibuľa *onion*
citrón *lemon*
cítiť (sa) -ím -ia *feel*
clivo *sad (adv.)*
cnieť sa cnie sa+ Dat.
  be sad
cvikla *beet*
čaj *tea*
čokoláda *chocolate*
divný *strange*
dôležitý *important*
dusno *stuffy*
farba *color*
haluška *noodle*
hlad *hunger*
hrach *peas*
hríb *mushroom*
hrozno *grape*
hus *goose*
chuť *taste (f.)*
chutiť -í -ia *taste*
chytať -ám -ajú *catch*
ibaže *unless*
jablko *apple*
jahoda *strawbery*
jahňa *lamb*
jasný *clear*
kačica *duck*
káva *coffee*
kapusta *cabbage*
kapor *carp*

klobása *sausage*
knedľa *dumpling*
kukurica *corn*
krab *crab*
len čo *as soon as*
ľutovať -ujem -ujú
  pity
mak *poppy*
maľba *(a) painting*
maliarstvo *painting*
  (in general)
mäso *meat*
moderný *modern*
morka *turkey*
mrkva *carrot*
nálada *mood*
naozaj *really, actually*
niet *there isn't any*
obraz *picture*
ochutnať -ám -ajú
  (perf.) try (food)
okamžite *right away*
orech *nut*
osoliť -ím -ia *(perf.)*
  salt
otvoriť -ím -ia *(perf.)*
  open
paradajka *tomato*
pivo *beer*
pomaranč *orange*
plávať -am -ajú *swim,*
  sail
plnka *stuffing*
predsa *after all*

prejsť -jdem -jdú
  (perf.) cross
prievan *draft*
pstruh *trout*
rada *advice*
rezeň -zňa *chop*
rožok -žka *croissant*
ryža *rice*
skúsiť -im -ia *try*
slaný *salty*
slivovica *plum brandy*
sliepka *chicken*
smäd *thirst*
smiešny *funny*
smutno *sad, sadly*
soliť -ím -ia *salt*
stejk *steak*
torta *cake*
tradičný *traditional*
treska *cod*

uhorka *pickle*
umenie *art*
uznať -ám -ajú *acknowledge (pf.)*
veru *really, truly*
veselý *merry, gay*
víno *wine*
vyhovieť -iem -ejú
  please
vypiť -pijem -pijú
  (perf.) drink (up)
zajac *rabbit*
zajesť zajem zajedia
  (perf.) have a bite
závisieť -í *depend*
zatvoriť -ím -ia
  (perf.) close
zmrzlina *ice cream*
žemľa *roll*

X

na stráži *on guard* (= *coll.* **na varte**)

Tancuj, tancuj

Tan- cuj,   tan- cuj, *vy*-krú-caj, *vy*-krú-caj

Len mi   pie- cku ne-zrú-caj, ne-zrú-caj,

Do- brá   pie- cka   na zi-mu,   na zi-mu,

Ne- má kaž- dý   pe- ri- nu, pe- ri- nu!

La- la   la- la   la- la- la- la,

Pobil cigán cigánku, cigánku,
Po zelenom županku, županku
Ciganečka cigána, cigána,
Po zadečku *v*idlama, *v*idlama! (Ref.)

Stojí *v*ojak na *v*arte, na *v*arte,
U roztrhanom kabáte, kabáte,
Od *v*ečera do rána, do rána,
Rosa naňho padala, padala! (Ref.)

301

X

Kybernetické stroje

Kybernetické stroje sú napríklad elektronické počítače alebo roboty. Malou násobilkou sa nezaoberajú. Kybernetický stroj pracuje podľa programu, ktorý mu pripraví človek. Rýchlosťou a pamäťovými schopnosťami predčí aj ľudský mozog. Kybernetické stroje umožňujú ľuďom také činnosti, o akých sa im predtým ani nesnívalo, napríklad riadiť kozmické lode.

Kybernetické stroje uľahčujú a spresňujú mnohé druhy práce vo výrobe, v doprave, v plánovaní, v účtovníctve. Uplatňujú sa aj vo vedeckej a výskumnej práci. Ich pomocou sa automatizuje výroba. V poslednom čase sa na tieto stroje rozšírilo označenie počítače.

podľa programu *according to a program*
umožňujú ľuďom *enable people*
v poslednom čase *lately, recently*

činnosť *activity*
doprava *transportation*
druh *type*
mozog *brain*
násobilka *multiplication*
označenie *designation*
pomoc *help*
predčiť -ím -ia *surpass*
predtým *earlier*
riadiť *drive, manage*
rozšíriť sa *become generalized*

rýchlosť *speed*
snívať sa *dream of*
spresňovať *make precise*
uľahčovať *make easier*
uplatňovať sa *be of use*
vedecký *scientific*
výroba *production*
výskumný *research (adj.)*
zaoberať sa *concern self with*

302

Jedenásta lekcia

Eleventh lesson

A. U priateľa

— Čo robíš zajtra? Budeš mať trochu času?
*What are you doing tomorrow? Will you have
a little time?*

— Bohužiaľ musím ísť zajtra do Žiliny.
Mám tam **vybaviť** niečo dôležité.
*Unfortunately, I have to go to Zilina
tomorrow. I have something important to
take care of there.*

— Kde budeš **bývať** **v** Žiline? Ušak tam
nikoho nepoznáš. *Where will you stay in
Zilina? You don't know anyone there.*

U kaviarni

— Nemáš pravdu. Mám tam veľmi dobrého
  priateľa (dobrú priateľku). Budem bývať
  u neho (nej). *You're wrong. I have a very
  good friend there. I'll stay with him (her).*
— Keď tam prídeš, nezabudni mi zavolať.
  *Remember to call me as soon as you are
  there.*
— Dobre, určite ti zavolám. *All right, I'll
  surely call.*

Otázky:
  1. Musíš niečo dôležité vybaviť? Čo? Kde?
  2. Koľko času ti to zaberie?
  3. Máš priateľa (priateľku), u ktorého
     (ktorej) môžeš bývať?
  4. Zavoláš mi? Odkiaľ? Kedy?

B. V kaviarni

— Čo ti môžem objednať? *What can I order for
  you?*
— Prosím ťa, objednaj mi pohár nejakého
  vína a kus čokoládovej torty. *Please order
  me a glass of some kind of wine and a piece of
  chocolate cake.*
— Aké víno, biele alebo červené? *What kind of
  wine, white or red?*
— To je jedno, len keď je sladké. *It's all the
  same as long as it's sweet.*
— Máš rád (rada) sladké víno? *You like sweet
  wine?*
—Áno, s tortou mám rád (rada) sladké. *Yes,
  with cake I do.*

Otázky:
1. Čo si objednáte na pitie? Na jedenie?
2. Čo objednáte pre priateľa?
3. Kde si môžete objednať víno?
4. Radi chodíte do kaviarne?
5. Ktoré sú najlepšie kaviarne vo vašom meste?

C. V bufete

— Čo si želáte? *What would you like?*
— Prosím si jeden obložený chlebík so syrom a väčší kus tej klobásy. *I'd like one open—faced sandwich with cheese and a largish piece of that sausage, please.*
— Nech sa páči. A čo ešte? *Very well. And what else?*
— Máte teplé mlieko? *Do you have hot milk?*
— Nie, teplé mlieko dnes nemáme. *No, we don't have any hot milk today.*
— No tak mi dajte ešte, prosím, čaj s citrónom. *Well then please give me also tea with lemon.*
— Želáte si ešte niečo? *Do you care for anything else?*
— Ďakujem, to je všetko. Koľko platím? *Thanks that's all. How much do I owe?*
— Päť korún a desať halierov. *Five crowns and ten haliers.*
— Nech sa páči. Prosím. *Here you are.*
— Ďakujem. *Thank you.*
— Prosím. *You're welcome.*

Otázky:

1. Čo radi jete?
2. Čo radi pijete?
3. Máte radi klobásu? Akú?
4. Koľko stojí dobrá klobása?
5. Čo možno jesť s klobásou?
6. Sú vo vašom meste bufety? Často v nich jete?

D. Bez tvojej pomoci

— Poďme zajtra do lesa. *Let's go to the woods tomorrow.*
— Prečo? Čo možno robiť v lese na jeseň? *Why? What can you do in the woods in the fall?*
— Možno ísť na prechádzku a možno tiež zbierať huby. *You can go for a walk and also pick mushrooms.*
— Ďakujem, ale to nie je príliš príťažlivý návrh. *Thanks, but that's not a very attractive proposition.*
— Tak budeme zbierať huby bez tvojej pomoci. *Well, then we'll gather mushrooms without your help.*
— Tak to vyzerá. *So it seems.*

Otázky:

1. Čo možno robiť v lese?
2. Urobíš to bez mojej pomoci?
3. Čo rád(rada) zbieraš?
4. Máš rád(rada) huby?

E. Dúfajme!

— Chceš zajtra niekam ísť? *Do you want to go somewhere tomorrow?*

— To závisí od počasia, a počasie sa každú chvíľu mení. *That depends on the weather, and the weather changes every minute.*

— A keď bude svetiť slnko, tak kde chceš ísť? *Well, if it is sunny then where do you want to go?*

— Keď bude slnko svietiť, tak pôjdeme k jazeru (na kúpalisko) a keď nie, môžeme ísť do múzea. *If the sun shines let's go to the lake (the swimming pool), and if not, we can go to a museum.*

— Tak dúfajme, že bude slnečno. Ale nanešťastie, to vyzerá na dážď a búrku. *Well then, let's hope that it will be sunny. But unfortunately, it looks like rain and storm.*

Otázky:

1. Kam ideš zajtra?
2. Kam chceš ísť keď bude slnečno? A keď bude pršať?
3. Aké je dnes počasie?
4. Je tu niekde jazero (kúpalisko)? Chodíš tam často?

F. Od uja

- Čí je to bicykel? *Whose bicycle is that?*
- Môjho brata (Bratov)/mojej sestry
  (Sestrin). Prečo? *My brother's. Why?*
- Vyzerá smiešne s tými malými (veľkými)
  kolesami. *It looks funny with those little
  (large) wheels.*
- Nekúpil si ho sám. Dostal ho od uja ako
  dar na narodeniny. *He didn't buy it for
  himself. He got it from his uncle as a present
  for his birthday.*

Otázky:
1. Máte bicykel?
2. Často ho používate?
3. Kde s ním jazdíte?
4. Má veľa ľudí bicykel?
5. Čo ste naposledy dostali do daru?
       Od koho?
6. Radi kupujete priateľom darčeky?
7. Radi dostávate darčeky od priateľov?

bicykel

G. Ani jedno ani druhé

— Čo budeš piť, *víno alebo slivovicu? What
will you drink — wine or slivovica?*
— Ani jedno ani druhé, ďakujem. *Neither one
nor the other, thank you.*
— Ako že to? Čoho sa bojíš? *What do you
mean? What are you afraid of?*
— Ničoho sa nebojím. Jednoducho alkohol mi
nerobí dobre. *I'm not afraid of anything.
Alcohol just doesn't agree with me.*
— Treba si na to zvyknúť. *One has to get
used to it.*
- Tak ty si zvykaj, a ja si dám džús. *So you
get used to it, but I'm going to have juice.*

Otázky:
1. Chceš sa napiť? Opiť?
2. Čoho sa bojíš?
3. Pil(a) si slivovicu? Máš ju rad(a)?
4. Piješ alkoholické nápoje?
5. Možno si zvyknúť na alkohol?
6. Čo radšej piješ, džús alebo pivo?

H. Bez manželky

— Pozval(a) si Pavla (Paulínu) na svoj
večierok? *Did you invite Pavel (Paulina) to
your party?*
- Áno, pozval(a) som ho (ju), ale nepríde.
Hovorí, že jeho (jej) manželka (manžel) je
chorá (chorý). *Yes, I invited him (her), but
he won't come. He says his wife (her husband)
is sick.*

— Tak nech príde sám(a), bez manželky (manžela). Bude to dokonca/nakoniec lepšie. *Well let him (her) come alone, without his wife (her husband). It'll be even better that way.*

— Nie, on (ona) nikde nejde bez manželky (bez manžela). *No, he'll (she'll) never go anywhere without his wife (her husband).*

Otázky:

1. Koho si pozvala na večierok?
2. Kto všetko príde?
3. S kým rád(rada) chodíš na večierok?
4. Si ženatý (vydatá)?
5. Chodíš na večierok radšej s manželkou (manželom) alebo bez manželky (manžela)?
6. Čo robíš zajtra? Budeš mať trochu času?

prosím ťa *please.* Literally, "I beg you." **Prosím** often occurs together with the Imperative form of the verb, as in this sentence.

to je jedno *it's all the same.*

keď *when, as (concerning time), if* (concerning condition)

si *for oneself.* The Dative form of the reflexive personal pronoun. See the grammar section of Lesson 10. Sometimes, as with the verbs **želať** *wish, desire* and **prosiť** *request,* the form **si** acts as a verbal particle, similar to the Accusative reflexive particle **sa.**

prosím si obložený chlebík. I'd like an open—faced sandwich. The construction used when asking for something in a store, restaurant, etc. is **prosím si** + Accusative.

väčší kus *a largish, rather large, piece.* The comparative form of the adjective can some—times be used by itself to express "rather".

nech sa páči *as you like, as you please, very well, here you are.* An idiomatic phrase of politeness used in situations similar to that in the dialogue.

na pitie *to drink.* Literally, "for drinking". Compare also **na jedenie** "for eating", **na oblečenie** "for wearing".

ešte *besides, still.* This word is often used to express the sense of "more" of something, especially in reference to food.

päť korún, desať halierov. The **koruna** "crown" is the primary monetary unit in Czechoslovakia. It is divided into 100 haliers. These expressions illustrate the use of the Genitive plural after numbers 5 and above, discussed in the following lesson.

313

môjho brata *vs.* bratov; mojej sestry *vs.*
sestrin. Possession may be expressed either
with the Genitive case or with possessive
adjectives. See the grammatical commentary to
this lesson.

pre seba *for himself.* **pre** plus the Accusative.

GRAMATIKA
THE GENITIVE CASE OF NOUNS AND ADJECTIVES

The Genitive case has probably more uses than
any other Slovak case. In this lesson, we will
examine the formation and uses of the Genitive
case in the singular of nouns and adjectives.

USES OF THE GENITIVE

a. The basic use of the Genitive case is to
express possession – or, more broadly speaking,
most of the various meanings corresponding to
English "of":

dom **môjho otca** *the house of my father; my*
father's house

pohár **vína** *a glass of wine*

trochu **chleba** *a little (bit) of bread*

koniec **zábavy** *end of the party*

zver **strednej veľkosti** *an animal of*
moderate size.

b. Probably the most frequent use of the
Genitive is as the case of complement after
various prepositions – most importantly **do** *to,*
into **od** *from,* **bez** *without,* **okrem** *besides,* **u** *at*
(someone's), **z** *from (out of);* **podľa** *according to;*

od <u>uja</u> *from (my) uncle*
bez <u>manželky</u> *without my wife*
u <u>priateľa</u> *at my friend's*
okrem <u>toho</u> *besides that*
do <u>Žiliny</u> *to Zilina*
z <u>Trenčína</u> *from Trencin.*
vedľa <u>stanice</u> *next to the station*
podľa <u>mňa</u> *according to me.*

Some adverbs behave similarly to Genitive-requiring prepositions, for example, **blízko** *near, close to:*

blízko múzea *near the museum.*

c. A few verbs require that the noun complement be in the Genitive case, for example, **báť sa:**

<u>Čoho</u> sa bojíš? *What are you afraid of?*
Bojím sa <u>toho veľkého psa</u>. *I'm afraid of that large dog.*

d. A few negative existential expressions take Genitive complements, e.g. **niet** *there isn't,* **nebyť** *were there not,* **nebolo by** *there would be no.* These expressions are more literary than colloquial.

niet divu *no wonder* (colloquial: **nečudujem sa** *I'm not surprised*).
Nebyť <u>benzínu</u>, nebolo by <u>spaľovacích motorov</u>. *Were there no such thing as gazoline, there would be no combustion engines.*

e. One observes a Nominative-Genitive fluctuation in such expressions as **nič nové(ho)**, *nothing new,* **niečo dôležité(ho)** *something important,* and so on.

315

THE FORMATION OF THE GENITIVE SINGULAR

1. <u>Masculine animate</u> nouns take the Genitive
singular ending -**a**:

chlap chlapa *fellow*	**otec otca** *father*
brat brata *brother*	**priateľ priateľa** *friend*
kôň koňa *horse*	**vlk vlka** *wolf*
pes psa *dog*	**vták vtáka** *bird.*

Note that with masculine animate nouns, this
ending is the same ending as in the Accusative.

2. <u>Masculine inanimate</u> nouns take the Genitive
singular in either -**a** or -**u**. Smaller, specific,
concrete objects tend to take the ending -**a**:

kôš koša *basket*	**nôž noža** *knife*
stroj stroja *machine*	**stôl stola** *table*
kufor kufra *suitcase*	**dub duba** *oak tree.*

Indefinite, generic, and abstract nouns, and
nouns referring to larger objects of indefinite
shape and size, tend to take the Genitive sg.
ending -**u**:

čas času *time*	**dom domu** *house*
krok kroku *step*	**čaj čaju** *tea*
cukor cukru *sugar.*	

There are many exceptions to the above
guidelines. For example, the following nouns take
-**a**, even though they name large or abstract
objects, or objects of indefinite shape or size:

les lesa *forest*	**dážď dažďa** *rain*
kraj kraja *edge*	**pokoj pokoja** *quiet*
chlieb chleba *bread*	**syr syra** *cheese.*

On the other hand, the following nouns, referring
to specific items, take -**u**:

kvet kvetu *flower*   vlas vlasu *(a) hair*
strom stromu *tree*   plod plodu *fruit.*
kus kusu *piece*

3. <u>Neuter nouns</u> all take Genitive sg. in **-a**:
slnko slnka *sun*   mesto mesta *town*
srdce srdca *heart*   vrece vreca *sack*
dieťa dieťaťa *child*   dievča dievčaťa *girl*
počasie počasia *weather.*

4. <u>Feminine nouns with Nominative sg. in -a</u> take
either **-y** (hard stems) or **-e** (soft stems). By soft
stems are here meant nouns whose stems end in
ť, ď, ň, ľ, c, dz, č, dž, š, ž, j.
                Hard stems:
žena ženy *woman*   **voda vody** *water*
ryba ryby *fish*   **ceruza ceruzy** *pencil*
stena steny *wall*   **sestra sestry** *sister.*
                Soft stems:
ulica ulice *street*   **ruža ruže** *rose*
vaňa vane *bath*   lekcia lekcie *lesson.*
fľaša fľaše *bottle*

5. <u>Feminine nouns with Nominative sg. in -0</u> (all
of which have stems ending in either a soft
consonant or a consonant that for historical
reasons takes soft endings) form the Genitive sg.
in either **-e** or **-i**. Numerically speaking, **-e** is the
probably the most frequent ending, cf.
   tvár tváre *face*   dlaň dlane *palm, hand*
   zem zeme *earth*   loď lode *boat.*
However, a large number of common nouns of
this type take **-i**, for example:
   vec veci *thing*   jar jari *summer*
   soľ soli *salt*   noc noci *night*
   chuť chuti *smell*   smrť smrti *death.*

Feminine nouns ending in -sť take -i:

kosť kosti *bone*   zlosť zlosti *anger*
veľkosť veľkosti *size*   vlasť vlasti *homeland*

THE GENITIVE SINGULAR OF ADJECTIVES AND ADJECTIVAL PRONOUNS

The masculine and neuter singular ending for adjectives and most adjectival pronouns is -ého; the feminine singular ending is -ej:

masculine and neuter:

Nominative:	*Genitive:*
veľký pes *large dog*	veľkého psa
silný čaj *strong tea*	silného čaju
horúce mlieko *hot milk*	horúceho mlieka
hlučné dieťa *noisy child*	hlučného dieťaťa

feminine:

Nominative:	*Genitive:*
veľká ryba *large fish*	veľkej ryby
pekná tvár *pretty face*	peknej tváre
čudná chuť *strange smell*	čudnej chuti.

Adjectival stems with a long vowel, and soft-stem adjectives, take -eho or -ieho.

dvadsiaty *20th*   dvadsiateho
starší *older*   staršieho.

The demonstrative pronoun ten tá to has the form toho in the masculine and neuter; the feminine is tej. The Genitive of tento and toto is tohto:

ten strom *that tree*   toho stromu
tá žena *that woman*   tej ženy
toto mesto *this town*   tohto mesta.

The possessive pronouns **môj, tvoj, svoj, náš, váš** take the shortened ending **-ho** in the masculine and neuter (the feminine ending continues to be **-ej**):

môj otec *my father*	**môjho** otca
váš dom *your house*	**vášho** domu
tvoje pero *your pen*	**tvojho** pera
naše dieťa *our child*	**nášho dieťaťa.**

Note that the stem vowel remains long before the shortened ending -ho: m<u>ô</u>jho, n<u>á</u>što.

SUMMARY CHART OF GENITIVE SG. ENDINGS

	masculine	neuter	feminine
Nouns	-u, -a	-a	-y, -e, -i
Adjectives	-ého (-eho,-ieho)	-ého	-ej
Poss. Prons.	-ho	-ho	-ej.

THE GENITIVE CASE OF PERSONAL PRONOUNS

Except for **čo** and **ona**, the Genitive case form of the personal pronouns is like the Accusative:

ja:	**mňa**	my:	**nás**
ty:	**ťa (teba)**	vy:	**vás**
on:	**ho (jeho, neho)**	oni:	**ich (nich)**
ono:	**ho (jeho, neho)**	ony:	**ich (nich)**
kto:	**koho**		

The pronouns **čo** and **ona** have the following Genitive endings:

čo:	**čoho**	ona:	**jej (nej).**

XI

The optional longer forms are used for emphasis, and the optional forms beginning with **n—** are used after prepositions:

Bojím sa ho. *I'm afraid of him.*
Bojím sa jeho. *I'm afraid of him: It's him I'm afraid of.*
Bývam u neho. *I'm living with him.*

PERSONAL POSSESSIVE ADJECTIVES. First and last names, and names for relations, often form a possessive adjective competitive with the Genitive case as a means of expressing possession. The personal possessive adjectival suffixes **—ov —ova —ovo** can be attached to male proper names or to relation—names, the latter being loosely understood to extend to such relations as "neighbor," "colleague," and so on. Generally speaking, the personal possessive adjective will be used in place of the Genitive when referring to a person who is well known or already under discussion. When used in reference to relations, this formation more or less automatically incorporates the meaning "my":

bratov bicykel *my brother's bicycle*
bratova Škoda *my brother's Skoda*
bratovo dieťa *my brother's child*
otcov darček *father's gift*
Tomášova šálka *Thomas' cup*
kolegov talent *my colleague's talent*
susedov dom *my neighbor's house*

and so on. This suffix is used most often with last names, especially of well—known people, in the naming of streets, city squares, and so forth:

Štúrova ulica *Štur street*
Šafárikovo námestie *Šafarik Square*

With feminine relation—names, the suffix —in is
used:

sestrin manžel *my sister's husband*
sestrina dcéra *my sister's daughter*
sestrino auto *my sister's car*
mamin život *mother's life*
Martin tanier *Marta's plate*
kolegynina pacientka *my (f.) colleague's*
    (f.) patient

Personal possessive adjectives take possessive
pronominal endings (like **môj moja moje**):
bratovho bicykla (Gen. sg.), **bratovmu bicyklu**
(Dat. sg.), **Kristinini rodičia** (Nom. pl.), and so
forth.

CVIČENIA

1. ja, ty: Čo môžem pre teba objednať?

on, my; my, vy; ja, ona; ty, on.

2. chlieb: Prosím si trochu/ešte chlieba.

syr, voda, malinovka, mäso, ryba, pomaranč,
melón, šalát, vajco, saláma.

3. Jana, Ján: a) Okrem Jany bude tam tiež
                     Ján.
                 b) Okrem Jána bude tam tiež
                    Jana.
Dalibor, Darina; Dušan, Dagmar; Jozef, Jozefa;
Marián, Mária; Peter, Dana.

4. *Use appropriate containers or measures with
the indicated food or drink:*

ja, víno: Dajte mi pohár dajakého vína.

on, torta; ona, pivo; my, klobása; ja, syr; oni,
šťava; ono, polievka; ony, zmrzlina; my, puding.

5. Use either **piť** or **jesť** in the model:

ja, kávu, cukor: a) **Rád(rada) pijem kávu
                       s cukrom.**
                    b) **Nemôžem piť kávu bez
                       cukru.**

my, čaj, citrón; on, chlieb, maslo; oni, hríby, soľ
ona, torta, *víno*; *vy*, šunka, horčica; ja, klobása,
slivovica.

6. *Use* **kus, pohár,** *or* **fľaša:**

**jablková šťava: Prosím si pohár jablkovej
šťavy.**

čokoládová torta, biele *víno*, čierne pivo, horúce
mlieko, žltý syr, tá klobása, čerstvý chlieb,
chutný koláč.

7. **ty, klobása: Čo ješ s tou klobásou?**

on, obložený chlebík; *vy*, mlieko; ony, torta; ona,
šťava; ty, *víno*.

8. **bicykel: Čí je tento bicykel?**

auto, kniha, dom, mačka, dieťa, rádio, peniaze,
hodinky, kabát, taška.

9. **on, ujko: Dostal dar od ujka.**

my, tetka; ona, otec; oni, sused; ja, sestra.

10. **on, ona: a) Čo on dostal od nej?
                   b) Čo ona dostala od neho?**

my, *vy*; on, oni; ty, ja. Jana, Ján; Božena,
Tomáš; Štefan, Soňa; Anton, Antónia; Eugen, Eva.

XI

11. ony, ona: a) Ony nikde nepôjdu bez nej.
                b) Ona nepôjde bez nich.

my, vy; on, oni; ty, ja.   ujko, tetka; sestra, brat;
Mariena, Martin; Imrich, Ilona.

12. ja, jazero: a) Pôjdem na jazero.
                  b) Čo môžem/budem robiť pri
                     jazere?
                  c) Vraciam sa od jazera?

my, hotel; rodičia, film; Eva, koncert; Gustáv,
kúpalisko; oni, kaviareň; brat, rieka; deti, škola;
úradník, úrad; robotníci, dom; babka, nákup.

13. ja, on: a) Bojím sa ho.
              b) Bojí sa mňa.

my, ony; vy, ona; ty, ja.

14. ja, on: a) Často bývam u neho.
              b) Často býva u mňa.

ja, on; ona, my; ony, vy.

15. ulica: Je už koniec ulice.

film, zábava, jar, dážď, koncert, rok, mesiac,
torta, les, cukor, zem, plot, voda, víno, večierok,
noc, stena.

16. bicykel, môj syn: To je bicykel môjho
    syna.

začiatok, lekcia; manžel, tá žena; hračka *(toy)*,
naše dieťa; strecha, náš dom; koniec, tento film.

17. sun: **Vyzerá dnes na slnko.**

rain, storm, night, snow (**sneh**), clouds (**mraky**).

18. oni, m*y*: Ideš s nami alebo bez nás?

m*y*, t*y*; *vy*, on; *vy*, oni; t*y*, ja; on, ona.

19. fall, les: **Čo možno robiť *v* lese na jeseň?**

winter, mountains; spring, lake; summer,
country—side.

20. **múzeum, knižnica:**
    a) Múzeum je blízko knižnice.
    b) Knižnica je blízko múzea.

námestie, *vy*soká škola; radnica, di*v*adlo; kino,
obchod; reštaurácia, stanica; ka*v*iareň, pomník
monument, klub, letisko.

21. **brat, bicykel:** a. bicykel brata
                       b. brato*v* bicykel

sestra, dieťa; kolega, manželka; sused, mačka;
mama, koláč; kolegyňa, dcéra; Tomáš, nešťastie;
otec, príbuzní *(relatives)* , Marta, Škoda.

22. *Fill in the blank with a possible word. Include
alternates where you can think of them.*
a. Čo môžem pre ___ objednať?
b. Objednaj mi kus ___ a pohár ___.
c. Mám rád kávu s ___.
d. Rád chodím do ___.
e. Koľko ___?
f. Máte radi tú ___?
g. Čia je to ___?
h. Dostal som ___ od ___.
i. Vyzerá dnes na ___.
j. Rad trávim čas pri ___.
k. Často bývam u ___.
l. Vraciam sa od ___.
m. Poďme zajtra do ——>
n. Čo možno robiť *v* ___?
o. ___ sa nebojím.
p. Alkohol ___ nerobí dobre.
q. Pozvali sme ___ na večierok.
r. Nech on príde bez ___.
s. Máš trochu ___?
t. Ideš so ___?
u. Dajte mi, prosím, kus ___
v. Často bývaš u ___?

23. Translate:

a. -What are you afraid of?
   - I'm not afraid of anything.

b. - Let's go tomorrow to the lake.
   - No, that's boring (**nudný**).

c. - May I help you?
   - No, I'll drink this slivovica without your
        help, thank you.

d. - What can one do in the forest?
   - Lots of things, not all of which I advise
        (**odporúčať**).

e. - Red wine doesn't agree with me.
   - Nothing seems to agree with you.

f. - I like tea with honey.
   - I prefer tea with lemon.

g. - He never goes anywhere without his wife.
   - I hope that's not entirely true.

h. - What can I order for you?
   - It's all the same to me. I'm not hungry.

i. - Who have you invited to your party?
   - Pavol and Paulína.
   - Oh no, not them!

j. - Let František come by himself.
   - Why do you say that?
   - He always has a better time alone.

k. - Do you have a little time now?
   - No, unfortunately I have to take care of an
        important matter in Trenčín.

l. - I don't know anyone in Trenčín.
   - That's not surprising; neither do I.

m. - This wine is very strong.
   - You're wrong, it's actually quite weak.

n. - Where will you stay in Žilina?
   - I'll stay either with my friend or in a hotel.

o.   - Don't forget to call me.
     - Don't worry, I'll call you as soon as I arrive.
p.   - Where do you want to go tomorrow?
     - That depends on the weather.
q.   - I hope the sun will shine.
     - Unfortunately, it looks like storm and rain.
r.   - What will the weather be like tomorrow?
     - I don't know. The weather in spring is
           always changing.
s.   — (From) where did you get that guitar?
     — From my parents as a present for my
           birthday.
t.   — Who are you buying that bicycle for?
     — For myself.
u.   — Whose red car is that?
     — Our neighbors'.
v.   — Do you care for anything else?
     — No thanks.
w.   - I don't like either hot milk or cold coffee.
     — I'm just the opposite. (Ja som pravý opak.)
x.   — How much do I owe?
     — More than you probably have.
y.   — Order me a piece of cake.
     — What kind?
     — Any kind. It's all the same.
z.   — Viktor says his wife is sick.
     — That's a good story.
i.   — I don't have any good friends.
     — You're wrong; you have at least one good
           friend: Viktor's wife.

24. *Compose conversations, using the following as
first lines:*
     a. Čo môžem pre teba objednať?
     b. Chceš sa napiť?

c. Máš rád klobásu?

d. Čie je to nové auto?

e. Máš trochu času?

f. Čo chceš robiť zajtra?

g. Máte bicykel?

25. *Imagine yourself in the following situations, playing one or the other person. Either act out the situations or write scenes as if from a play to describe a possible course of events.*

a. You are hungry but do not know where a good restaurant (cafe, lunch counter, food store) is. Stop somebody on the street. Convey your need to this person and ask for directions.

b. You are sitting in a restaurant, and the other person cannot make up his or her mind what to order. Be impatient.

c. You are trying to order some food over the counter of a cafeteria. The person behind the counter is having trouble understanding you and, in general, not being very helpful.

d. You are in a friend's house and are admiring a certain picture, which you have not noticed before. What kinds of questions would you ask?

e. Your friend wants to propose going some—where to do some out—of—doors activity. You would prefer either to stay at home and do nothing or at least to do something inside.

f. You are planning a party together with someone. Go over with the person whom to invite, whom not to invite, and why.

g. Someone is importuning you to drink, smoke, or eat something for which you have no desire. He or she keeps insisting, and you keep resisting for one reason or another.

h. You are about to take a business trip to a town where you do not know anybody. Ask someone for advice, preferably someone you know comes from that town.

Favorit new model of Škoda automobile

Slovník

bábika —y doll

bez without

bicykel —kla bicycle

bufet —u buffet

búrka —y storm

cez through, by (+ Acc.)

cukor —kru sugar

čerstvý chlieb fresh
    bread

dar —u present

darček —a gift

dážď —a rain

dlaň —ne palm (of hand)

dokonca even

dub —a oak

halier —a halier (cur.)

hodinky -niek watch

horúci hot

hotel —a hotel

hračka —y toy

huba —y mushroom

chutný tasty

jazero —a lake

jazdiť —ím —ia ride

jedenásť —ti eleven

jedenásty eleventh

jednoducho simply

kaviareň —rne cafe

knižnica —e library

koláč —a sweet bread

koleso —a wheel

koniec —nca end

koruna —y crown (cur.)

kôš koša basket

kraj —a edge

krok —u/—a step

kufor —fra suitcase

kus —a piece

kúpalisko —a swimming
    pool, area

kvet —u flower

les -a forest

letisko -a airport

malinovka -y raspberry
    drink

maslo -a butter

mrak -u cloud

nákup -u purchase

námestie -ia square

nápoj -u drink

naposledy finally

návrh -u proposal

nech let (exhortative
    particle)

nešťastie -ia misfortune

objednať -ám -ajú
    (perf.) order

oblečenie -ia clothing

obložený chlebík open-
    faced sandwich

odporúčať -am -ajú
    recommend

okolie -ia surroundings

opiť sa -pijem -ú (perf.)
    get drunk

platiť -ím -ia pay

plod -u fruit

plot -a fence

počasie -ia *weather*

podľa *according to*
(+ Gen.)

pomoc -i *help*

používať -ám -ajú *use*

pozvať -zvem -ú
(perf.) *invite*

práve *just, exactly*

príťažlivý *attractive*

proti *against (+ Dat.)*

pršať -í *rain*

radnica -e *city hall*

rieka -y *river*

ruža -e *rose*

saláma -y *salami*

slnečný *sunny*

slnko -a *sun*

smrť -ti *death*

sneh -u *snow*

stanica -e *station*

súhlasiť -ím -ia
agree

syr -a *cheese*

svietiť -i *shine*

šalát -u *salad*

Škoda *Skoda (car)*

šunka -y *ham*

trh -u *market*

vaňa -ne *bath*

väčšina -y *majority*

veľkosť -ti *size*

vlasť -ti *native land*

vyskúšať -am -ajú
test, examine

vypadať -á *look like*

vzduch -u *air*

výlet -u *trip, excursion*

z, zo *from, out of (+ Gen.)*

zabrať -beriem -ú
(perf.) *seize, take*

začiatok -tku *beginning*

závisieť -í *depend*

zavolať -ám -ajú
(perf.) *call*

zbierať -am -ajú
gather, pick, choose

zvyknúť -em -ú (perf.)
get accustomed to

vytiahnuť *pull out* . do dna *to the bottom.*

DOPLŇAJÚCE ČÍTANIE
Benzín

Benzín je palivo pre spaľovacie motory. Predáva sa pri benzínovom čerpadle. Väčšina benzínu sa získava z ropy, ale benzín sa dá vyrobiť aj z uhlia. Benzín pre motorové vozidlá je na Slovensku dvojaký: špeciál a super, v letectve sa používa osobitný letecký benzín. Benzín sa okrem toho využíva aj v chemických laboratóriách a továrňach na rozpúšťanie rôznych iných látok. Pozor, každý benzín je jedovatý! Jeho výpary spôsobujú bolesť hlavy a otravu. A ešte raz pozor, každý benzín je výbušný. Vybuchne vtedy, keď sa jeho pary alebo drobučké kvapôčky zmiešajú so vzduchom. Bez tejto vlastnosti benzínu by sa spaľovací motor nedal do pohybu.

bolesť *pain, ache*
látka *material*
palivo *fuel*
pohyb *motion*
používať *use*
pozor *caution*
predávať *sell*
rozpúšťať *dissolve*

rôzny *various*
spôsobovať *cause*
uhlie uhlia *coal*
väčšina *majority*
výpar *fume*
využívať *utilize*
získavať sa *be obtained*
zmiešať sa *become mixed*

Try to deduce the meaning of the following words from context and general knowledge:

spaľovací, čerpadlo, ropa, *vyrobiť*, motorový,
vozidlo, dvojaký, špeciál, super, letectvo,
osobitný, letecký, chemický, laboratórium,
továreň, jedovatý, otrava, *výbušný*,
vybuchnúť, para, drobučký, kvapôčka,
vzduch, vlastnosť.

Describe this picture in words.

Dvanásta lekcia

twelfth lesson

A. To závisí

— **Ako trávite (tráviš) čas v lete?** *How do you spend your time in the summer?*

— **To závisí od všeličoho. Rád/rada cestujem po Európe, ale nemám na to vždy peniaze.** *That depends. I like to travel in Europe, but I don't always have money for that.*

Dovolenka: kemping

Koniec A:

—**Koľko stojí cesta do Európy?** *How much does a trip to Europe cost?*

—**To závisí od toho kedy a kde, ale nie menej ako 500 (päťsto) dolárov.** *That depends on when and where, but not less than 500 dollars.*

—**To je dosť drahé.** *That's rather expensive.*

—**Áno, cestovanie nie je nikdy lacné. Treba na to sporiť celý rok.** *Yes, travel is never cheap. You have to save for it all year long.*

Koniec B:

—**A čo robíte (robíš), keď necestujete (necestuješ) a zostanete (zostaneš) vo svojej krajine (doma)?** *And what do you do when you don't travel and you stay in your country (at home)?*

— **Obyčajne pracujem v záhradke ale tiež trávim dva týždne v horách (na vidieku/dedine) u rodičov.** *I usually work in my garden but I also spend two weeks in the mountains (in the country) with my parents.*

— **Tvoji rodičia tam bývajú?** *Do your parents live there?*

— **Nie, prenajmú chatu.** *No, they rent a cottage.*

1. **Ako trávite čas v lete?**
2. **Radi cestujete?**
3. **Máte radi hory?**
4. **Potrebujete peniaze na cestovanie?**
5. **Radi robíte v záhradke?**
6. **Bývajú vaši rodičia blízko?**

337

B. Aký je rozdiel?

— Je teplejšie. *It's getting warmer.*

— Čo je teplejšie? *What is warmer?*

— Počasie. *The weather.*

— To sa ti len zdá. Stále je ešte chladno. *No, it just seems that way to you. It's still cold.*

— Aký je v tom rozdiel, či je ozaj teplejšie alebo sa mi to len tak zdá? *What's the difference whether it's really warmer, as long as it seems that way to me?*

— Samozrejme, máš pravdu, nie je v tom žiaden rozdiel. *You are right, of course; there isn't any difference.*

Otázky:

1. Máte radi leto? Zimu? Prečo?
2. Je dnes teplejšie?
3. Ako je teraz vonku?
4. Aké je počasie v lete? Na jar? Na jeseň? V zime?
5. Aký je rozdiel medzi počasím v lete a na jeseň?

C. Po prvý raz

— Neznášam zimu. *I can't stand the winter.*

— Ozaj? To je moje najobľúbenejšie ročné obdobie. *Really? That's my favorite time of year.*

— Možno preto, že si sa narodil(a) v januári. *Maybe because you were born in January.*

— Neviem, ale je pravda, že ľudia, ktorí sa narodili v januári, majú dobrú povahu. *It's true that people who were born in January have a good disposition.*

- To počujem prvý raz. Nemýliš sa?
  *That's the first time I hear that. Couldn't you
  be mistaken?*
— Ja? Nikdy. *Me? Never.*

Otázky:
1. Ktoré je vaše najobľúbenejšie ročné
    obdobie?
2. Kedy ste sa narodili?
3. Máte dobrú povahu?
4. Závisí dobrá povaha od toho, kedy sa
    niekto narodil?
5. Často sa mýlite?

D. V zeleninovom stánku

— Prosím? *Yes?*
— Dajte mi, prosím, kilo zemiakov, dve kilá
  jabĺk, pol kila paradajok a štvrť kila
  húb. *Please give me a kilo of potatoes, a
  half kilo of tomatoes, and a quarter kilo of
  mushrooms.*
— Prosím. Nech sa páči. *Very well. Here you
  are.*
— Nemáte lepšie paradajky? *Don't you have
  any better tomatoes?*
— Nie, teraz nie je dobrá úroda paradajok.
  Čo ešte, prosím? *No, there's not a good
  crop of tomatoes now. What else, please?*
— Dajte mi ešte päť malých uhoriek. Koľko
  platím? *Give me also five small cucumbers.
  How much do I pay?*
— Štyridsať korún a tridsať halierov. *Nine
  crowns and thirty haliers.*

U potravinách

Otázky:
1. Akú zeleninu kupujete?
2. Máte radi paradajky (uhorky, zemiaky)?
3. Sú teraz dobré paradajky?
4. Čo stojí kilo paradajok?
5. Ako možno pripraviť huby?

E. V potravinách

— Prosím? *Yes?*
— Prosím si pol kilo cukríkov, šesť párkov, šesť rožkov, pohár horčice, a jeden tavený syr. *I'd like a half kilo of candy, six frankfurters, six long buns, a jar of mustard, and one processed cheese.*
— Ktorý syr? *Which cheese?*
— Ten s paprikou. *The one with paprika.*
— Nech sa páči. Všetko? *Here you are. Is that all?*
— Nie, prosím si ešte jedny sardinky a jeden grapefruitový džús v plechovke. *No, I'd also like one sardines and one grapefruit juice in a can.*
— Päťdesiat osem korún. Platíte vedľa pri pokladni. *Fifty eight crowns. You pay at the cashier's next to here.*

Otázky:
1. Vieš, čo je tavený syr? Máš ho rád (rada)?
2. Čo sa robí z párkov, rožkov a horčice?
3. Radšej kupuješ džús (pivo) vo fľašách alebo v plechovkách? Prečo?
4. Čo stoja tieto rožky? Sú čerstvé?

tavený syr

F. Aký—taký

— Koľko stoja tieto pančuchy? *How much do those stockings cost?*

— Päť korún za jeden pár. *Ten crowns a pair.*

— Nezdajú sa byť drahé. Sú dobrej kvality? *They don't seem expensive. Are they of good quality?*

— Aké—také. Dobre sa predávajú. *So—so. They sell well.*

— Dajte mi z nich dva páry číslo desať. *Give me two pair(s) of them, size ten.*

— Nech sa páči. *Very well.*

Otázky:

1. Kde možno kúpiť drahé pančuchy?
2. Sú drahé pančuchy *vždy* lepšie?
3. Vyplatí sa kúpiť *vždy* najdrahšie *veci*?
4. Koľko párov pančúch potrebuješ *v* jednom roku?

G. Nezáleží

— Koľko máte rokov? *How old are you?*
— Nie je slušné, pýtať sa na vek. *It's not polite to ask about one's age.*

— Ťažko sa to dá uveriť, že ľudia nechcú povedať, koľko majú rokov. Veď predsa na veku nezáleží. *It's difficult to believe that people don't want to tell their age. After all, age isn't important.*
— Možno nie každému, ale mne záleží. *Maybe not to everyone, but it is to me.*

Otázky:
  1. Môžem sa vás opýtať, koľko máte rokov?
  2. Čo je slušné? Neslušné?
  3. Záleží na veku?
  4. Na čom vám záleží? Nezáleží?

H. Koľkého je dnes?

— Koľkého je dnes? *What's the date today?*
— Ak sa nemýlim, je dvadsiateho piateho marca. Prečo? *If I'm not mistaken, it's the 25th of March. Why?*
— Mal(a) som ísť k zubárovi dvadsiateho tretieho. *I was supposed to go to the dentist's on the 23rd.*
— To si teda zmeškal(a). *Well then you've missed it.*

XII

Otázky:
1. Koľkého je dnes?
2. Ktorý deň je dnes?
3. Musíte ísť k zubárovi?
4. Meškáte niekedy?

I. Býk

— **Kedy ste sa narodili?** *When were you born?*
— **Prečo to chcete vedieť?** *Why do you want to know?*
— **Zaujímam sa o horoskop.** *I'm interested in the horoscope.*
— **Piateho mája.** *The 5th of May.*
— **Hneď som vedel, že ste sa narodili v znamení býka.** *I knew right away that you were born in the sign of Taurus.*
— **A to ako?** *Oh, how?*
— **Radšej to nepoviem.** *I'd rather not say.*

Otázky:
1. Kedy ste sa narodili?
2. Zaujíma vás horoskop?
3. V akom znamení ste sa narodili?
4. Máte vlastnosti vašho znamenia? Aké?

ZEUS

grapefruitový
nápoj

je vyrobený z grapefruitového extraktu

GRAMATIKA

THE GENITIVE PLURAL. The formation of the Genitive singular of nouns and adjectives was examined in the preceding lesson. The Genitive plural of nouns is particularly important, because it is required after numbers five and above:

päť <u>stromov</u> *five trees*

šesť <u>ulíc</u> *six streets*

sedem <u>okien</u> *seven windows.*

— see the discussion of numbers further below. Uncountable nouns, including nouns naming substances (čaj *tea,* cukor *sugar,* etc.) and abstractions (budúcnosť *the future,* počasie *weather,* etc.) rarely occur in the plural, including the Gen. plural. For such nouns the plural forms exist mainly as theoretical possibilities.

The Genitive plural of nouns is formed as follows:

1. <u>Masculine nouns</u> form the Genitive plural with the ending **—ov:**

zošit zošitov	strom stromov
stroj strojov	deň dňov
kôň koňov	pes psov
študent študentov	otec otcov
turista turistov.	

Personal nouns with Nom. plural in **—ia** also take the ending **—ov:**

rodič rodičov	brat bratov
sused susedov	manžel manželov.
priateľ priateľov	

The noun **raz** *once, one time* has the irregular Gen. pl. form **ráz,** cf. **päť ráz** *five times.*

2. <u>Feminine and neuter nouns</u> generally form the Gen. plural by adding no ending (i.e., by adding the ending —O "zero") to the bare stem and, usually, by lengthening the stem vowel, in accordance with which the following vowel replacements occur:

a→á   ä→ia   e→ie   o→ô   i→í   y→ý   u→ú

l→ĺ   r→ŕ:

Feminine:
    žena žien *woman*   **ryba rýb** *fish*
    voda vôd *water*   **ulica ulíc** *street*
    rada rád *advice*   **duna dún** *dune*
Neuter:
    mesto miest *town*   **mäso mias** *meat*
    kolo kôl *wheel*   **cesto ciest** *dough*
    slnce sĺnc *sun*   **srdce sŕdc** *heart.*
    jablko jabĺk *apple*

(In the plural **mäso** and **cesto** take on the meaning "kinds of meat, dough".)

Lengthening does not occur in the Gen. pl. if:
    a) the vowel of the stem is long:
    práca prác *work*   **záhrada záhrad**
                                       garden
    dievča dievčat *girl*   **víno vín** *wine.*

b) the stem sends in —ov (usually pronounced "ou"):
    slovo slov *word.*

3. <u>Feminine nouns with Nominative sg. in —0</u> form the Gen. plural in —í:

   chuť chutí *desire*   noc nocí *night*
   vec vecí *thing*   (tvár tvári *face*).

4. A number of feminine nouns with Nom. sg. in —a, especially nouns with stems in ň and ľ, also take the ending —í:

   baňa baní *mine*   šabľa šablí *saber*
   duša duší *soul*.

Neuter nouns with Nom. sg. in —ie, and some neuter nouns with Nom. sg. in —e, also take the Gen. pl. ending —í:

   vysvedčenie -ní   pole polí *field*
        certificate
This ending also occurs with **deti detí** *children*.

MOBILE VOWELS IN THE STEM BEFORE THE ZERO ENDING. In case the stem ends in two or more consonants, a "mobile vowel" will usually be inserted to split the last two consonants. It is not possible to predict whether the mobile vowel will be **e** or **o** (or, if lengthened according to the rules above, **ie** or **ô**), except that mobile **e/ie** is much more common than mobile **o/ô**. One must simply learn the forms. Here are some examples feature Gen. pl. forms:

Feminine:

   matka matiek *mother*   stoka stôk *sewer*
   miska misiek *dish, bowl*

Neuter:

   okno okien *window*   číslo čísel *number*
   mydlo mydiel *soap*   krídlo krídel *wing*.

347

The presence of **j** before the mobile *vowel* prevents its lengthening:

vojna vojen *war*   **paradajka paradajok** *tomato.*

THE ACCUSATIVE PLURAL OF MASCULINE PERSONS. In Slovak masculine personal nouns are distinguished in the plural by having the Accusative case equal to the Genitive:

Poznáš <u>týchto mužov</u>? *Do you know these men?*

Nemám rád <u>tvojich susedov</u>. *I don't like your neighbors.*

Chcem pozvať <u>všetkých mojich študentov</u> na malý večierok. *I want to invite all my students to a small party.*

Nový štátny znak Slovenska

NUMBERS AND THE GENITIVE PLURAL. The numbers 1—100 are as follows. With cardinal numbers over 5, the second form listed is an optional form used with masculine persons; see discussion further below.

Cardinal	Ordinal
1 jeden jedna jedno	1st prvý
2 dva dvaja dve	2nd druhý
3 tri traja	3rd tretí
4 štyri štyria	4th štvrtý
5 päť piati	5th piaty
6 šesť šiesti	6th šiesty
7 sedem siedmi	7th siedmy
8 osem ôsmi	8th ôsmy
9 deväť deviati	9th deviaty
10 desať desiati	10th desiaty
11 jedenásť jedenásti	11th jedenásty
12 dvanásť dvanásti	12th dvanásty
13 trinásť trinásti	13th trinásty
14 štrnásť štrnásti	14th štrnásty
15 pätnásť pätnásti	15th pätnásty
16 šestnásť šestnásti	16th šestnásty
17 sedemnásť —násti	17th sedemnásty
18 osemnásť —násti	18th osemnásty
19 devätnásť —násti	19th devätnásty
20 dvadsať dvadsiati	20th dvadsiaty
30 tridsať tridsiati	30th tridsiaty
40 štyridsať štyridsiati	40th štyridsiaty
50 pätdesiat —desiati	50th pätdesiaty
60 šesťdesiat —desiati	60th šesťdesiaty
70 sedemdesiat —desiati	70th sedemdesiaty
80 osemdesiat —desiati	80th osemdesiaty
90 devätdesiat —desiati	90th devätdesiaty
100 sto	100th stý.

THE USE OF NUMBERS 5 AND ABOVE. Numbers 5 and above require that the counted noun be in the Genitive plural:

päť zošitov 5 notebooks   **šesť žien** 6 women
sedem okien 7 windows.

Compound cardinal numeral expressions (21, 22, 23, 24, 25, etc.) are written together:

dvadsaťjeden zošitov 21 notebooks
tridsaťjeden žien 31 women.
štyridsaťjeden okien 41 windows.
dvadsaťdva zošitov 22 notebooks
dvadsaťpäť okien 25 windows.

Compounds with "one" (−jeden) and "two" (dva) do not change according to gender; hence:

dvadsaťjeden kúpalísk 21 swimming pools
dvadsaťdva žien 22 women.

Compound ordinal numerals are also written together:

dvadsaťprvý 21st
šesťdesiattretí 63rd.

Verbs agreeing with a number 5 or above will be in the neuter singular:

Päť dievčat sa hralo. Five girls were playing.

MASCULINE PERSON NUMERAL EXPRESSIONS. Masculine persons may either use the regular numeral plus the Genitive plural or, optionally, they may take a special masculine personal form plus the Nominative plural. The special masculine personal form is like the ordinal adjective, only soft:

päť mužov *or* piati muži *5 men*
šesť študentov *or* šiesti študenti *6 students*
sedem bratov *or* siedmi bratia *7 brothers.*
In informal speech, compound numeral expres—
sions involving masculine personal groups tend
to be formed using the regular numeral plus the
Genitive plural:

dvadsaťjeden mužov *21 men*
tridsaťdva turistov *32 tourists*
štyridsaťpäť študentov *45 students.*

NAMES OF THE MONTHS. The names of the
months are masculine in gender. Except for
August, the Locative case is formed with the
ending —i. Several month—names display mobile
—e—:

January	január	v januári
February	február	vo februári
March	marec	v marci
April	apríl	v apríli
May	máj	v máji
June	jún	v júni
July	júl	v júli
August	august	v auguste
September	september	v septembri
October	október	v októbri
November	november	v novembri
December	december	v decembri.

The names of the months are masculine in
gender; the Genitive singular ending is —a:

koniec júla *the end of July*
začiatok decembra *the beginning of
December.*

XII

Adjectives formed from the names of the months are used frequently, e.g.:

   Októbrové námestie *October Square*
   májové dni *May days*

and so on.

Fero a Katka ||||||||||||||||||||||||||||||||||||||||||||||||||||||||||||||||||||

UJKO, PREČO SA HOVORÍ, ŽE MÁJ JE LÁSKY ČAS?

... TRVÁ IBA JEDEN MESIAC ...

Kreslil J. Kotouček

SEASONS

spring	**jar**	**na jar** *in the spring*
summer	**leto**	**v lete** *in the summer*
fall	**jeseň**	**na jeseň** *in the fall*
winter	**zima**	**v zime** *in the winter.*

Adjectives are often formed from the names for the seasons:

jarný *spring(like)*   **jesenný** *fall, autumnal*
letný *summer(y)*   **zimný** *winter, wintry:*

   jarné kvety *spring flowers*
   letné ovocie *summer fruits*
   jesenný dážď *fall rain*
   zimný šport *winter sports.*

THE EXPRESSION OF DATES. Dates are usually expressed with the Genitive case (the so-called Genitive of time):

> **To sa stalo piateho júla.** *That happened on the 5th of July*
>
> **Narodil som sa tridsiateho prvého mája.** *I was born on the 31st of May.*

The Genitive of time is also used in expressions such as the following:

> **Koľkého je dnes?** *What is the date today?*
>
> **Koľkého ste sa narodili?** *What date were you born?*
>
> **Dnes je dvadsiateho marca.** *Today is March 20th.*

Note: one asks after the day of the week with the expression:

> **—Ktorý deň je dnes?** *What day is it today?*
>
> **—Piatok.** *Friday.*

SIGNS OF THE ZODIAC (Znamenia Zodiaku).

Vodnár *Aquarius* (od 21. januára do 19. februára)

Ryba *Pisces* (od 20. februára do 20. marca)

Baran *Aries* (od 21. marca do 20. apríla)

Býk *Taurus* (od 21. apríla do 20. mája)

Blíženci *Gemini* (od 21. mája do 21. júna)

Rak *Cancer* (od 22. júna do 23. júla)

Lev G. Lva *Leo* (od 23. júla do 23. augusta)

Panna *Virgo* (od 24. augusta do 23. septembra)

Váha *Libra* (od 24. septembra do 23. októbra)

Škorpión *Scorpio* (od 24. októbra do 22.
    novembra)
Strelec *Sagittarius* (od 23. novembra do 21.
    decembra)
Kozorožec *Capricorn* (od 22. decembra do 20.
    januára).

MEANS OF TRANSPORTATION

vlak *train*
autobus *bus*
trolejbus *trolleybus*
taxík *taxi, cab*
motocykel *motorcycle.*

lietadlo *airplane*
loď *(f.) boat, ship*
električka *trolley*
bicykel *bicycle*
auto *car*

Travel "by" some means of transportation is
often expressed with **na** plus the Locative case:
    **ísť na vlaku (autobuse, taxíku, lietadle,
    bicykli)** *to go (ride) by train (bus, taxi,
    plane, bike).*
Alternatively, one may use the Instrumental case
to express means of conveyance:
    Deti chodia do školy autobusom. *Children
    go to school by bus.*
In case one is operating the vehicle, one may use
the verb **jazdiť** *drive:*
    jazdiť na bicykli (aute) *ride a bicyle (car).*
Boats and airplanes usually make use of the
verbs **plaviť sa   plavím sa** *sail* and **letieť
letím** *fly,* respectively:
    plaviť sa na lodi *to go (sail) by boat*
    letieť lietadlom *to go (fly) by airplane.*

PERFECTIVE—IMPERFECTIVE FORMS OF PREFIXED VERBS OF MOTION. As noted in an earlier lesson, verbs of motion often form prefixed Perfectives. Perfectives formed in this way from the verb **ísť** form corresponding Imperfectives with the verb **—chádzať —chádzam**:

Perf.	*Imperf.*
prísť *come, arrive*	**prichádzať**
ujsť *run away*	**uchádzať**
zájsť *drop in on*	**zachádzať**

and so on. Prefixed perfectives of **letieť** *fly* form Imperfectives with **—lietať —lietam**:

priletieť *arrive flying*	**prilietať**.

THE VIVID PERFECTIVE PRESENT. In colloquial speech, when stress is not placed on the repetitiveness of an action, Perfective verbs are often used:

> **Syn často <u>príde</u> k nám na návštevu.** *Our son often comes (will often come) to us for a visit.*

> **Čo robíš keď <u>vstaneš</u>?** *What do you do when you get up?*

Such a use of the Perfective takes a single exemplification of the action as representative of the entire series; for this reason it can be called the "vivid perfective present". The use of the Imperfective **prichádza** in the foregoing sentence would lay stress on the repetitiveness and regularity of the action, or it would refer to the actual process. Slovak speakers themselves often disagree as to the appropriateness of one aspect form or the other in such contexts.

THE FREQUENTATIVE FORM OF THE VERB.

Unprefixed *verbs*, especially *activity verbs*, often display a special frequentative form which emphasizes the repetitiveness of an action:

regular present	*frequentative present*
sedieť —ím —ia	sedávať —am —ajú
hrať —ám —ajú	hrávať —am —ajú
byť som sú	bývať —am —ajú
písať píšem —u	písavať —am —ajú
čítať —am —ajú	čítavať —am —ajú
chodiť —ím —ia	chodievať —am —ajú
spať spím —ia	spávať —am —ajú

and so on. The frequentative form of the *verb* can often be found in conjunction with **rád**:

Rád sedávam pri jazere a čítavam. *I like to sit next to the lake and read.*

Rád hrávam tenis. *I like to play tennis.*

When a frequentative *verb* is followed by an infinitive, the infinitive too may be in the frequentative form:

Spávať chodievam dosť neskoro. *I go to sleep rather late.*

1. rok (1, 2, 5)   a. jeden rok
                   b. dva roky
                   c. päť rokov

strom (1, 3, 6); bicykel (2, 4, 7); múzeum (1, 5, 9); vajce (2, 3, 8); kvet (1, 2, 10); para (1, 2, 11); deň (1, 3, 20); týždeň (2, 7, 23); kúpalisko (1, 2, 35); halier (1, 3, 39); dolár (40, 50, 100); koruna (2, 5, 76).

2. paradajka: kilo paradajok.

uhorka, hríb, zemiak, jablko, hruška, pomaranč, cibuľa.

3. január: Po januári je február.

február, marec, apríl, máj, jún, júl, august, september, október, november, december.

4. *Compose a question using the time period; then make up some kind of answer:*

spring: a) Čo tu možno robiť na jar?
           b) Na jar možno zbierať kvety.

summer, fall, winter, April, August, March, January.

5. 31, študent: tridsaťjeden študentov.

7, brat; 8, žena; 5, muž; 44, turista; 6 sestra.

6. 5, muž: a. päť mužov
                b. piati muži.

6, študent; 7, brat; 8, turista; 9, zubár; 10, úradník; 11, sused; 12, priateľ; 20 manžel.

7. *In b) assign the date as someone's birthdate:*

January 5th: a) piateho januára
                b) Môj brat sa narodil piateho januára.

December 1st, March 24th, July 7th, September 11th, August 19th, November 13th, March 30th, April 8th, May 27th, June 10th, October 21st.

8. my, Európa: a) Cestujeme po Európe.
                b) Chceme cestovať po celej Európe.

ja, Slovensko; ty krajina; ona, svet; oni, Francia; vy Anglia; ony, Amerika, on, štát.

9. oni, rodičia: a) Oni bývajú u rodičov.
                b) Rodičia budú bývať u nich.

ja, priateľ, on, sused; my, známy; ona spolužiačka; ja, syn, my, dieťa.

10. paradajka, uhorka: Aký je rozdiel
       medzi paradajkou a uhorkou?

halier, koruna; zima, leto; jeseň, jar; študent,
učeň; marec, apríl; Baran, Býk; kniha, časopis;
obed, *večera*; žena, *dievča*.

11. *In b) say something about the counted object:*

2, lekcia: a) druhá lekcia
       b) Už sme skončili druhú lekciu.

1, zima; 3, dieťa; 7, *vlak*; 11, kus; 14, paradajka; 19,
pohár *vína*; 21, bicykel; 32, múzeum.

12. **my, Francia, *vlak*: Ideme do Francie**
       vlakom.

on, Žilina, autobus; ja, Európa, loď; oni, mesto,
taxík; *vy*, múzeum, trolejbus; ja, hory, bicykel;
my, *vidiek*, auto; ona, Kanada, lietadlo.

13. *In b) say something about the phrase
composed in a):*

kvet, jar: a) jarné kvety
       b) Mám rád jarné kvety.

počasie, zima; jeseň, hríb; dovolenka *vacation
(from work)* , leto; *víno*, jar; dážď, leto; búrka,
zima.

14. *5 trains:*   päť vlakov.

10 buses, 20 airplanes, 35 taxis, 41 bicycles, 58 trolleys, 62 boats.

15. *lake:*   a) Rada trávim čas pri jazere.
           b) Keď bude slnko, tak pôjdem k
             jazeru.

river, ocean, sea, stream, waterfall.

16. muž: a) Dobre poznám tých mužov.
            b) Dobre poznám tie ženy.

chlapec, úradník, robotník, študent.

17. *Use* **tvoj** *or* **svoj**, *and the expression* **neznášam** *or* **mám rad(a)** *as you prefer. Do the exercise first in the masculine sg. and pl., as per the model, then in the feminine sg. and pl.:*

friend: a) Neznášam tvojho priateľa.
            b) Neznášam *všetkých* tvojich
              priateľov.

acquaintance, neighbor, son/daughter, student, teacher.

18. *Fill in the blank with a single meaningful word:*

a. Neznášam tvojich ___.

b. Mám rád tvojho ___.

c. Neznášam tvoje ___.

d. Mám rád tvoju ___.

e. To závisí od ___.

f. Rád cestujem po ___.

g. Lístok stojí ___ korún.

h. Strávim dva ___ v horách.

i. Narodil som sa v ___.

j. Narodila som sa ___ apríla.

k. Prosím si kilo ___.

l. Nemáte lepšie ___?

m. Nezáleží mi na ___.

n. Dnes je ___ septembra.

o. Koľko máš ___?

p. Mala som ísť k ___.

q. Narodil som sa v znamení ___.

r. Rada travím čas pri ___.

s. Ľúbim jazdiť na ___.

t. On nikde nepôjde bez ___.

u. Toto leto zostanem v ___.

v. Stále je ešte ___.

w. Tu pracujú piati ___.

x. Dajte mi dva páry ___.

y. Akú___ kupujete?

z. Dajte mi prosím šesť ___.

19. *Translate the exchanges:*

a. —How much do stockings cost?

   —That depends on the quality and the size (veľkosť).

XII

b. —I don't have money for a trip to Europe this year.
   —Next year you'll have to save more money.
c. —How do you spend time in the winter?
   —I usually stay at home.
d. —The weather is colder this fall.
   —No, you're not right. It just seems that way to you. It's really much warmer than last year.
e. —I need more money for books and clothing.
   —You always need more money for something.
f. —What will you do this summer?
   —We'll rent a cottage in the mountains.
g. —What's the difference between a lizard and a snake?
   —You are asking the wrong person.
h. —He's nice because he's a Taurus.
   —That's the first time I hear that Tauruses have a good disposition.
i. —I can't stand your friends.
   —That's good, because they can't stand you either.
j. —Do your parents live nearby?
   —Not far. They live in Banská Bystrica.
k. —In the spring I like to spend time in my garden.
   —What do you grow (**pestovať**)?
   —Radishes, tomatoes, carrots, and cucumbers.
l. —What month were you born in?
   —July.
   —Then that means you're a Cancer.
   —No, a Leo.
m.—What day were you born on?
   —On the 11th of November.

n. —There's a good mushroom harvest this year.
   —Yes, but last year's was better.
o. —Is is true that people who were born in the
   fall have a bad disposition?
   —Of course not. After all, I was born in the
   fall.
p. —Please give me 10 small tomatoes, 6 eggs, and
   a kilo of potatoes.
   —Wouldn't you also like some of these
   cucumbers?
q. —What do I owe?
   —Forty—five crowns.
r. —Are these radios any good?
   — I don't know, but we sell a lot of them.
s. —Where can one buy the best shoes?
   —I don't know, but probably not in a large
   department store.
t. —These shoes are awfully expensive.
   —Yes, but usually its pays (**vyplatí**) to buy the
   best.
u. —How old is your child?
   —He will be 6 years old in May.
v. —How old are you?
   —It's not polite to ask that of a woman.
   —I didn't know that age was so important.
   —Then why did you ask?
w.—I was supposed to go to the dentist's today.
   —Apparently you missed it.
x. —What does your horoscope say today?
y. —Aren't you interested in your horoscope?
   —As a matter of fact (**pravdu povediac**) I am
   not.
z. —I never knew you were a Pisces.
   —You don't know lots of things about me.

20. **Situácie** *(situations). Imagine yourself in the following situations. Either act out the situation with the instructor or a fellow student, or write a brief playscript describing a probable course of events.*

1. Váš priateľ sa vrátil z cesty po Európe. Chcete vedieť kde bol, čo robil, ako sa mal, koľko to stálo čo sa mu páčilo, atď.

2. Robíte šalát na večeru. Nemáte nič v chladničke, a preto musíte ísť kúpiť zeleninu. Idete do zeleninového stánku. Čo kúpite? Koľko? Čo platíte? Je všetko čerstvé?

3. Prišla zima. Nemáte dosť zimných vecí. Idete do obchodu. Čo kúpite? Akej veľkosti, farby, akosti?

4. Ste chorý. Musíte ísť k lekárovi. Telefonujete mu. Čo poviete? Čo vás bolí? Máte horúčku? Potrebujete lieky?

5. Chcete sa stretnúť s priateľom. Čo mu poviete (dátum, hodina, miesto, prečo)?

6. Vaša priateľka má narodeniny. Neviete jej vek, dátum jej narodenín, aký dar chce. Ako sa jej opýtate?

ČÍTANIE

Pribuzný

Blízki príbuzní sú napríklad brat a sestra.
Bratanec a sesternica sú vzdialenejší
príbuzní. Naši rodičia vravia, že máme
rozvetvenú rodinu. Iste tým myslia
predovšetkým starého otca a starú mamu,
mňa a moju sestru Elenu. A potom
matkiných a otcových príbuzných. Otecko
má dve sestry a troch bratov, mama tri
sestry.

Keď mal starý otec sedemdesiat rokov,
všetci sa k nám poschádzali. Bolo u nás
toľko strýkov a tiet, že sme s našou Elenou
museli stáť vonku na dvore. Pritom som
zistil, že ja nie som len syn a vnuk, ale aj
synovec, bratanec, a v jednom prípade
dokonca strýko. Aj Elena je dcéra a vnučka,
no súčasne aj neter, sesternica a pravdaže,
aj teta. Veľmi sme sa na tom nasmiali.

k nám *to us*

- Hovorila som ti, že sa televízor v
spálni nebude pozerať! *I told you we
wouldn't watch TV in the bedroom.*

akosť -ti *quality*

autobus -u *bus*

baran -a *ram*

bicykel -kla *bicycle*

blíženci *twins, Gemini*

bratanec -nca *cousin*

býk -a *bull, Taurus*

cesta -y *trip*

cesto -a ciest *dough*

čas *time*

číslo -a čísel *number*

čítavať -am -ajú *read (frequ.)*

dedina -y *countryside, village*

dokonca *even*

dolár -a *dollar*

dovolenka -y -niek *vacation*

druhý *another*

duša -i duší *soul*

dvor -u *yard.* na dvore *in the yard*

električka -y *trolley*

hora -y *mountain*

horčica -e *mustard*

horoskop -u *horoscope*

hrávať -am -ajú *play (frequ.)*

hruška -y *pear*

chata -y *cottage*

chladno *cool (adv.)*

chodievať -am -ajú *go (frequ.)*

chuť -ti *taste*

jarný *spring (adj.)*

jazdiť -ím -ia *ride*

jazero -a jazier *lake*

jesenný *autumn (adj.)*

kilo *kilogram*

koľko *how many*

kolo -a kôl *wheel*

kozorožec *Sagittarius*

krídlo -a -del *wing*

krajina -y -jín *country*

kúpalisko -a -lísk *swimming pool*

láska *love*

lietať -am -ajú *fly (often)*

letieť -ím -ia *fly*

letný *summer (adj.)*

leto -a liet *summer*

lev lva *lion*

lietadlo -a -diel *airport*

loď -di -dí *boat*

meškať -ám -ajú *miss*

menej *less*

miska -y misiek *bowl*

mydlo -a mydiel *soap*

návšteva -y *meeting*

najobľúbenejší *favorite*

nasmiať sa -smejem -ú *(perf.)* have a good *laugh*

neter -e -í *niece*

neslušný *wrong*

ozdobiť -í -ia deco-
rate (perf.)
obyčajný ordinary
oceán -u ocean
ozaj really
páčiť -im -ia please
(+ Dat.)
panna -y panien
maiden
paprika -y -ík paprika
pár -u pair, couple
para -y pár steam
párok -rka
frankfurter
písavať -am -ajú
write (frequ.)
platiť -ím -ia pay
plaviť sa -ím -ia sail
plechovka -y -viek
can
počiatok -tku
beginning
počuť -čujem -ú
(perf.) hear
pokladnica -e -íc
cashier's station
polkila half a kilo
poschádzať sa -am
-ajú congregate
potok -a stream
potraviny (pl. form)
foodstuffs
použiť -žijem -ú
(perf.) use
povaha -y pováh mood

povedať -viem -vedia
(perf.) say
predávať -am -ajú
sell
predovšetkým above
all
predsa after all
prenajať -nájmem -ú
(perf.) hire, rent
preto therefore
príbuzný relative
prichádzať -am -ajú
arrive
priletieť -ím -ia
(perf.) arrive by air
prilietať -am -ajú
arrive by air
prípad -u case,
instance
rak -a crab, cancer
raz -u once, one time
ročný yearly
rozdiel -u difference
rozvetvený
many-branched
rožok -žka croissant,
long roll
sardinka -y -niek
sardine
sedávať -am -ajú sit
(frequ.)
slnce -a slnc sun
slovo -a slov word
slušný right, proper
spávať -am -ajú sleep
(frequ.)

sporiť -ím -ia *save*

stánok -nka *kiosk,*
  sales booth

starý otec
  grandfather

stavba *building*

súčasne *at the same*
  time

svet -a *world*

synovec -vca *nephew*

šabľa -i šabieľ *saber*

škorpión -a *scorpion,*
  Scorpio

štvrť -ti *quarter*

tavený *melted. t.* syr
  processed cheese

taxík -u *taxi, cab*

tráviť -im -ia *spend*

trolejbus -u *trackless*
  trolley

tu *here*

učeň učňa *apprentice*

uchádzať -am -ajú
  apply for

ujsť ujdem -ú *(perf.)*
  run away

úroda úrod *harvest*

váha -y váh *scale*

vaňa -ni *bathtub*

veď *why, indeed*

vedľa *(adv. and prep. +*
  Gen.) alongside

vek -u *age*

vidiek -u *country(side)*

vlak -u *train*

vlastnosť -ti -tí
  property, trait

vodnár -a *Aquarius*

vodopád -u *waterfall*

vojna -y vojen *war*

vonku *outside*

vravieť -ím -ia *say*

vrecko -a -ciek *bag,*
  sack

všeličo *all sorts of*
  things

vyplatiť sa -í   -ia
  (perf.) be paid out

vzdialený *distant*

záhrada -y záhrad
  garden

záhradka -y -diek
  garden (dim.)

zachádzať -am -ajú
  set (of sun)

zájsť zájdem -u *(perf.)*
  set; go in(to)

záležať -í od *(+ Gen.)*
  depend on

zberať -ám -ajú
  collect, gather

zelenina -y -ín *greens*

zeleninový *greens*
  (adj.)

zemiak -a *potato*

zima -y zím *winter*

zimný *wintry*

zistiť si -ím -ia
   (perf.) find out
zmeškať -ám -ajú
   (perf.) miss
známy *acquaintance*
znamenie -ia -í *sign*
zodiak -u *Zodiak*
zostať -stanem -ú
   (perf.) *remain*
zubár -a *dentist (coll.)*

Bez slov
without words

DOPLŇUJÚCE ČÍTANIA

Vŕba

Vŕba rastie ako ker alebo strom, obyčajne na vlhkých miestach. Je mnoho rozmani—tých druhov vŕb. Niektoré majú úzke čiarkovité listy s krátkou stopkou a rastú obyčajne pri potokoch a pri riekach. Iné zasa majú vajcovité listy so zúbkovanými okrajmi. Také listy má vŕba rakyta, na ktorej včas na jar vyrastajú kvety zvané bahniatka. Rakyty rastú často vo vlhkých lesoch.

Z parkov poznáme vŕbu bielu s previsnutými vetvami. Jedna jej odroda sa nazýva smutná alebo smútočná. Niektoré druhy vŕby majú ohybné prúty, ktoré sa používajú na pletenie košíkov. Kôra sa z nich dá veľmi ľahko stiahnuť, čo dedinski chlapci veľmi dobre vedia. Zhotoviť vŕbovú

369

XII

píšťalku je pre nich hračka. Okrem toho
majú všetky vŕby zaujímavú vlastnosť.
Stačí zabodnúť do zeme čerstvý vŕbový prút
a čoskoro z neho vyrastie nová vŕba.

bahniatka *catkins*
čiarka *comma*
druh *type*
ker *bush*
kôra *bark*
miesto *place*
nazývať sa *be called*
píšťalka *whistle*
potok *stream*
previsnutý *out-
stretched*

prút *switch, rod*
rakyta *(kind of willow)*
rozmanitý *various*
stačiť *be sufficient*
úzky *narrow early*
včas *early*
vetva *branch*
vlastnosť *property*
vŕba *willow*
zvaný *called*

Try to deduce from context and general
knowledge the meaning of these words: vlhký,
stopka, vajcovitý, zúbkovaný, okraj,
vyrastať, odroda, smútočný, ohybný,
pletenie, košík, stiahnuť, dedinský, zhotoviť,
vŕbový, zabodnúť.

OSN

OSN vznikla v roku 1945. Je v nej združených vyše 100 členských štátov. Zakladacia listina sa nazýva Charta Organizácie spojených národov. Podľa tejto Charty má OSN udržiavať medzinárodný mier, rozvíjať priateľské vzťahy medzi národmi, vzájomne spolupracovať v medzinárodných otázkach a šíriť úctu k ľudským právam a slobode.

Zástupcovia členských štátov sa schádzajú na zasadaniach Valného zhromaždenia OSN, ktoré zvolávajú raz za rok. Tomuto veľkému zhromaždeniu pomáha v práci šesť hlavných výborov. Dôležitou súčasťou OSN je Bezpečnostná rada. Sú v nej zastúpené predovšetkým veľmoci. Rozhoduje sa tam o podujatiach potrebných na ochranu mieru. Sídlom OSN je New York. Členom OSN je aj Československo.

mier *peace*
podujatie *undertaking*
právo *right*
sloboda *freedom*
súčasť *component*

úcta *respect*
veľmoc *great power*
výbor *committee*
vzťah *relation*

Assignment: on the basis of the above very limited vocabulary, the vocabulary at the back of this book, and your knowledge of current events, translate as accurately as you can this reading on the United Nations.

BILL A PRACOVNÝ ČAS

Trinásta lekcia

thirteenth lesson

A. Kde ste boli?

— Kde si (ste) bol(i) *včera* Peter (pán
   Horský)? *Where were you yesterday, Peter?
   (Mr. Horsky?)*

— Včera *večer*? Bol som doma. Chcel som ísť
   do kina, ale som si to rozmyslel. Pozeral
   som sa na televíziu až do polnoci a
   potom som išiel spať. *Yesterday evening? I
   was at home. I wanted to go to the movies,
   but then I changed my mind. I watched
   television till midnight and then went to
   sleep.*

— To je divné. Telefonoval som ti (*vám*) celý
   večer a nikto mi neodpovedal. *That's
   strange. I phoned you all evening, and no one
   answered.*

XIII

Hudba

— Tomu nerozumiem. Celý čas som sedel doma. Zrejme sa pokazil telefón. Budem ho musieť dať skontrolovať. *I don't understand it. I was sitting at home the whole time. The telephone must be out of order. I'll have to have it checked.*

Otázky:

1. Čo si robil(a) *včera večer?*
2. Sedel(a) si doma?
3. Vždy odpovedáš na telefón? Kedy neodpovedáš?
4. Kazia sa telefóny často?
5. Kto kontroluje pokazený telefón?

B. Veselý večierok

— Ahoj Jana. Počula som, že *včera bol veselý večierok u Viery. Hi, Jana. I heard that there was a good party yesterday at Vera's.*

- Musel byť veselý, keď si už aj ty o ňom počula. *It must have been a good one if even you heard about it.*

— Áno. A čo ste tam robili? Ako ste sa tam zabávali? *Yes. Well, what did you all do there? How did you entertain yourselves?*

— Nuž, ako zvyčajne. Tancovali sme, jedli, pili, fajčili a rozprávali sa až do pozdnej noci. *Oh, the same old thing. We danced, ate, drank, smoked and sat around talking until late.*

— Jedlo bolo dobré? *Was the food good?*

— Akože ináč? Poznáš Vieru. Tá *vie výborne variť. How else? You know Vera. She knows how to cook everything perfectly.*

XIII

Otázky:
1. Často chodíš na večierky?
2. Rád (rada) tancuješ? Ješ? Piješ?
   Rozprávaš sa? Fajčíš?
3. Vieš dobre variť?
4. Čo vieš lepšie — pripraviť večierok
   alebo tancovať?

C. Hokejový zápas

— Pozeral si sa včera večer na televíziu,
  Jožo? *Did you watch television yesterday,
  Jozo?*
— Nie. Prečo sa pýtaš? *No, why do you ask?*
— Dávali hokejový zápas Česko-Slovensko
  Kanada. *They were showing the Czech-Slovak
  hockey match with Canada.*
— A ja som na to úplne zabudol. Škoda, že
  som to nevidel. Kto vyhral? *And I
  completely forgot about it. It's too bad I didn't
  see it. Who won?*
— Zápas sa skončil remízou jedna—jedna. Bol
  to veľmi zaujímavý hokej. *The match
  ended in a tie. It was very interesting hockey.*

Otázky:
1. Často ukazujú v televízii šport?
2. Často sa pozeráš na šport?
3. Na aký šport sa najradšej pozeráš?
4. Sám (sama) pestuješ nejaký šport?
   Aký?
5. Hráš dobre tenis (karty, hokej)?

D. Minulé leto

— Čo ste robili minulé leto? *What did you do last summer?*

— Išli (cestovali) sme s manželkou (manželom) na Slovensko. *My wife (husband) and I went to Slovakia.*

— Boli ste na Slovensku prvý raz? *Was this the first time you were in Slovakia?*

— Ale nie. Asi štvrtý alebo piaty raz. *Not at all. Probably the fourth or fifth time.*

— Ako ste tam trávili čas? *How did you spend your time there?*

— Navštívili sme rodinu v Prešove a cestovali sme po celej krajine. *We visited our family in Presov. and traveled around the whole country.*

Otázky:
1. Boli ste niekedy na Slovensku?
2. Poznáš tú krajinu dobre?
3. Aké sú najväčšie slovenské mestá?
4. Máš na Slovensku rodinu? Navštevuješ ju?
5. Rád (rada) cestuješ po cudzích krajinách?

377

Na Dunaji

E. Máte šťastie

—Čo sa stalo? Mohol by som vám pomôcť? *What has happened? Could I help you?*

—Zdá sa mi, že už nemám benzín. *It seems to me that I am out of gasoline.*

—Ani najlepšie auto nejde bez benzínu. *Even the best car won' run without gas.*

—Ja to viem. Radšej mi povedzte, kde je najbližšie čerpadlo. *I know that. Why don't you tell me instead where the nearest gas station is.*

—Máte šťastie! Je tu hneď za rohom. *You're in luck. It's just around the corner from here.*

—Doprava alebo doľava? *To the right or to the left?*

—Doľava. Máte kanvu? *To the left. Do you have a can?*

—Nanešťastie nemám, ale to nič. Možno budú mať kanvu na čerpadle. *Unfortunately I don't, but it doesn't matter. They'll probably have one at the station.*

Otázky:
1. Potrebuješ pomoc? Akú?
2. Máte dosť benzínu?
3. Kde je najbližšie čerpadlo?
4. Čo sa nachádza vpravo? Vľavo? Za rohom?

Ponáhľajte sa, manžela nájdete spať na gauči! *Hurry up! You'll find my husband sleeping on the sofa!*

XIII

F. O ktorej hodine?

- Čo plánuješ na budúcu sobotu *večer*? *What are you planning for next Saturday evening?*
— Popoludní očakávam z Prešova svojho obchodného známeho, ale na *večer* nič neplánujem. Prečo?*In the afternoon I'm expecting a business acquaintance from Prešov, but I'm not planning anything for the evening. Why?*
— Chcela by som pozvať niektorých našich priateľov k nám na karty. *I'd like to invite a couple of our friends over for cards.*
— O ktorej hodine? *For what time?*
— O ôsmej. *For eight.*
— To sa mi *vý*borne hodí, lebo po šiestej nič nerobím. *That works out fine, because I'll be free after six.*

Otázky:
1. Aké máš plány na sobotu? Na nedeľu?
2. Rád (rada) hráš karty?
3. Čo robíte, keď prídu k *vám* priatelia?
4. Koho by si k *vám* chcel(a) pozvať? O ktorej?
5. Hodí sa ti tá hodina?

G. Bože môj!

-Dufám, že chytíme (náš) *vlak*. Prepáčte, je to rýchlik do Bratislavy? *I hope we make our train. Excuse me, is that the express to Bratislava?*
—Nie, ten práve odišiel. *No, that one just left.*
—Kedy odchádza ďalší? *When does the next one leave?*

—Ďalší odchádza až o piatej (sedemnástej) popoludní. *The next one doesn't leave until five (17:00) in the afternoon.*

—Bože môj! To znamená, že budeme musieť čakať dve hodiny! *Oh dear, that means we'll have to wait two hours!*

—Veľmi ľutujem, ale zdá sa mi, že inú možnosť nemáte. *I'm very sorry, but it seems to me that you don't have any other possibility.*

Otázky:
1. Kde sa ponáhľate?
2. Stihli ste (chytili ste) vlak (rýchlik)?
3. Musíte dlho čakať na ďalší?
4. O ktorej odchádza ďalší vlak do Trenčína?
5. Aké sú možnosti, keď zmeškáte vlak?

H. Prvá trieda

—Kedy prídeme do Trnavy? *When will we be in Trnava?*

—Okolo ôsmej večer. Nemôžem vám povedať presne. *Around eight in the evening. I can't tell you exactly.*

—Budeme mať dobré spojenie do Bratislavy? Musíme byť v Bratislave o druhej (štrnástej). *Will we have an easy connection to Bratislava? We have to be there by 2:00 p.m.*

—Áno, okolo desiatej hodiny. Budete *však*
musieť doplatiť, lebo *vlak* do Bratislavy
má len prvú triedu. *Yes, around ten o'clock.
But you will have to pay extra, because the
train to Bratislava has only first—class.*

Otázky:
1. Kedy musíte byť *v* Prešove (Košiciach)?
2. Mešká *vlak* (autobus, lietadlo)? Koľko
   minút?
3. Koľko stojí lístok do Prešova
   autobusom?
4. Má *vlak* do Trenčína jedálny *vozeň*?
5. Akou triedou obyčajne cestujete?

I. Keby som mohol

— Mohla by si mi pomôcť upratovať izbu?
  Could you help me clean the room?
— Pomohol (pomohla) by som, keby som
  mohol (mohla), ale teraz som strašne
  zaneprázdnený(á). *I would help you if I
  could, but I am terribly busy now.*
- Vždy si zaneprázdnená (-ý) *vtedy*, keď
  potrebujem tvoju pomoc. *You are always
  busy when I need your help.*
— To sa ti len zdá. *It just seems that way.*

Otázky:
1. Môžeš mi pomôcť? V čom?
2. Rád (rada) doma pomáhaš?
3. Pomohol (pomohla) by si mi s tým
   ťažkým balíkom?
4. Často potrebuješ pomoc? Často prosíš
   o pomoc?
5. Zdá sa ti, že si *vždy* zaneprázdnený(á)?

POZNÁMKY

išiel išla išli. past—tense Perfective—aspect forms of ísť *go.*

budem ho musieť nechať skontrolovať *I will have to have it checked.* Note the pile—up of modal verbs in the infinitive.

tancovali sme, jedli, pili, fajčili a rozprávali sa *we danced, ate, drank, smoked, and talked.* Note how one occurrence of the auxiliary verb **sme** suffices for all the verbs in the series.

tá vie výborne variť *she knows how to cook excellently.* Note the use of the demonstrative pronoun **tá** as an emphatic version of **ona.**

zápas skončil remízou *the match finished in a tie.* Note the use of the Instrumental case here to express "in" a tie.

čo ste robili minulé leto? *what did you do last summer?* Note the use of the Accusative case in **minulé leto** to express a period of time.

my sme s manželkou išli na Slovensko *my wife and I went to Slovakia.* Note the use of the expression **my s manželkou** ""we with my wife" = "my wife and I".* See discussion in Lesson 6.

po celej krajine *all over the country.* Note this use of the preposition **po** plus the Locative case.

mohol by som vám pomôcť? *might I help you.* The conditional mood, discussed in this lesson.

o ktorej hodine? *at what time?* (**o** plus the Locative case). Clock time expressions are discussed in the grammar section of this lesson.

GRAMATIKA

THE PAST TENSE OF THE VERB (SUMMARY).
Action taking place in the past is expressed with
the past participle in —l— in combination with
personal forms of the verb byť; forms of byť are
omitted in the 3rd person. The past participle
agrees with the subject of the sentence in
gender. Its endings are:

masc. —l   fem. —la   neut. —lo
plural —li.

The past participle endings are added to the
stem of the infinitive, obtained by dropping —ť;
cf. the past forms of the verb robiť do:
   Singular:
      robil som, robila som *I did*
      robil si, robila si *you (sg.) did*
      robil, robila, robilo *he, she, it did*
   Plural:
      robili sme *we did*
      robili ste *you (pl.) did*
      robili *they did.*

Similarly:
   mať *have*
      mal mala malo mali
   pracovať *work*
      pracoval pracovala pracovalo pracovali
   piť *drink*
      pil pila pilo pili
and so on.

Verbs in —ieť form the past participle in —el—:
  chcieť *want*
    chcel chcela chcelo chceli
  vedieť *know (information)*
    vedel vedela vedelo vedeli
  musieť *must, have to*
    musel musela muselo museli
and so on.

If the underlying infinitive stem ends in a consonant (which is sometime difficult to determine short of simply knowing), the masculine past participle inserts an —o— between the stem and the ending:
  môcť (stem moh—) *be able*
    moho̲l mohla mohlo mohli
  jesť (stem jed—, *cf.* 3.p.pl. jedia) *eat*
    jedo̲l jedla jedlo jedli.

Verbs with infinitive in —núť generally form the past tense in the same way, after first dropping the suffix —nú—:
  stihnúť (past stem stih—) *manage on time*
    stihol stihla stihlo stihli.

Irregular past participles include:
  byť *be*
    bol bola bolo boli
  ísť *go*
    šiel šla šlo šli
  or išiel išla išlo išli

Similarly for other compounds of ísť:

prísť *come*
    prišiel prišla prišlo prišli
odísť *leave*
    odišiel odišla odišlo odišli
and so on.

THE PLACEMENT OF THE PAST AUXILIARY VERB AND THE REFLEXIVE PARTICLE.

The past auxiliary verb **som si sme ste** is placed in front of the verb unless the verb itself begins the sentence:

Kde <u>ste boli</u>? *Where were you?*
<u>Boli ste</u> na Slovensku? *Have you been to Slovakia?*

The auxiliary is placed before the reflexive particle **sa**:

Čoho ste sa báli? *What were you afraid of?*
Čo si sa pýtala? *What were you asking about?*

In a series of past—tense forms, the auxiliary verb does not need to be repeated:

Tancovali sme, pili, fajčili, rozprávali do pozdnej noci. *We danced, drank, smoked, and talked till late at night.*

MEANINGS OF THE PAST TENSE.

When forming the past tense, one is often presented with a choice between the Perfective and Imperfective aspect.

1. **The Perfective Past.** If the verb is Perfective, the past tense usually expresses a past—time accomplishment, a definitive change of state, or an event that interrupts or initiates a situation or other action:

Čo ste urobili? *What have you done?* (accomplishment)

On úplne oplešivel. *He has grown completely bald.* (definitive change of state)

Čo ste robili, keď som telefonoval včera večer? *What were you doing when I called?* (interruptive activity)

Čo sa stalo? *What has happened?* (event creating a new situation)

Pianista sa posadil a začal hrať. *The pianist sat down and began to play.* (initiative action).

The Perfective past is also used when the action is summative, and when stress is placed on the successful completion of the action:

Včera som napísal tri listy. *Yesterday I wrote three letters.* (summative action)

Konečne som tú knihu prečítal. *I finally finished reading that book.*

A large number of verbs refer to actions whose very meaning expresses a successful action; in the past tense such verbs occur most naturally in the Perfective aspect, cf.:

Včera som kúpil novú knihu. *I bought a new book yesterday.*

Dostal som tvoj list. *I received your letter.*

Accidents also tend naturally to be expressed by the Perfective aspect:

Pokazil **som** **tvoj nový fotoaparát.** *I've ruined your new camera.*

2. The Imperfective Past. On—going or characteristic activities in the past are usually expressed with the Imperfective aspect:

Čo **ste robili, keď som telefonoval?** *What were you doing when I called?* (on—going activity)

Vstával som obyčajne o šiestej. *I usually got up at six o'clock.* (habitual activity)

Dakedy som dobre hral na gitare. *I once played the guitar well.* (characteristic activity).

Past and completed events where stress is placed more on the activity than on the effect are also expressed with the Imperfective past:

Čo **ste robili** minulé leto? *What did you do last summer (i.e., what various activities did you engage in)?*

Events expressing the notion "ever, at any time" also occur in the Imperfective:

Čítali ste niekedy tú knihu? *Have you ever read that book?*

THE ASPECT CHOICE IN FREQUENTATIVE SITUATIONS.

The most difficult aspect choice occurs in reference to logically repeated actions, when the repetition of the action is not especially stressed. The difficulty arises out of a genuine perceptual difference: Slovaks often use a single instance to exemplify a repeated series, and hence tend to think of such uses as singulative, instead of repetitive:

Čo urobíš, keď vyhráš? *What do you do when you win?*

Although the meaning is logically repetitive, Slovaks often will use the Perfective form of the prefixed verb here, as though exemplifying a single instance. Usage may differ from speaker to speaker.

THE CONDITIONAL MOOD. The conditional mood, used to express such modal notions as "could", "would", "might", is formed by adding the conditional particle **by** to the forms of the past tense. The conditional particle is placed after the participle and before the auxiliary verb:

Mohli by ste mi pomôcť? *Could you help me?*

The conditional is encountered most frequently in construction with the verbs **mať** and **chcieť**:

Chceli by sme si odpočinúť. *We'd like to rest.*

In construction with **mať**, the conditional expresses the sense of "should, ought":

Každý by mal vedieť, koľko váži. *Everyone ought to know how much he weighs.*

"If" in a conditional clause is expressed by **keby**:

Pomohol by som ti, keby som mohol. *I would help you if I could.*

Verbs of request, striving, and purpose, and verbs introducing possible, but not necessarily real, situations, are followed by the conditional introduced with the conjunction **aby**:

Prosí, aby sme tak hlučne nehovorili. *He is asking us not to talk so loud ("that we not talk so loud").*

Lekár dbá, aby jeho pacienti boli zdraví. *A doctor is concerned that his patients be well.*

Na cestovanie do Bratislavy, stačí, aby si si kúpil lístok. *In order to travel to Bratislava, it's sufficient that you buy (= all you need to do is to buy) a ticket.*

Valec je zhotovený tak, aby veľa vážil. *A steamroller is made so as to weigh a lot.*

PERFECTIVE—IMPERFECTIVE VERB PAIRS. Perfective verbs are often derived from Imperfective verbs by the addition of prefixes:

Imperfective:	*Prefixed Perfective*
písať	**napísať** *write*
čítať	**prečítať** *write*
robiť	**urobiť** *do*
jesť	**zjesť** *eat*
piť	**vypiť** *drink*
plešivieť	**oplešivieť** *grow bald*
hrať	**zahrať** *play*
kaziť	**pokaziť** *ruin*
tráviť	**stráviť** *spend (time)*
vidieť	**uvidieť** *see*

and many others. It is impossible to predict which prefix will occur in a perfectivizing function with a given verb. Prefixation occasionally does not change a verb from Imperfective to Perfective, cf. **poznať** *know, be acquainted with someone (Imperf.)*, from **znať** *know (Imperf.)*, the latter now going out of use.

The verb **ísť** displays the Perfectivizing prefix only in the personal forms; i.e. the infinitive of both **idem** *I am going* and **pôjdem** *I'll go* is **ísť**. This verb shows a great variety of prefixed Perfective forms in various meanings. Imperfectives of these verbs are formed with **–chádzať**:

nájsť	nachádzať *find*
odísť	odchádzať *leave, depart*
prísť	prichádzať *come, arrive*
výjsť	vychádzať *go out*
zájsť	zachádzať *drop in on*

and others.

When a perfectivizing prefix radically changes the meaning of the base verb, a corresponding Imperfective verb in the new meaning will be formed by some kind of suffixation, cf.:

Perfective	*Imperfective*
dostať	dostávať
navštíviť	navštevovať *visit*
pomôcť	pomáhať *help*
vstať	vstávať *get up*
vyhrať	vyhrávať *win*

and so on.

The verbs **kúpiť** *buy (Perf.)* is unusual in that, even though unprefixed, the Perfective form is basic; the Imperfective is formed from it by suffixation: **kupovať** *(Imperf.)*. Similarly with chytiť *(Perf.)*, chytať *(Imperf.) catch.*, vrátiť sa *(Perf.)* vracať sa *(Imperf.) return,* vravieť *(Perf.)* vravievať *(Imperf.) talk, say.* Verbs in —núť are often Perfective, having as their Imperfective partners verbs formed with some other suffix, usually —ať cf.

    stihnúť *(Perf.) arrive*   stíhať *(Imperf.)*
      on time.
    stretnúť *(Perf.) meet*   stretať *(Imperf.)*

Sometimes different verbs will be associated with each other as Imperfective—Perfective partners:

Imperfective	*Perfective*
hovoriť	povedať *say*
báť sa	zľaknúť sa *be afraid of*
brať	vziať *take*
klásť	položiť *place, lay.*

A number of Imperfective verbs do not have a Perfective partner, for example: **mať** *have,* **musieť** *must,* **ponáhľať sa** *hurry,* **chcieť** *want,* **môcť** *be able,* **vedieť** *know (information).*

EXPRESSING CLOCK TIME. The hours of the day are expressed with the <u>cardinal</u> numerals in combination with the noun **hodina** *hour, o'clock,* which will be in the Nominative singular, Nominative plural, or Genitive plural, depending on the number:

    Je jedna hodina. *It's 1 o'clock.*
    Sú dve (tri, štyri) hodiny. *It's 2 (3, 4)*
      o'clock.
    Je päť (šesť) hodín. *It's 5 (6) o'clock.*

"At" a given time is expressed with the preposition **o** plus the feminine Locative case of the <u>ordinal</u> numeral, as though agreeing with the omitted **hodine**:

Vlak do Bratislavy odchádza o piatej. *The train to Bratislava leaves at 5:00.*

Musíme byť v Trnave o deviatej. *We have to be in Trnava by 9:00.*

Instead of **prvá, jedna** is used in this construction.

Budem pripravený o jednej. *I'll be ready at one.*

An appointment "for" a given time is expressed with **na** plus the feminine Accusative of the ordinal numeral:

Mám lístky na ôsmu. *I have tickets for 8:00.*

Pozvala som ho na siedmu. *I invited him for 7:00.*

Half-hours are expressed with the word **pol** *half* plus the Genitive of the ordinal numeral of the hour to come:

Je pol jednej. *It's 12:30*

Je pol siedmej. *It's 6:30.*

Quarter hours are expressed with a construction using **štvrť** *quarter-hour,* **trištvrte** *three-quarters-hour* plus **na** plus the <u>cardinal</u> numeral of the hour to come:

Je štvrť na päť. *It's 4:15*

Je trištvrte na štyri. *It's 3:45.*

Expressions of minutes before or after the hour are oriented around the quarter-hour positions. Such expressions make use of **o** "by so much" plus the minutes away from the quarter-hour position:

Je o päť (minút) štvrť na dve. *It's 10 minutes after one, 1:10.*

393

XIII

Je o desať (minút) pol piatej. *It's 20 minutes past four, 4:20.*

Je o dve (minúty) trištvrte na dvanásť. *It's 17 minutes to 12, 11:43.*

Minutes in the final quarter-hour are expressed thusly:

Je o desať (minút) osem. *It's 10 minutes to eight.*

Minutes in the first fifteen minutes of the hour may sometimes be expressed using **po** plus the Locative of the ordinal:

Je päť (minút) po jednej. *It's five minutes after one, 1:05.*

A.M. AND P.M. The designations a.m. and p.m. are not used. Instead one may specify **poludnie** *noon,* **predpoludním** *before noon,* **popoludní** *in the afternoon,* **večer** *in the evening,* **v** noci *at night,* or **polnoc** *midnight:*

Je poludnie. *It's noon.*

Je desäť hodín predpoludním. *It's 10:00 a.m.*

Sú tri hodiny popoludní. *It's 3:00 p.m.*

Je osem hodín večer. *It's 8:00 p.m.*

Je polnoc. *It's midnight.*

In official communications (for example, on the radio or in train schedules), and also often in ordinary speech, "military" time is used, with numbers 13—24 referring to the hours 1:00 pm. to 12:00 midnight. In this usage, the minutes are given after the hours, as follows:

Je štrnásť hodín pätnásť minút. *It's 2:15 p.m.*

Je devätnásť hodín štrnásť minút. *It's 7:14 p.m.*

TRAVEL EXPRESSIONS

"To catch" a train (bus, etc.) is expressed by chytiť (Imperf. chytať), or by stihnúť:

Dufám, že chytíme (stihneme) náš vlak. *I hope we'll catch our train.*

A train's "being late" is expressed by mešká:

Náš vlak mešká tri hodiny. *Our train is three hours late.*

When a train arrives on time, this is expressed with prísť na čas:

Vlaky prídu vždy na čas. *The trains always arrive on time.*

To "miss" a train (bus) is expressed by zmeškať:

Zmeškali sme autobus a museli sme čakať na ďalší. *We missed the bus and had to wait for the next one.*

SPORTS

basketbal *basketball*	futbal *soccer*
volejbal *volleyball*	tenis *tennis*
hokej *hockey*	hádzaná *(European) handball*

"To play" a sport is expressed by hrať plus Accusative:

Dobre hráš tenis? *Do you play tennis well?*

In the sense of "play" in general, this verb is used with the reflexive particle sa and with the preposition s (so) plus the Instrumental:

Deti sa hrajú s loptou (so švihadlom). *The children are playing ball (jumping rope).*

"To practice" or "cultivate" a sport is expressed
by **pestovať:**

> **Aké športy pestuješ?** *What kinds of sports
> do you do?*
>
> **Pestujem atletiku (skok do výšky, beh,
> skok do diaľky, gymnastiku).** *I do track
> and field (high jump, distance running, long
> jump, gymnastics)*

"To win" is **vyhrať vyhrávať;** "to lose" is
prehrať prehrávať. To win or lose "at" a sport
"against" someone is expressed by **v** plus the
Locative and **s** plus the Instrumental:

> **Vždy vyhrávam s ním v kartách.** *I always
> win against him at cards.*

COMPASS DIRECTIONS

sever *north*	**juh** *south*
severný *north(ern)*	**južný** *south(ern)*
východ *east*	**západ** *west*
východný *east(ern)*	**západný** *west(ern)*

Compass directions require the motion preposition **na** plus Accusative and the Location
preposition **na** plus Locative:

> **Išli na sever.** *The went north.*
>
> **Teraz bývajú na severe.** *Now they live in
> the north.*

The preposition that expresses "all around" a
place is **po** plus the Locative:

> **Cestovali sme po severe.** *We travelled
> around the north.*
>
> **Cestoval som po celej Európe.** *I have
> travelled all around Europe.*

NAMES OF CONTINENTS AND COUNTRIES

Except where indicated, the preposition of location used with the country or continent is *v* plus or Locative.

Continents:

Amerika *America*, **Severná Amerika** *North America*, Južná Amerika *South America*
Ázia *Asia.*
Ďaleký *v*ýchod *The Far East* (na Ďalekom *v*ýchode)
Blízky *v*ýchod *The Near East* (na Blízkom *v*ýchode)
Európa *Europe.* Západná Európa *Western Europe.* Východná Európa *Eastern Europe.* **Stredná** Európa *Central Europe.*

Countries

Afrika *Africa*
Anglicko *England*
Argentína *Argentina*
Austrália *Australia*
Belgicko *Belgium*
Brazília *Brazil*
Bulharsko *Bulgaria*
Čechy *Bohemia*
Čína *China*
Dánsko *Denmark*
Francúzsko *France*
Holandsko *Holland*
Japonsko *Japan*
Juhoslávia *Yugoslavia*
Kanada *Canada*

Maďarsko *Hungary*
Morava *Moravia*
  na Morave
Nemecko *Germany*
Nórsko *Norway*
Poľsko *Poland*
Rakúsko *Austria*
Rumunsko *Romania*
Slovensko *Slovakia*
  (na Slovensku)
Taliansko *Italy*
Sovietsky zväz *Soviet Union*
Spojené štáty *United States*

XIII

CVIČENIA

1. ty: Tancoval(a), jedol(jedla), pil(a), fajčil(a)
a rozprával(a) do pozdnej noci.

ty, vy, on, my, ony, ja, ona.

2. on, ty, deň: a) Telefonoval ti celý deň.
b) Telefonoval(a) mu celý
deň.

my, vy, večer;   ja, on, noc;   ona, my,
popoludní; oni, ony, hodina.

3. ty: a) Čo si urobil(a)?
b) A ty si čo urobil(a)?

ty, vy, oni, ona, my.

4. ja, televízia, noc: Pozeral(a) som
televíziu až do noci.

oni, rádio, polnoc;   ona, karty, popoludnie; my,
rozprávať sa, ráno.

5. ja, fajčiť: a) Veľa fajčím.
b) Musím menej fajčiť.
c) Budem musieť menej fajčiť.

ty, piť; my, jesť; vy, hrať karty; oni, pozerať
televíziu.

6. my, rádio: Moje rádio je pokazené. Budem
              ho musieť nechať opraviť.

my, televízia; ty, auto; vy, magnetofón; ona,
telefón; oni, gramafón; ja, počítač; on, tranzistor.

7. my: Kedy sme išli spať?

ja, ona, ty, vy, ony, on.

8. ja, kino: a) Chcem ísť do kina, ale
                 nemôžem.
              b) Chcel(a) by som ísť do kina,
                 keby som mohol (mohla).

my, múzeum; ona, dom; oni, koncert; on, kostol.

9. on, dobre variť: a) Dobre varí.
                     b) Vie dobre variť.

ty, zabávať sa; vy, hrať tenis; oni, rozprávať sa;
ona, tráviť čas; ja, tancovať, my, plávať.

10. Kanada, Českovensko:
    a) Kanada vyhrala nad Československom.
    b) Československo prehralo s Kanadou.

Taliansko, Amerika; Sovietsky zväz, Japonsko;
Anglicko, Maďarsko; Rakúsko, Španielsko.

11. ja, 1, Slovensko:
   a) Prvý raz som na Slovensku.
   b) Cestoval(a) som po celom Slovensku.

on, 3, Nemecko; my, 4, Poľsko; oni, 10, Bulharsko; ona, 2, východ.

12. my, vy: a) Mohli by sme vám pomôcť?
               b) Mohli by ste nám pomôcť?

ona, on; ja, ty; oni, my.

13. dobré auto: najlepšie auto.

veselý večierok, veľké mesto, lacná vec, blízka stanica, výborný hokejový zápas.

14. ty, rok: Čo plánuješ na budúci rok?

oni, sobota; my, týždeň; vy, nedeľa; on, pondelok; ja, streda.

15. my, priateľ:
   a) Chceli by sme pozvať k nám
      niektorých našich priateľov.
   b) Chceli by sme pozvať k nám
      niektoré naše priateľky.

ja, známy; oni, spolužiak, on, príbuzný (relative).

16. my: To sa nám *v*ýborne hodí.

ja, oni, *v*ám, ona, ty.

17. on, ona, rok: On k nej príde na celý
rok.

ona, my, týždeň; oni, *v*y, hodina; my, ony, noc.

18. my, 2, hodina:
    a) Čakáme tu až d*v*e hodiny.
    b) Museli sme tu čaka*ť* už d*v*e hodiny.
    c) Budem musie*ť* tu čaka*ť* až d*v*e
        hodiny.

ja, 3, týždeň; oni, 4, rok; *v*y, 2, mesiac; ty, 3,
deň; on, 4 noc.

19. ja: Zdá sa mi, že nemám inú možnos*ť*.

my, ona, ony, on, *v*y.

20. ja, *v*y:
  a) Pomohol (pomohla) by som *v*ám,
      keby som len mohol (mohla).
  b) Pomohli by ste mi, keby ste len
      mohli.
my, ty; on, ona.

21. my, Bratisla*v*a, o, 8:
    Musíme by*ť* *v* Bratisla*v*e o ôsmej.

on, Trenčín, pred, 11; oni, Prešov, po, 3; vy, Žilina,
o, 1; ja, Banská Bystrica, pred, 4; ty, Trnava; po,
10.

22. 5:00:   Je päť hodín.

2:00, 3:45, 7:20, 10:15, 1:45, 9:35, 6:19; 8:30, 11:50, 12:00.

23. *Use various means of conveyance and
appropriate verbs:*
Bratislava: Do Bratislavy možno ísť
                    vlakom.
Kanada, Afrika, Trenčín, park, múzeum,
filharmónia.

24. Bratislava: Do Bratislavy možno ísť
          alebo vlakom alebo lietadlom.
Use the vocabulary of the preceding exercise.

25. písať list: a) Napíš tie listy.
                 b) Nepíš tie listy.

čítať knihu, pripravovať obed, piť mlieko,
hrať karty, tráviť tam čas, jesť to mäso,
robiť to cvičenie.

26. Translate the brief exchanges into Slovak:
a. — What would you like to do tomorrow
          evening?
   — I would like to go to a concert if only I could.
b. — I telephoned you all evening.
   — I'll have to have my telephone checked.

c. — What did you do today?
— I sat at home and watched television and
      drank beer.
d. — I heard you had a good time yesterday.
— It must have been good, if you heard about
      it.
e. — Do you cook well?
— I do everything well.
f. — Do you like to dance?
— Yes, but I like to eat and drink better.
g. — Who won the hockey match?
— It ended in a tie.
h. — They showed an interesting film on television
      last night.
— I completely forgot about it.
i. — What sports do you like to watch?
— Either basketball or soccer.
j. — How many times have you been to Slovakia?
— This is my fifth time.
k. — My wife and I travelled around Europe last
      summer.
— What do you have planned for next
      summer?
— Nothing special.
l. — Do you have family in Slovakia?
— Yes, but I don't visit them very often.
m.— Could I help you?
— Thanks, but I don't need your help. Help
      somebody else.
n. — Where's the nearest gas station?
— Around the corner to the left, but it's closed
      on Sunday.
o. — If you have a can, then I have some gas.
— Unfortunately I don't have a can, and I don't
      know where to get one.

p. — I'd like to invite some friends over for
dinner next Sunday.
— Just not on Sunday. I have other plans.
q. — My mother is coming to us for all next
week.
— That suits me fine, I'm going to be in Prešov.
r. — We've missed the train to Prešov. When does
the next one leave?
— At 10:00 tomorrow morning.
s. — I hope that you won't have to wait here
long.
— I hope not too.
t. — How much does a ticket to Trnava cost?
— I can't tell you exactly.
u. — When will we arrive in Martin?
— Around 9:00 in the morning.
v. — I need your help.
— I'm very sorry, but I can't help you now. I'm
terribly busy.
w. — You're always busy.
— It just seems that way to you.
x. — What sports do you do?
— I'm not interested in any sports.
y. — How can one go to Canada?
— Either by plane or by boat.
z. — I hope we'll catch our bus.
— If not, there will be another one soon.

27. Writing assignments. Write brief messages for
friends, containing the following information:
a. You've been trying to get hold of someone by
phone, but haven't been able to reach them.
Maybe their phone is broken. Explain what it is
you need.

b. You can't come to work today because you stayed up too late. Write a brief note to the person you ride to work with, explaining the situation.

c. Remind someone that there's a hockey match tonight on TV which you and a friend have been promising to watch together. You and your friend root for different teams.

d. You've had to abandon your car because you have run out of gas. Leave a note on the windshield for the police.

e. Plans have been changed: you are inviting your friend over for Friday, not Saturday night, to play poker.

f. You have just missed your train to Prešov and so have time to write a postcard to a friend while waiting for the next one. Begin the card by describing the situation.

28. **Situations.** Either recreate the scene with your instructor or a fellow student, or write a "playscript" to describe the situation.

a. You are packing a suitcase, getting ready for a trip to Europe. Your companion and you are having trouble deciding what you will both need.

b. You have just read a book (seen a movie), which you are very enthusiastic about. Your friend, who has just read the same book (seen the same movie), hated it. Argue with him or her about its merits.

c. You want to buy a house (rent an apartment), together with someone else. Discuss the kind of ideal house you want to buy, or apartment you want to rent. Or discuss the merits of a particular house or apartment you have just inspected.

    d. Someone asks you to help you clean up the room. Make up some excuse why you can't.

    e. You find out from the conductor that you've just missed the train to Prešov. Find out from him when the next train leaves, or how else one can get to Prešov at this hour.

ČÍTANIE

Vlak

Vlaky sú osobné, rýchliky a nákladné. Chceš cestovať do Bratislavy? Ak si zblízka, môžeš ísť osobným vlakom. Stačí, aby si si kúpil cestovný lístok, nastúpil do vozňa a vlak ťa tam dovezie. Ak si zďaleka, cestuj rýchlikom. Rýchlik sa väčmi náhli a zastavuje len vo väčších staniciach. Cestuje sa v ňom pohodlne, lenže treba zaplatiť rýchlikový príplatok. Rýchliky majú obyčajne aj jedálny vozeň a lôžkové vozne.

Nákladný vlak dopravuje len tovar. Má na to osobitne upravené vagóny, napríklad na uhlie, na dopravu zvierat, na mimoriadne ťažké stroje, na naftu a benzín. Nákladné vlaky bývajú dlhé, lokomotíva má čo ťahať.

Vlaky chodia podľa cestovného poriadku. Cestovný poriadok osobných vlakov a rýchlikov je vyvesený na všetkých staniciach, cestovný poriadok nákladných vlakov poznajú len železničiari. Istotne nie je ľahke zaistiť presný čas pre toľko vlakov na trati.

Assignment: make up at least ten questions for which this reading supplies answers.

SLOVNÍK

asi *probably, perhaps, about*

atletika *track and field*

balík *package*

basketbal *basketball*

beh *(running) race*

benzín *gasoline*

cestovanie *travel(ing)*

čerpadlo —a —diel *gas station*

cestovný *travel (adj.)*

Československo *Czechoslovakia*

dbať —ám —ajú *take care*

ďalší *next*

diaľka *distance*

doľava *to the left*

doprava *to the right*

dopravovať —ujem —ujú *transport*

dostať —stanem —ú *(perf.) get*

doviezť —veziem —ú *(perf.) take, haul*

i *also, too*

fotoaparát *camera*

futbal *football*

gitara *guitar*

gymnastika *gymnastics*

hádzaná *handball*

hokej *hockey*

hokejový *hockey (adj.)*

ináč *otherwise*

jedálny *dining (adj.)*

jedlo *food*

juh *south*

južný *southern*

kanva *can(ister)*

kaziť —ím —ia *spoil*

keby *if (only) (conditional particle)*

koľko *how many, how much*

kontrolovať -ujem -ujú *check*

lokomotíva *locomotive*

lopta -y lôpt *ball*

lôžkový *bed, sleeping (adj.)*

meškať -ám -ajú *be late*

mimoriadny *extraordinary*

minulý *past, last*

možnosť -sti *possibility*

nafta -y *petroleum, oil*

náhliť —im —ia *be in a hurry*

nákladný *freight (adj.)*

napísať —píšem —u
(perf.) write

nakoniec at last, even

navštevovať —ujem
—ujú visit

navštíviť —im —ia
(perf.) visit

nechať —ám —ajú
(perf.) have (someone
do)

niektorý some

očakávať —am —ajú
await, expect

oplešivieť -viem
-vejú (perf.) grow
bald

okolo (+Gen.) around,
about

osobný passenger
(train)

pestovať -ujem -ujú
raise, grow

pianista pianist

plán plan

plánovať —ujem —ujú
plan

pohodlný comfortable

pomáhať —am —ajú
help

popoludnie afternoon

pol half

polnoc —noci midnight

pomoc —moci help
(noun)

pomôcť —môžem —ú
(perf.) help

porozprávať -am
-ajú converse

posadiť -ím -ia (perf.)
place, set, plant, seat

potom then, later

pozdný late

pozvať —zvem —ú
(perf.) invite

práve precisely, just

predpoludnie forenoon

prehrať —ám —ajú
(perf.) lose

presne punctually

prichádzať —am —ajú
come, arrive

príplatok surcharge

pripraviť -ím -ia
(perf.) cook, prepare

raz one time once

remíza tie, draw

rodina family

rýchlik express train

sever north

severný northern

skok jump (noun)

skončiť —ím —ia (perf.)
finish

spať spím —ia sleep

stačiť —í be sufficient

stredný medium

šťastie happiness

XIII

švihadlo —a —diel
jump—rope

ťahať —ám —ajú drag,
pull

telefonovať —ujem
—ujú to telephone

tenis tennis

toľko so many/much

trať —i —í line, track

tráviť —im —ia spend
(time)

trieda class

uvidieť —ím —ia (perf.)
see

ukazovať —ujem —ujú
show

úplne completely

upratovať —ujem
—ujú clean, tidy up

urobiť —ím —ia (perf.)
do, make

volejbal volleyball

vozeň —zňa wagon

vrátiť sa —im —ia
(perf.) return

vravieť —ím —ia speak

však to be sure,
however

vtedy then, at that
time

výborný excellent

vyhrávať —am —ajú
win

vyhrať —ám —ajú
(perf.) win

vychádzať —am —ajú
go out (often)

vyvesený posted

vziať vezmem —ú
(perf.) take

zabudnúť —nem —nú
(perf.) forget

začať —nem —nú
(perf.)
begin

zahrať —ám —ajú
(perf.) play

zaistiť —ím —ia (perf.)
ensure

západ west

západný western

zápas game, match

zastavovať —ujem
—ujú stop

zaplatiť —ím —ia
(perf.) pay

zblízka (from up) close

zďaleka at a distance

zatelefonovať —ujem
—ujú (perf.) telephone

zjesť zjem zjedia
(perf.) eat

zľaknúť -nem -nú get
frightened (perf.)

zmeškať -ám -ajú
(perf.) miss, be late

znamenať —ám —ajú
mean, signify

známy acquaintance

zrejmý evident

železničiar railway
worker

DOPLŇUJÚCE ČÍTANIE

Nôž

Nôž je najpotrebnejší nástroj. Vyrába sa z ocele. Keby sme vedľa seba položili nože, ktoré človek kedy vyrobil, bol by to iste pekný rad. Možno, že by obtočil celú zemeguľu. Boli by tam praveké kamenné a bronzové nože, pekne zdobené nože historické, strieborné aj zlaté a množstvo nožov zo súčastnosti. Veď máme nože stolné, kuchynské, na papier, na ovocie, na múčnik, na krájanie repy, a mnoho nožov vreckových so zatváracou čepeľou. Vreckové nože sú rozlične vybavené. Niekedy sú celkom jednoduché, inokedy majú bohaté príslušenstvo: niekoľko čepelí, nožničky pilník, dlátko, skrutkovač, vývrtku. Slovom, je to celá dielňa, skrytá vo dvoch črienkach. Každý by mal mať vreckový nôž.

črienka *haft*	rad *row*
dielňa *workshop*	repa *beet*
dlátko *chisel*	**skrytý** *hidden*
múčnik *pastry*	**skrutkovač** *screwdriver*
obtočiť *encircle*	**súčasnosť** *the present*
oceľ *steel*	**vyrábať** *produce*
pilník *file*	**vývrtka** *corkscrew*
položiť *place, lay*	**zemeguľa** *the globe*
príslušenstvo *utensils*	

In this reading, besides the various uses of the conditional mood, notice the frequent use of adjectives based on nouns. Assignment: write out

411

the following nouns, together with the adjectives derived from them:

pravek *prehistory*   **kameň** *stone*
bronz *bronze*   **história** *history*
striebro *silver*   **zlato** *gold*
stôl *table*   **kuchyňa** *kitchen*
vrecko *pocket*

Try to deduce the meaning of the following words from context and general knowledge: **nástroj, zdobený, zatvárací, čepeľ, vybavený, inokedy.**

— *Máte mizernú mušku, šéfe!! Ja moju starú trafím na prvý raz!*

Alan Lesyk

NÔŽ

Štrnásta lekcia

Fourteenth lesson

A. Až taký fanatik

— O ktorej obyčajne ráno **vstávaš**? *What time do you usually get up in the morning?*

— Obyčajne **vstávam** o siedmej, potom sa chystám na deň. *I usually get up at seven, then I ready myself for the day.*

— Čo tým myslíš? *What do you mean by that?*

— No **vieš**, umyjem sa, **vyčistím** si zuby, učešem sa a oblečiem, upratujem byt.
Oh, you know, I wash, brush my teeth, comb my hair and get dressed, tidy up the apartment.

— Zrejme tiež cvičíš. *You probably do calisthenics too.*

— Nie, nie som až taký fanatik. *No, I'm not that bad a fanatic.*

Otázky:
1. Čo robíš, keď ráno vstaneš? Aký máš zvyk ráno pred prácou?
2. Vstávaš skoro alebo neskoro?
3. Cvičíš ráno, poobede alebo večer? Berieš cvičenie vážne?

B. Aj tak

— Sám (sama) si chystáš raňajky? *Do you fix breakfast yourself?*

— Áno, to nie je žiadna veľká vec. *Yes, that's no big deal.*

— Čo ješ obyčajne na raňajky? *What do you usually have for breakfast?*

— Ak mám čas, tak si uvarím kávu, usmažím si dve vajcia a opečiem si dva alebo tri krajce chleba. *If I have time, I boil some coffee, fry myself two eggs, and fix two or three pieces of toast.*

— A keď nemáš čas? *And if you don't have time?*

— Keď nemám čas, aj tak si urobím raňajky. Nerád (nerada) začínam deň bez raňajok. *If I don't have time, then I make breakfast anyway. I don't like to start the day without breakfast.*

Otázky:

  1. Kto u *vás* varí raňajky?

  2. Jedávaš *veľké* raňajky?

  3. Kedy jete najviac: na raňajky, na obed alebo na *večeru*?

  4. Máte teplú alebo studenú *večeru*?

C. V každom prípade

— Chcete ešte? *Do you want some more?*

— Áno, ak smiem, prosím si ešte trochu knedlí/bravčového/kapusty.. *If I may, I'd like a little more noodles/pork/cabbage.*

— Obslúžte sa, prosím. *Help yourself, please.*

— Ďakujem. Doma nedostanem také dobré knedle/bravčové/kapustu. *Thanks. I don't get such good noodles/pork/cabbage at home.*

— To si *viem* predstaviť. Väčšina ľudí ich/ho/ju už nevie dobre pripravovať. *I can easily imagine that. Most people don't know how to cook them any more.*

— Ty ich/ho/ju zato pripravuješ *veľmi* dobre. *You on the other hand cook them very well.*

 - Ďakujem. Nestarám sa veľmi o varenie, ale zdá sa, že varím dosť dobre. V každom prípade, moji známi tak hovoria. *Thanks. I don't try to in particular, but it seems that I do cook pretty well. In any case that's what my friends say.*

Otázky:

  1. Aké je *vaše* najobľúbenejšie jedlo?

  2. Jete často *v* bufete (*v* kaviarni, *v*

      jedálni)?

3. Radi varíte? Čo viete uvariť?

4. Zdá sa vám, že toto jedlo je dobré?

5. Máte radi bravčové, kapustu a knedle?

D. Nový byt

- Počul(a) som, že si dostal(a) nový byt. *I heard you've got a new apartment.*
- Áno, a vo veľmi dobrej štvrti, pri rieke. *Yes, and in a very good part of town, near the river.*
- Gratulujem ti. Je väčší ako (tvoj) starý byt? *Congratulations. Is it larger than your former apartment?*
- Isteže, je o mnoho väčší i pohodlnejší. Má samostatnú kuchyňu a jedáleň a dve spálne. *Yes, it's a lot larger and more comfortable. It has a separate kitchen and dining room and two bedrooms.*
- Načo sú vám dve spálne? *What do you need two bedrooms for?*
- Nevravel(a) som ti? Čakáme dieťa. *Haven't I told you? We're expecting a baby.*
- Skutočne?! Gratulujem ti teda ešte. *You don't say! Well, then congratulations even more.*

Otázky:

1. Máš dobrú správu? Akú?

2. Kde je tvoj byt?

3. Koľko má izieb?

4. Máš veľkú kuchyňu?

5. Chcel(a) by si mať nový byt?

Nový byt

E. Podobne aj *vám*

— **Počula som, že idete do Ameriky.** *I heard you're going to America.*
— **Áno, idem do New Yorku, budem tam pracovať na *výskume*.** *Yes, I'm going to New York to do research.*
— **Skutočne? Na akom *výskume*?** *Really? What kind of research?*
— **V súvislosti s mojím doktorátom z americkej literatúry. A *vy* kde budete nasledujúci rok?** *In connection with my doctor's thesis on American literature. And where will you be next year?*
— **Zostávam tu *v* Bratislave, ale začínam novú prácu *v* mestskom úrade (radnici).** *I'm staying here in Bratislava, but I'm starting a new job in the city council.*
— **Prajem *vám veľa* úspechov.** *I wish you every success.*
— **Ďakujem. Podobne aj *vám*.** *Thanks. The same to you.*

Otázky:
1. Čo budete robiť nasledujúci rok?
2. Keby ste mali veľa peňazí, kam by ste išli? Čo by ste robili?
3. Robíte *výskum* na ktorom môžete pracovať na Slovensku? Aký?
4. Hľadáte novú prácu? Akú prácu by ste chceli robiť, keby ste si mohli *vybrať*?

F. Ledva ťa počujem

- Čo ti je? Ledva ťa počujem. *What's wrong with you? I can barely hear you.*
- Bolí ma hrdlo. *My throat hurts.*
- Mal by si ísť k lekárovi. *You should go to the doctor.*
- Nie, on mi nepomôže. Bol(a) som včera na futbalovom zápase a veľa som kričal(a). *No, he can't do anything about it. I was at a football match yesterday, and I shouted a lot.*
- Dúfam, že ste aspoň vyhrali. *I hope that at least you won.*
- Áno, družstvo vyhralo, ale doplatilo na to moje hrdlo. *Yes, the team won, but my throat paid the price.*

Otázky:
1. Kam chodíš najradšej?
2. Máš rád šport?
3. Čo ťa bolí?
4. Aký šport pestuješ?
5. Rád vyhrávaš? Čo robíš, keď prehráš?

G. Vonku, vnútri, zima, teplo

- Aké je dnes počasie? Myslel som si, že by
  sme mohli ísť niekam na výlet. Nechce sa
  ti? *What's the weather like today? I thought
  that we might go on an outing. Don't you feel
  like it?*
- Je zamračené a zima. Hádam bude búrka,
  ale to nič, aj tak mám doma veľa práce.
  *It's cloudy and cold. I think there'll be a
  storm. But that's just as well, because I have
  a lot of work at home.*
- Predpoveď počasia hlásila, že bude dnes
  teplo a pekne. Prečo musí vždy pršať,
  keď mám voľno? *The weather report said
  it would be warm and nice today. Why does
  it always have to rain when I am free?*
- To preto, aby si zostal doma a pomáhal mi
  s upratovaním. *That's so you could stay
  home and help me with the cleaning.*
- Keď sa mi vôbec nechce. Možno sa počasie
  o chvíľu zlepší. *When I don't feel like it at
  all. Perhaps the weather will improve in a
  minute.*
- Pochybujem. Pozri sa: blýska sa a hrmí. *I
  doubt it. Look: it's lightening and thundering.*
- Nuž teda, čo ti mám urobiť? *Well then what
  can I do for you?*

Otázky:
1. Je dnes voľný alebo pracovný deň?
2. Načo máš dnes chuť? Máš chuť niekam
   ísť na výlet? Kam?
3. Čo máš doma za robotu?
4. Rád (rada) pomáhaš s domácimi

420

prácami?

5. Aké je dnes počasie? Je zima? Teplo?
   Chceš ísť von? Zostal(a) by si
   radšej doma?
6. Prší tu často v lete (na jar)?
7. Počasie sa teraz zlepšuje, alebo
   zhoršuje?

H. Kúpele

— Kam pôjdete tohto roku na dovolenku?
  *Where are you going to go this year on your
  vacation?*
— Do Trenčianskych Teplíc. Trápi nás (s
  mužom) reuma, pôjdeme teda na liečenie.
  *To Trenčian Hot Springs. My husband and I
  suffer from rheumatism, so we're going for
  treatment.*
— A čo deti? *And the children?*
— Chlapci idú tiež s nami. Vykúpu sa, opália
  sa a budú aj na čerstvom vzduchu. A
  vy sa kde chystáte? Tiež do kúpeľov?
  *The boys are going with us. They'll swim,
  sunbathe, and be in the fresh air. And
  where are you going? Also to the baths?*
— Ja idem do Karlových Varov. Viete, mňa
  zasa trápi žlčník. Najlepším liekom na
  to je Karlovarská voda. *I'm going to
  Karlove Vary. You know, I suffer from gall
  bladder trouble. The water there is the best
  medicine.*

XIV

Otázky:
1. Trápi ťa niečo? Čo?
2. Dá sa to vyliečiť?
3. Je možné liečiť túto chorobu v
_kúpeľoch?
4. Rád (rada) sa kúpeš a opaľuješ?

I. Dvojka

- Akú známku si dostal z matematiky
(slovenčiny)? *What grade did you get in
mathematics (Slovak language)?*
- Dvojku. *A B.*
- Gratulujem. *Congratulations.*
- K čomu? Väčšina študentov dostala
jednotky. *For what? Most of the students
got A's.*
- Neverím tomu. Zveličuješ, ako obyčajne. *I
don't believe it. You're exaggerating, as usual.*
- Nie, tentokrát nezveličujem. *No, this time
I'm not exaggerating.*

Otázky:
a. Ako sa obyčajne učíš?
b. Aké známky dostávaš?
c. Prečo sa treba učiť?
d. Zveličuješ niekedy? Kedy?
e. Z ktorého predmetu dostávaš
jednotku? A päťku?

422

POZNÁMKY

učešem sa a oblečiem *I comb (my hair) and get dressed.* Note how occasionally the reflexive particle **sa** may be used for two verbs at once, in the present instance, with both **učešem** and **oblečiem**.

štvrť *part of town.* Literally, "quarter."

doktorát z literatúry *doctorate in literature.* Subject matter in a particular area is rendered by **z** plus the Genitive. Cf. also **známka z matematiky** *grade in mathematics.*

hádam *I suppose.* This 1st pers. sg. form of the verb **hádať** *guess* functions as a word meaning "probably."

dovolenka *vacation, holiday.* This word refers to a vacation from work, usually lasting from three to four weeks, often with a reservation at a resort or other vacation spot.

dvojka *a "B" grade.* The Slovak grading system in schools is ordered from 1 (best) to 5 (failing). In universities grades run from 1 to 4.

GRAMATIKA
THE DATIVE CASE OF NOUNS AND ADJECTIVES

The most important uses of the Dative case, whose basic use is the expression of "to" or "for (someone's benefit)" have been discussed in earlier lessons in connection with the Dative of personal pronouns, whose forms appear much more often than the Dative of nouns and adjectives. Among nouns and adjectives the Dative case occurs most often with nouns designating persons. Dative case endings are as follows:

	Adjectives	*Nouns*
Singular		
masc. anim.	—ému	—ovi (like Loc.)
masculine	"	—u
neuter	"	—u
feminine	—ej	—e or —i *(like Loc.)*
Plural		
masculine	—ým	—om
neut. and fem.	"	—ám, -iam

Possessive adjectives take masc.—neut. Dative singular in —mu: **môjmu, nášmu,** etc. Examples:

Singular
    animate:
        bohatému mužovi *rich man*
        staršiemu koňovi *older horse*
    masculine inanimate:
        novému stroju *new machine*
        môjmu kufru *my suitcase*
    neuter:
        peknému dievčaťu *pretty girl*
        dobrému srdcu *good heart*

424

feminine:
> **tejto žene** *this woman*
> **benzínovej stanici** *gas station.*

Plural
> *masculine:*
>> **hrdým ľuďom** *proud people*
>> **slovenským rodičom** *Slovak parents*
> *neuter and feminine:*
>> **mojim deťom** *my children*
>> **chorým srdciam** *sick hearts*
>> **smutným ženám** *sick women*
>> **širokým uliciam** *wide streets.*

THE DATIVE AFTER CERTAIN ADJECTIVES. In addition to other uses of the Dative, discussed in earlier lessons, certain adjectives require Dative complements, in accord with the Dative's basic meaning of receiving feeling or emotion. Among such adjectives are **poslušný** *obedient*, **vďačný** *grateful*, **podobný** *similar*, **prístupný** *permitted*, **rovnaký** *identical:*

> **Deti majú byť poslušné svojim rodičom.** *Children should be obedient to their parents.*
> **Sme vám všetkým veľmi vďační.** *We are very grateful to all of you.*
> **Ľudské tváre nie sú nikdy podobné jedna druhej.** *Human faces are never similar to one another.*
> **Ľudské pocity nie sú nikdy rovnaké jeden druhému.** *People's feelings are never identical to one another.*
> **film prístupný mládeži** *film permitted for youth.*

425

THE DECLENSION OF MASCULINE PERSONAL
NOUNS IN —a. A number of masculine personal
nouns end in —a in the Nominative singular. Such
nouns have a somewhat irregular singular
declension, cf. **turista** *tourist:*

N	turista
G	turistu
D	turistovi
A	turistu
I	turistom
L	turistovi.

The plural is regular, e.g. **N turisti G turistov,**
etc.

COMPLETE DECLENSION OF NUMERALS

The number 1 **jeden jedno jedna,** except for the
forms **jeden, jedno,** and **jednu,** takes regular
adjective endings:

	masc.	*neut.*	*fem.*
N	jeden	jedno	jedna
G	jedného	—>	jednej
D	jednému	—>	jednej
A	= N or G	jedno	jednu
I	jedným	—>	jednou
L	jednom	—>	jednej

Numbers 2, 3, and 4 are declined as follows:

N	dva dvaja dve	tri traja	štyri štyria
G	dvoch	troch	štyroch
D	dvom	trom	štyrom
A	dva dve dvoch	tri troch	= N or G
I	dvoma	troma /-mi	štyrmi
L	dvoch	dvoch	štyroch

The Nominative forms **dvaja, traja, štyria**, and the Accusative forms **dvoch, troch, štyroch** are used with masculine persons. Numbers 5–99 have the declension of **päť piati**:

N	**päť piati**
G	**piatich**
D	**piatim**
A	**päť piatich**
I	**piatimi**
L	**piatich.**

COLLECTIVE NUMERALS. A special set of numeral forms, called collective, is used with groups of people of mixed gender, with animal young, and, especially, with plural-only nouns (see further below). The collective numerals, which are indeclinable, are as follows: **jedno, dvoje, troje, štvoro, pätoro, šestoro, sedmoro, osmoro, devätoro, desatoro**, and so on. The Nominative and Accusative of the collective numeral are followed by the Gen. pl. of the noun; other cases are followed by the declined form of the noun, cf. **má pätoro nožníc** *he has five scissors;* **s desatoro okuliarmi** *with ten eyeglasses.*

FRACTIONS. Fractions most commonly occur when asking for goods by weight, in which case the words **pol** *half* and **štvrť** *quarter* are often used:

jeden a pol kila paradajok *1 1/2 kilos of tomatoes*

štvrť kila masla *a quarter kilo of butter.*

XIV

Note that in the expression **jeden a pol** the number occurs in the masculine form. The formal words for fractional parts are as follows; most use the suffix —**ina**:

polovica a *half*	**tretina** a *third*
štvrtina a *quarter*	**pätina** a *fifth*
šestina a *sixth*	**sedmina** a *seventh*
osmina an *eighth*	**devätina** a *ninth*
desatina a *tenth*	

Complex fractions are expressed as follows. The denominator will appear in the Nom. pl. or in the Gen. pl., depending on whether the numerator is less than or equal to or greater than 5:

dve tretiny *2/3*   **šesť sedmín** *6/7*
jedenásť dvadsaťtretín *11/23*.

REIFIED NUMERALS. Reified numerals are special numeral forms used to refer to things that are identified by number, for example, a grade, a room in a hotel, a wrench, a banknote, and so on. Most frequently encountered is the use of reified numerals in reference to buses and trolleys:

Poďme päťkou. *Let's take (trolley) No. 5.*
Treba nastúpiť na dvadsaťosmičku. *You have to get on (bus) No. 28.*
Dostal som trojku. *I got a 3 (grade).*
Bývam na štvorke. *I live in (room no.) 4.*
Potrebujem dvanástku. *I need a (no.) 12 (wrench).*
Daj mi stovku. *Give me 100 (crowns).*
Oslavujeme päťdesiatku. *We're celebrating our fiftieth.*

1 jednotka/jednička	9 deviatka
2 dvojka	10 desiatka
3 trojka	11 jedenástka
4 štvorka	12 dvanástka
5 päťka/pätorka	20 dvadsiatka
6 šestka	100 stovka
7 sedmička	1000 tisícka or
8 osmička	tisícovka *"1000 crowns"*

ADVERBIALIZED NUMERALS IN —krát. The adverbial form of "1" is usually **raz** *once, one time.* Other adverbialized numerals and related forms are expressed with the suffix —krát; cf.

dvakrát *twice, two times*
trikrát *three times*
koľkokrát *how many times*
prvýkrát *for the first time.*

mnohokrát *many times*
tentokrát *this time*
toľkokrát *so many times*

In practical situations, one encounters forms in —krát most often in restaurants when placing orders:

> **Prosíme si dvakrát bravčové.** *We'd like two orders of pork.*

PLURAL—ONLY NOUNS. Some nouns have plural—like forms, although they refer to objects in the singular, for example:

nožnice *scissors*
nohavice *trousers*
hodinky *clock*
šaty *clothes*
prázdniny *vacation*

okuliare *eyeglasses*
dvere *door*
ústa *mouth*
noviny *news(paper)*
narodeniny *birthday.*

XIV

Plural—only nouns take plural forms according to the endings of one gender or another, hence **dva páry nožníc, nohavíc, okuliarov**, and so on. In case the plural—only noun does not occur naturally with the word **pár** *pair*, the collective form of the numeral will be used, e.g. **pätoro hodiniek** *five clocks*. The plural form **jedny** will be used in singular uses: **jedny dvere** *one door*; and so forth.

INDEFINITE QUANTIFIERS. Various words refer—ring to indefinite numbers of things have a numeral—like syntax, in that they take the Genitive plural of a countable noun:

mnoho ráz *many times*

trocha paradajok *a few tomatoes*

väčšina Slovákov *majority of Slovaks*

pár košieľ *a couple of shirts*

málo ľudí *not many people*

veľa húb *a lot of mushrooms*

dosť zvláštností *quite a few properties.*

and so on. If such expressions are used in subject position in the sentence, the verb will be singular, in agreement with the quantifier:

Väčšina ľudí je (bola, bude) spokojná. *The majority of people are (were, will be) satisfied.*

Usually, the modifying indefinite quantifier will take endings in oblique cases, but some words, like **mnoho** *a lot*, **veľa** *many*, and **dosť** *quite a few*, either cannot or do not need to:

s väčšinou ľudí *with the majority of people*

s veľa ludmi *with a lot of people*

s mnoho (mnohými) ľudmi *with many people.*

EXPRESSING "ONE ANOTHER". The reciprocal expression "one another" or "each other" is rendered in Slovak by **jeden** plus forms of **druhý**, as determined by the syntax of the sentence:

Podporujú jeden druhého. *They support one another.*

Sú podobní jeden druhému. *They are similar to one another.*

Hádajú sa jeden s druhým. *They quarrel with each other.*

Hovoria jeden o druhom. *They're talking about each other.*

The first element of the expression agrees in gender with the referent:

Moje sestry sú podobné jedna druhej. *My sisters are similar to each other.*

USING PRONOMINAL ADJECTIVES WITH NUM-ERALS. In Nominative case expressions of the form "our five children," "those six women", and so on, the pronominal adjectival element will generally appear in the Genitive case, even though it occurs before the quantifier:

Našich päť detí sa hrá v záhrade. *Our five children are playing in the garden.*

Tu je mojich sedem kníh. *Here are my seven books.*

Note in these examples the singular number of the verb.

THE EXPRESSION OF CALENDAR YEARS. Numbers need not be declined when they refer to years. Instead, the case ending is taken by the noun **rok** *year*, occurring before the numeral expression:

V roku tisíc deväťsto osemdesiaŧ deväŧ *in 1989.*

Alternatively, the word for year may be placed after the numeral expression, in which case the last two members of the expression become ordinal numerals, and are declined:
V tisíc deväŧsto osemdesiat<u>om</u> deviat<u>om</u> roku.

ADVERBS OF PERIPHERAL LOCATION AND MOTION.

Following is a list of some important adverbs of peripheral location and motion. Not all such adverbs have separate forms for referring to location and motion-to (cf. **hore, dolu**):

location	*motion to*
vpredu *in front, ahead*	**dopredu** *to the front*
vzadu *in the rear*	**dozadu** *to the rear*
vonku *outside*	**von** *(to) outside*
vnútri *inside*	**dovnútra** *(to) inside*

hore *up (stairs)*
dolu *down (stairs).*

ROOMS OF THE HOUSE

kuchyňa *kitchen*	**kúpeľňa** *bathroom*
spáľňa *bedroom*	**jedáleň** *(f.) dining room*
obývačka *living room*	**predsieň** *(f.) hall*
pivnica *cellar*	**komora** *pantry*
veranda *porch*	**pracovňa** *workroom*
balkón *balcony*	**poschodie** *floor, storey*

Also: **dvor** *yard*, **záhrada** *garden.*

Nábytok

XIV

INTERIOR FURNISHINGS

nábytok *furniture*

gauč *sofa*

obraz *picture*

knižnica *bookcase*

stolička *chair*

lampa *lamp*

zrkadlo *mirror*

luster *chandelier*

koberec *rug*

posteľ *bed (f.)*

skriňa *cupboard*

popolník *ashtray*

stôl *table*

stolík *coffee table*

kreslo *armchair*

koš na odpadky *wastebasket*

PARTS OF THE BODY

hlava *head*

oko pl. oči *eye*

nos *nose*

jazyk *tongue*

tvár *face (f.)*

krk *neck*

telo *body*

hruď *chest*

brucho *stomach, abdomen, belly*

zadok *backside*

plece *shoulder*

lakeť *elbow*

prst *finger*

stehno *thigh*

pás *waist*

vlasy *hair (pl. form)*

obrva *eyebrow*

ucho pl. uši *ear*

ústa *mouth (pl. form)*

čelo *forehead*

líca (pl.) *cheeks*

brada *beard, chin*

trup *trunk*

prsia *breast*

žalúdok *stomach (internal)*

chrbát *back.*

ruka *hand, arm*

koža *skin*

noha *leg, foot*

koleno *knee.*

srdce *heart*

CVIČENIA

1. 2, 6:   Bufet na druhom poschodí je
           otvorený od šiestej hodiny.

3, 4; 5, 7; 1, 8; 8, 1; 9, 5.

2. kľúč: a. Máš kľúč?
           b. Myslel(a) som si, že ty ho máš.

karta, rukavice, taška, kufor, dieťa, nožnice.

3. dom, rieka: a) Dom stojí pri rieke.
                  b) Dom stál vedľa rieky.

strom, jazero; škola, obchodný dom; reštaurácia,
múzeum;   kaviareň, reštaurácia; lampa, okno;
posteľ, skriňa; kostol, park.

4. *Think of an appropriate noun to use in
response b.*
7, okno   a. sedem okien
               b. stena so sedmimi oknami.

2, posteľ; 3, skriňa; mnoho, luster; 7, zrkadlo
10, obraz; 21, strom; 4, stena; 6, kúpalisko.

5. throat: Bolí ma hrdlo.

eye, ear, leg, hand, neck, back, elbow, shoulder,
knee.

XIV

6. hlava: hlavy

noha, telo, brucho, brada, obrva, ucho, lakeť,
prst, krk, tvár, jazyk, oko, plece, stehno, ruka,
koleno.

7. *Think of an appropriate personal noun and
modifier:*
vlasy: žena s dlhými vlasmi.

hlava, prsty, nohy, ruky, krk, pleť, pás, srdce,
brucho, obrvy, nos, uši, oči, brada, tvár.

8. wash self: **a) Umyjem sa**
               b) Umývam sa.

get up, come one's hair, tidy up, toast a piece of
bread, bathe self, make breakfast, make coffee,
sunbathe, brush teeth

9. *Think of at least 5 things you like, or don't like,
to do, and write out sentences according to the
model:*

start the day without breakfast:
  Nerád (nerada) začínam deň bez raňajok.

10. *Think of at least five food items to use in the
following exercise; write out the sentences:*

dumplings: **Prosím si ešte trochu knedlí.**

11. *Write out a five—item exercise according to the model:*

ľudia, dobre variť: Väčšina ľudí nevie
dobre variť.

12. *Using names of rooms and different adjectives, write out exercises with at least 10 items:*

kitchen, large: Je o mnoho väčšia ako
moja stará kuchyňa.

13. *Write out the exercises with at least 5 items:*

oni, 2, spálňa: Načo sú im dve spálne?

14. *Answer the questions of exercise 13 in some logical way:* Neradi spia spolu.

15. *Fill in the exercise with at least 5 different items:*
ja, oni, Amerika: Počul(a) som, že idú do
Ameriky.

16. *Fill in the exercise with at least 5 items:*
byt, izba: Koľko izieb má ten byt?

17. *Fill in the exercise with at least 5 items:*
my, Bratislava: Zostávame tu v Bratislave.

437

18. ty, ja: Ledva ťa počujem.

ona, oni; vy, my; on, ona; my, ony; ja, ona.

19. *Fill in with at least five additional items:*

2/3: dve tretiny.

20. *Fill in with at least five additional items:*

18:        Treba nastúpiť na osemnástku.

21. 1989: a) v roku tisíc deväťsto osemdesiat
           deväť
           b) v tisíc deväťsto osemdesiatom
           deviatom roku.

1736, 1847, 1933, 1826, 1958, 1892, 1961.

22. *Use the correct prepositions of motion and
    location:*
kuchyňa: a) do kuchyne
           b) v kuchyni.

obývačka, balkón, dvor, záhrada, predsieň,
kúpelňa, komora, pivnica, veranda, chodba.

23. *Use* na *or* v:

gauč: na gauči.

obraz, knižnica, stolička, zrkadlo, koberec, posteľ
skriňa, popolník, kôš, stolík.

24. *Write a short sentence, using the adverb of
direction or location:*

von: **Chceš ísť von?**

vonku, vnútri, dolu, vľavo, vpredu, hore
sem, dovnútra.

25. *Translate the indefinite numeral expression:*

most Americans: **väčšina Američanov.**

a lot of children, a few bananas, not many
students, many years, a couple of tourists.

26. Translate the exchanges:
a. — Children should be obedient to their parents.
   — What do you mean by that?
b. — Do you make breakfast yourself?
   — Yes, that's no big deal.
c. — I usually get up at 8:00.
   — In the morning or in the evening?
d. — Do you cook well?
   — No, I can't even make toast.
e. — Most people don't try hard about cooking.
   — Maybe, but at least most people like to eat
     well.
f. — What's your new car like?
   — It's a lot bigger and more comfortable than
     my old one.

g. — What will you do next year?
— I'm starting a new job.

h. — I've ruined the pork.
— No, not at all. it's even better this way.

i. — Congratulations. I hear you're expecting a baby.
— That's the first I hear of it.

j. — In connection with what are you going to New York?
— In connection with my research in American theater.

k — I can barely hear you.
— The telephone must be broken. I'll have to have it checked.

l. — You might help me with the housework.
— I'd help you if I could, but I have to work on my collection of wine labels.

m.— If the weather is nice tomorrow we can go on an outing.
— I'd rather stay at home and tidy up.

n. — Look, it's thundering and lightening. There's going to be a storm.
— I doubt it. It never rains here in the summer.

o. — Where are you going on vacation this year?
— I don't know yet.

p. — What's wrong with you?
— Everything hurts. I played football yesterday.
— Did you win?
— Of course we won, we always win.

q. — Two thirds of the students got As.
— What did the other third get?
— Ds.

r. — Here are all my seven books.
   — Did you write them all yourself?
   — No, I had help.
s. — Your children are not at all similar to each
      other.
   — No wonder, they're not all mine.
t. — Why are you always quarreling with each
      other?
   — I don't know. We don't do it seriously.

27. Writing assignment. Write synopses of the conversations in this lesson.

28. Using the first lines of the conversations to this lesson, write different outcomes.

XIV

ČÍTANIE

Tvár

Na človeku je najzaujímavejšia tvár: oči, ústa, nos, líca a čelo. Zvláštne je, že každý človek má inú tvár. Ľudia sú niekedy v tvári jeden druhému podobní, ale nikdy celkom rovnakí. A tých zvláštností býva v obličaji dosť: nerovnaké líca, rozličné tvary nosa, všelijako osadené oči, aj ústa sú každé iné a ľudské čelá tobôž.

A ako vedia ľudské tváre meniť výraz: raz sa smejú, inokedy plačú, niekedy sa tvária veselo, inokedy mrzuto. Dakedy obličaj vyjadruje: mne je všetko jedno, zavše je prekvapený a úžasnutý, vidieť na ňom strach a zasa nádej. Slovom, v tvári sa odráža duševný život, a najmä jeho city.

Otázky:
    a. Čo je najzaujímavšie na ľudskej tvári?
    b. Ste podobný na otca alebo matku?
    c. Aké zvláštnosti má tvár?
    d. Viete z výrazu tváre posúdiť, či je
        človek veselý? Smutný? Čo ešte
        možno z tváre posúdiť?
    e. Aké city sa odrážajú v tvári človeka?

SLOVNÍK

aspoň *at least*

balkón -u *balcony*

benzínový *gasoline*
  (adj.)

blýskať sa -a *flash
  lightning*

bravčové -ého *pork
  (neut. adj. form)*

brucho -a brúch
  stomach

bufet -u *snack bar*

búrka -y -rok *storm*

cit -u *feeling*

cvičiť -íš -ia *study,
  practice, exercise*

čelo *forehead*

doktorát -u *doctorate*

dolu *down (below),
  downstairs*

domáci *household (adj.)*

doplatiť -ím *pay the
  price (perf.)*

dostať -anem -ú
  (perf.) get, obtain

dostávať -am -ajú
  get, obtain

družstvo -a -tiev
team

dvojka *(reif. num.)
  two, B grade*

dvor -u *yard*

fanatik -a *fanatic*

futbalový *football (adj.)*

gratulovať -ujem

-ujú *congratulate
  (+ Dat.)*

hádam *I guess, suppose*

hádať sa -am -ajú
  quarrel

hlásiť -im -ia
  proclaim, announce

hore *up (above),
  upstairs*

hrdlo *pl.* -á hrdiel
  throat

hrdý *proud*

hrmieť -í *thunder*

hruď -de *pl.* -de -dí
  chest, breast

chrbát -u *back,
  spine*

chystať sa -ám -ajú
  ready oneself

i *and*

inokedy *at other times*

isteže *certainly*

jedáleň -lni -lní
  dining room

jedávať -am *eat
  (frequ.)*

jednotka *(reif. num.)
  one, A (grade)*

keď *if*

knedle -diel *noodles,
  dumplings*

koleno -a -lien *knee*

komora -y -môr
  pantry

443

koža -e *skin, leather*

krajec -jca *piece, slice*

kričať -ím -ia *shout*

krk -u *neck*

kuchyňa -ni *pl.* -ne -ýň *kitchen*

kúpať sa -em -ú *bathe (self)*

kúpeľ -a *bath*

kúpeľňa -ni *pl.* -ne -ní *bathroom*

laketˇ -a *elbow*

lekár -a *doctor*

ledva *barely*

líca *(pl.) face, cheeks*

liečenie -ia -í *cure, treatment*

liečiť -im -ia *cure, treat*

liek -u *medicine*

mestský *town (adj.), local*

mrzutý *cross, annoyed*

nábytok -tku *furniture*

nádej -e *hope*

najmä *especially*

nasledujúci *next*

nožnice -níc *scissors, shears (pl. form)*

noha -y nôh *leg, foot*

nos -a *nose*

obličaj -u *countenance*

obliecť sa oblečiem -ú *(perf.) get dressed*

obrva -y *pl.* -y obŕv *(eye)brow*

obslúžiť -im -ia *(perf.) serve*

obývačka -y -čiek *living room*

očakávať -am -ajú *expect*

oddelený *separate*

odrážať -am -ajú *reflect*

oko *pl.* oči očí *eye*

okuliare -ov *eyeglasses (pl. form)*

opáliť sa -ím -ia *(perf.) get a tan*

osadený *situated*

pás -a *belt, waist*

peniaze peňazí *money (pl. form)*

pivnica -e -níc *cellar*

plakať plačem -ú *cry*

plece -a pliec *shoulder*

počasie -ia *weather*

pocit *feeling*

podobný *similar*

podporovať -ujem -ujú *support*

pohodlný *comfortable*

poradiť -ím -ia *(perf.) advise*

poschodie -ia -íí *floor, storey*

poslušný *obedient*

posúdiť -im -ia

(perf.) judge

pozrieť sa -zriem -zrú
(perf.) have a look at

pracovňa -ni pl. -ne
-ní workroom

predpoveď -de
forecast

predsieň -ne pl. -ne
-ní (front) hall

prekvapený surprised

priať prajem -ú wish

pripravovať -ujem
-ujú fix, cook

prsia pŕs (pl.) breast,
chest

prst -a finger

pršať -í rain

reuma rheumatism

rovnaký alike, same

ruka -y **rúk** hand,
arm

samostatný independ-
ent

skriňa -ne pl. -ne -íň
cupboard

spálňa -ne pl. -ni -ní
bedroom

správa -y piece of
news

stehno -a -hien thigh

strach -u fear

studený cool

súvislosť -ti pl. -ti
-tí connection

široký wide, broad

telo -a **tiel** body

teplý warm

tobôž all the more (so)

trápiť -im -ia afflict

trup -a trunk (of
body)

tvár -e pl. -e -í face

tvar -u shape

učesať sa -šem -ú
comb one's hair

ucho -a pl. **uši uší** ear

umývať sa -am -ajú
wash self

upiecť -čiem -čú
(perf.) bake

upratovať -ujem
-ujú clean, tidy up

usmažiť -ím -ia
(perf.) fry

ústa úst mouth (pl.
form)

úspech -u success

uvariť -ím -ia (perf.)
cook, boil

užasnutý astonished

vadiť -í be in the way
(+ Dat.). **nevadí** it
doesn't matter (coll.)

vážny serious

varenie -ia -í cooking

vďačný grateful

veranda -y veránd
porch

vnútri inside

voliť -ím -ia prefer

voľný free
vpredu up front, in front
všelijako *variously*
vyčistiť -ím -ia *(perf.) clean*
vybrať -beriem -ú *(perf.) choose, select*
vyjadrovať -ujem -ujú *express*
vykúpať sa -em -u *(perf.) bathe*
výlet -u *excursion, outing, trip*
výraz *expression*
výskum -u *research*
vzadu *in back, behind*
začínať -am -ajú *begin*
zápas -u *match contest*

zadok -dka *backside, rear*
zamračený *cloudy*
zato *for that reason, therefore*
zhoršovať sa -ujem -ujú *get worse*
zlepšovať sa -ujem -ujú *get better*
známka -y *(here:) grade*
zveličovať -ujem -ujú *exaggerate*
zvláštnosť -ti *property, peculiarity*
zvláštny *particular, peculiar*
žalúdok -dka *stomach (organ)*
žlčník -a *gall bladder*

Ondrej Zimka

za *(here:)* + *Acc. in favor of*
prestavba *restructuring (perestroika)*

DOPLŇUJÚCE ČÍTANIE
Víno

Víno sa *vykvasí* zo *šťavy* *vylisovanej* z hrozna. Vinič hroznorodý, na ktorom sa rodí hrozno, sa pestuje najmä na západnom Slovensku okolo Pezinka a Modry. Na stráňach obrátených na juh sú rozsiahle *vinice*. Treba ich starostlivo obrábať a chrániť pred škodcami. Ale úroda obyčajne stojí za to.

Vinohradníci oberú množstvo hrozna, ktoré odvezú do *vinárskych* *závodov*. Tam z neho *vylisujú* mušt, ktorý nechajú *v* kadiach *vykvasiť* na mladé *víno*. Toto *víno* sa pretáča do sudov, kde dlhší čas dokvasuje. Biele *víno* je zo zelených bobúľ, červené *víno* z modrých bobúľ. Šumivé *vína* sú presýtené oxidom uhličitým, ktorý *vzniká* pri dodatočnom kvasení priamo *vo* fľaši. Víno je alkoholický nápoj a človek sa z neho môže opiť.

stojí za to *it's worth it*

You should be able to read this text without the help of a dictionary, deducing the meaning of most unknown words from context and general knowledge. Summarize the contents in English, without trying to make a word by word translation.

Bill rešpektuje právo

Pätnastá lekcia

fifteenth lesson

A. V hoteli

— **Dobrý večer. Máte v hoteli nejaké voľné izby?** *Good evening. Do you have any free rooms in the hotel?*

— **Áno, máme ešte niekoľko voľných izieb.** *Yes, we still have a few free rooms.*

— **Prosíme si dvojposteľovú izbu s kúpeľňou.** *We'd like a two-person room with a bath please.*

— **Nech sa páči. Vyplňte kartu, prosím.** *Very well. Fill out the card please.*

Bratislava

Otázky:
1. Máte voľnú izbu na jednu noc?
2. Ktorú izbu odporúčate?
3. Má izba sprchu? (záchod?)
4. Máte izbu s balkónom (televízorom?)
5. Koľko stojí táto izba?

B. Ľutujem

— Máte jednoposteľovú izbu, prosím vás? *Do you have a single (one—bed) room, please?*
— Na ako dlho? *For how long?*
— Chcel by som sa tu zdržať niekoľko dní, do nasledujúceho piatku. *I'd like to stay here several days, until next Friday.*
— Ľutujem, ale máme voľnú jednu izbu iba na túto noc. Od zajtra hotel je plne obsadený. *I'm sorry, but we have a free room only for this night. From tomorrow the hotel is completely filled.*
— V poriadku. Beriem ju. Možno, že sa od zajtra vám nejaká izba uvoľní? *O.K., I'll take it. Maybe from tomorrow a room will free up.*
— Pochybujem, lebo zajtra príde delegácia zo Sovietskeho zväzu. Nech sa páči, tu je kľúč od vašej izby. *Maybe, but I doubt it, for a delegation is coming tomorrow from the Soviet Union. Here is the key to your room.*
— Ďakujem. *Thank you.*

XV

Otázky:

1. Ako dlho sa tu chcete zdržať?
2. Ste tu s delegáciou zo Sovietskeho zväzu?
3. Potrebujete jedno alebo dvojposteľovú izbu?
4. Chcete izbu s kúpeľňou alebo môže byť aj bez kúpeľne?
5. Kde máte batožinu?
6. Potrebujete pomôcť s batožinou?

C. Hore

— Potrebujete pomoc s tým kufrom? *Do you need help with that suitcase?*

— Nie, ďakujem, netreba, nie je príliš ťažký. Na ktorom poschodí je naša izba? *Thanks, it's not necessary. It's not too heavy. What floor is our room on?*

— Na treťom vpravo. Môžete ísť hore schodmi alebo výťahom. *On the third to the right. You can go upstairs either by the stairs or the elevator.*

— Ďakujem, určite si poradíme. Odkedy je reštaurácia otvorená? *Thank you, we'll surely manage. From what time is the restaurant open?*

— Bufet na prvom poschodí majú otvorený od šiestej hodiny. Reštaurácia na prízemí sa otvára neskoršie, o deviatej. *The buffet on the first floor is open from 6 o'clock. The restaurant on the ground floor opens later, at 9 o'clock.*

Otázky:
1. Kde je *výťah*? Kde sú schody?
2. Je táto reštaurácia dobrá (drahá)? O ktorej sa zatvára?
3. Kde je diétna reštaurácia?
4. Kde stoja taxíky? (električky? autobusy?)
5. Kde je najbližšia policajná stanica?

D. Dolu

— Máš kľúč od našej izby? *Do you have the key to our room?*

— Myslel(a) som si, že ho ty máš. *I thought that you had it.*

- Zdá sa, že sme ho nechali dolu. *It seems that we've left it downstairs.*

— Zostaň tu. Pôjdem poň a hneď sa *vrátim*. *Stay here. I'll go for it and be right back.*

— Dobre. Vezmi si radšej účet, ak by boli nejaké ťažkosti. *O.K. Better take our receipt, in case there are any problems.*

— Dobre, som si *však* istý (istá), že nebudú žiadne ťažkosti. *O.K., but I'm sure there won't be any problems.*

Otázky:
1. Koľko platím za izbu (jedlo, taxík, lístok)?
2. Môžete mi zmeniť peniaze?
3. Máte drobné?
4. Čo *vám* robí ťažkosti?
5. Je telefón hore alebo dolu?

E. Pán hlavný, pán čašník

- Pán hlavný (Pani hlavná), máte voľný stôl pre dve osoby? *(Head)waiter/waitress, do you have a free table for two persons?*
- Áno, pri obloku máme jeden. *Yes, we have one by the window.*
- Ďakujeme, to nám vyhovuje. *Thank you, that will be fine.*

* * *

- Pán čašník (pani čašníčka), čo nám odporúčate? *Waiter (waitress), what can you recommend?*

- Vyprážaný bravčový rezeň je dnes dobrý. *The roasted pork chop is good today.*

- Dobre, vezmeme si dve porcie so špargľou a zemiakmi. *Fine, we'll take two portions with asparagus and potatoes.*
- Prosím. *Very well.*

* * *

- Pán hlavný (Pani hlavná), platím! *Waiter (waitress), we'd like to pay.*
- Sedemdesiat štyri koruny prosím. *Seventy-four crowns please.*
- Prosím. Nechajte si desať korún za obsluhu. *Here. Please keep ten crowns for the service.*
- Ďakujem. Dovidenia. *Thank you. Good bye.*

Otázky:
1. Čo vám odporúčal čašník?
2. Čo ste si objednali na obed (večeru)?
3. Koľko ste platili za obed (večeru)?
4. Sedíte radšej pri okne alebo v kúte?

454

F. V bufete

- Tie párky vyzerajú dobre. Sú čerstvé?
  Those frankfurters look good. Are they fresh?
- Áno, len dnes sme ich dostali. Sú teľacie.
  Chcete k nim chlieb alebo žemľu? *Yes, we
  just just got them today. Do you want bread
  or a roll with them?*
- Len jeden kus chleba a jednu malinovku.
  Máte horčicu? *Just one piece of bread and
  one raspberry drink. Do you have mustard?*
- Áno. Nech sa páči. Chcete párky na tanier
  alebo ich mám zabaliť? *Yes, here it is. Do
  you want the frankfurters on a plate or
  shall I wrap them up?*
- Na tanier. Zjem ich tu. *On a plate. I'll eat
  them here.*

Otázky:
1. Vezmete si párky so sebou, alebo ich
   zjete tu?
2. Koľko kusov chleba (žemieľ) si
   prosíte?
3. Čo si dáte (prosíte) na pitie?
4. Máte radšej malinovku alebo pivo?
5. Koľko stojí párok v rožku?

G. Pokuta

- Dobré ráno. Prosím si vaše doklady, pán
  vodič. Občiansky preukaz a vodičký
  preukaz. *Good morning. May I see your
  documents, sir ("Mr. driver")? Your
  identification and your driver's license.*

455

Pokuta

- Čo som urobil? Akého priestupku som sa
  dopustil? *What have I done? What offence
  have I committed?*
- Išli ste sedemdesiatkou (osemdesiatkou).
  You were driving 70 (80) kilometers an hour.
- No a? *So?*
- Tu je dovolená len šesťdesiatka
  (štyridsiatka). Nevideli ste značku? *Here
  only 60 (40) is permitted. Didn't you see the
  sign?*
- Nevšimol som si. *I didn't notice.*
- Zaplatíte pokutu päťdesiat korún. *You'll
  pay a fifty-crown fine.*

Otázky:
  1. Máte vodičský (občiansky) preukaz
     (pas)?
  2. Akého priestupku ste sa dopustili?
  3. Aká je tu najvyššia (najnižšia)
     dovolená rýchlosť?
  4. Akou rýchlosťou ste išli?
  5. Je tu dovolené piť alkohol pred jazdou
     (počas jazdy)?

PARTICIPLES (INTRODUCTION). By 'participle' is meant an adjectival or an adverbial form of a verb. Participles occur most often in writing. The most common Slovak participles are the following:

ACTIVE ADJECTIVAL PARTICIPLE. The Active Adjectival Participle may be formed by adding the formant —c— to the 3rd person plural form of an Imperfective verb, to which stem adjectival endings are added:
pracovať pracujem pracujú *work;*
   <u>pracujúci človek</u> a *working man*
plakať plačem plačú *cry;*
   <u>plačúce dieťa</u> a *crying baby*
spať spím spia *sleep;*
   <u>spiaca žena</u> *sleeping woman*
spievať spievam spievajú *sing;*
   <u>spievajúce vtáky</u> *singing birds*
volať volám volajú *call, shout;*
   <u>vo'ajúci ľudia</u> *shouting people*
and so on. The active adjectival participle takes grammatical endings in the same way as any adjective:
   chor <u>spievajúcich vtákov</u> a *choir of singing
     birds.*
Many active adjective participles function as regular adjectives, e.g. **nasledujúci** *next.*

ACTIVE ADVERBIAL PARTICIPLE. The active adverbia participle is formed similarly to the adjectiva participle without the adjectival ending. It is less frequently used. This participle may often be translated using "while":

Pracujúc, človek sa lepšie cíti. *While working, a person feels better.*
Píšuc tebe, spomínam si na minulé leto. *While writing to you, I recall last summer.*
Vediac to, teraz ťa lepšie rozumiem. *Knowing that, I understand you better now.*

The correct use of the adverbial participle requires that the implied subject of the participle and the subject of the main verb be the same. Thus, the implicit subject of **vediac** in the example just above is the same as the subject of the main verb **rozumiem**.

THE PASSIVE PARTICIPLE. The passive participle refers to action done on, or received by, a person or object. The Slovak words for "open(ed)" and "closed" are, in form, passive participles, formed from the verb **otvoriť** *open* and **zatvoriť** *close*, respectively:

otvorené okno *an open(ed) window*
zatvorený obchod *a closed store.*

The passive participle is formed from the infinitive stem, according to the following general rules:

1. Verbs in —ať generally form the passive participle in —aný —aná —ané:
prečítaná kniha *the book that has been read* (from **prečítať** *read through*).

2. Verbs with infinitives in —iť usually form the passive participle in —ený —ená —ené:
predstavení ľudia *the people who have been introduced* (from **predstaviť** *introduce*).

459

The ending —en*ý* —en*á* —en*é* also occurs with verbs in —ieť and with verbs that have an underlying consonant that has disappeared in the infinitive:

<u>chcené veci</u> *the things that are wanted* (from **chcieť** *want*)

<u>jedené mäso</u> *the meat that is being eaten* (from **jesť jem jedia** *eat*).

<u>nájdené veci</u> *the things that have been found* (from **nájsť nájdem** *find*)

Verbs containing monosyllabic roots in —iť and —uť, as well as verbs in —ať exhibiting —n— or —m— in the present stem form the passive participle in —t— plus adjective endings:

<u>vypitá káva</u> *the coffee which has been drunk* (from **vypiť vypijem** *drink up*)

<u>žutá guma</u> *the gum being chewed* (from **žuť žujem** *chew*)

<u>začatá lekcia</u> *the lesson which has begun* (from **začať začnem** *begin*)

<u>vziate mesto</u> *the town that has been occupied* (from **vziať vezmem** *take*).

As most of the examples show, the passive participle is often translated by an English relative clause using "that" or "which".

THE PASSIVE PARTICIPLE PLUS mať. A common colloquial use of the passive participle is in expressions such as the following:

Reštauráciu majú otvorenú od šiestej.
They have the restaurant open from six o'clock on.

If the noun is not specified, the participle may be placed in the neuter form. The result is an expression meaning "finished" with something.:

Muž mal už vypité. *The man had already finished drinking (or: had gotten tipsy)*
Matka mala už navarené. *The mother had finished cooking.*

THE VERBAL NOUN. A nominal form of most verbs may be formed by adding —ie to the stem of the passive participle. The result is a noun of neuter gender which nonetheless usually retains the sense of verbal action, cf.:

písanie *(the act of) writing* (from **písať**)
čítanie *(the act of) reading* (from **čítať**)
varenie *(the act of) cooking* (from **variť**)

Sometimes the verbal noun will acquire a meaning more or less removed from the idea of the verbal action,; cf.

pridelenie *allotment* (from **prideliť** *allot, allocate*)
užívanie *usage* (from **užívať** *use*)
obsadenie *occupation* (from **obsadiť** *occupy*)
and so on.

THE PARTICIPIAL USE OF THE INFINITIVE. After verbs of perception, the Imperfective infinitive can be used in a participle—like function in expressions such as the following:

Počujem spievať. *I hear (people) singing.*
Našiel som ľudí pracovať. *I found the people working.*
Uvidel som ťa odchádzať. *I saw you leaving.*

461

TABLES OF DECLENSIONAL ENDINGS
A. NOUNS

	masc. hard	*masc soft*	*masc. velar*
singular			
N	most *bridge*	hotel *hotel*	park *park*
G	mosta	hotela	parku
D	mostu	hotelu	parku
A	most	hotel	park
I	mostom	hotelom	parkom
L	moste	hoteli	parku
plural			
N	mosty	hotely	parky
G	mostov	hotelov	parkov
D	mostom	hotelom	parkom
A	mosty	hotely	parky
I	mostami	hotelmi	parkami
L	mostoch	hoteloch	parkoch

	hard masc. an.	*soft masc. an.*	*masc. in —a*
singular			*tourist*
N	chlap *boy*	kôň *horse*	turista
G	chlapa	koňa	turistu
D	chlapovi	koňovi	turistovi
A	chlapa	koňa	turistu
I	chlapom	koňom	turistom
L	chlapovi	koni	turistovi
plural			
N	chlapi	kone	turisti
G	chlapov	koňov	turistov
D	chlapom	koňom	turistom
A	chlapov	kone	turistov
I	chlapmi	koňmi	turistami
L	chlapoch	koňoch	turistoch

fem. hard		*fem. soft*	*fem. in —ia*
singular			
N	žena *woman*	ulica *street*	lekcia *lesson*
G	ženy	ulice	lekcie
D	žene	ulici	lekcii
A	ženu	ulicu	lekciu
I	ženou	ulicou	lekciou
L	žene	ulici	lekcii
plural			
N	ženy	ulice	lekcie
G	žien	ulíc	lekcií
D	ženám	uliciam	lekciám
A	ženy	ulice	lekcie
I	ženami	ulicami	lekciami
L	ženách	uliciach	lekciách

fem. in —ᴏ		*fem. in —ᴏ*	*fem. in —ná*
singular			
mother—in—law			
N	tvár *face*	vec *thing*	testiná
G	tváre	veci	testinej
D	tvári	veci	testinej
A	tvár	vec	testinú
I	tvárou	vecou	testinou
L	tvári	veci	testinej
plural			
N	tváre	veci	testiné
G	tvári	vecí	testín
D	tváram	veciam	testinám
A	tváre	veci	testiné
I	tvárami	vecami	testinami
L	tvárach	veciach	testinách

	neut. hard	neut. soft	(irreg. pl.)
singular			
N	mesto *town*	vajce *egg*	oko *eye*
G	mesta	vajca	oka
D	mestu	vajcu	oku
A	mesto	vajce	oko
I	mestom	vajcom	okom
L	meste	vajci	oku
plural			
N	mestá	vajcia	oči
G	miest	vajec	očí
D	mestám	vajciam	očiam
A	mestá	vajcia	oči
I	mestami	vajcami	očami
L	mestách	vajciach	očiach

	—a —aťa *type*	—um *type*	(irreg. pl.)
singular			
N	dievča *girl*	múzeum	dieťa *child*
G	dievčaťa	múzea	dieťaťa
D	dievčaťu	múzeu	dieťaťu
A	dievča	múzeum	dieťa
I	dievčaťom	múzeom	dieťaťom
L	dievčati	múzeu	dieťati
plural			
N	dievčatá	múzeá	deti
G	dievčat	múzeí	detí
D	dievčatám	múzeám	deťom
A	dievčatá	múzeá	deti
I	dievčatami	múzeámi	deťmi
L	dievčatách	múzeách	deťoch

B. ADJECTIVES

hard stem: dobrý dobré dobrá *good*

	masc.sg.	neut. sg.	fem. sg.	pl.	m. pers. pl.
N	dobrý	dobré	dobrá	dobré	dobrí
G	dobrého	dobrého	dobrej	dobrých	
D		dobrému	dobrej	dobrým	
A	= N or G	dobré	dobrú	dobré	—ých
I		dobrým	dobrou	dobrými	
L		dobrom	dobrej	dobrých	

soft stem: cudzí cudzie cudzia *foreign*

	masc.sg.	neut. sg.	fem. sg.	pl.	m. pers. pl.
N	cudzí	cudzie	cudzia	cudzie	cudzí
G		cudzieho	cudzej	cudzích	
D		cudziemu	cudzej	cudzí	
A	= N or G	cudzie	cudziu	cudzie	—ích
I		cudzím	cudzou	cudzími	
L		cudzom	cudzej	cudzích	

povolenie *permission*

C. ADJECTIVAL PRONOUNS

môj moje moja *my, mine*

	masc.sg.	neut. sg.	fem. sg.	pl.	m. pers. pl.
N	môj	moje	moja	moje	moji
G	môjho		mojej	mojich	
D	môjmu		mojej	mojim	
A	= N or G	moje	moju	moje	—ich
I	mojím		mojej	moji	
L	mojom		mojej	mojich	

Similarly: **tvoj tvoje tvoja** *your, yours (sg.)*, **váš vaše vaša** *your, yours (pl.)*, **náš naše naša** *our, ours.*

ten to tá *that*

	masc.sg.	neut. sg.	fem. sg.	pl.	m. pers. pl.
N	ten	to	tá	tie	tí
G	toho		tej	tých	
D	tomu		tej	tým	
A	= N or G	to	tú	tie	tých
I	tým		tou	tým	
L	tom		tej	tých	

všetok všetko všetka *all*

	masc.sg.	neut. sg.	fem. sg.	pl.	m. pers. pl.
N	**všetok**	**všetko**	**všetka**	**všetky**	—ci
G	**všetkého**		**všetkej**	**všetkých**	
D	**všetkému**		**všetkej**	**všetkým**	
A	= N or G	**všetko**	**všetku**	**všetky**	—ých
I	**všetkým**		**všetkou**	**všetkými**	
L	**všetkom**		**všetkej**	**všetkých**	

D. PERSONAL PRONOUNS

N	kto *who*	čo *what*	ja *I*	ty *you (sg.)*
G	koho	čoho	ma	teba, ťa
D	komu	čomu	mne, mi	tebe, ti
A	koho	čo	mňa, ma	teba, ťa
I	kým	čím	mnou	tebou
L	kom	čom	mne	tebe

N	my *we*	vy *you (pl.)*	——— *self*
G	nás	vás	seba
D	nám	vám	sebe, si
A	nás	vás	seba, sa
I	nami	vami	sebou
L	nás	vás	sebe

N	on *he* ono *it*	ona *she*	ony oni
G	jeho, neho, ho	jej, nej	ich, nich
D	jemu, nemu, mu	jej, nej	im, nim
A	jeho, neho, ho	ju, ňu	ich, nich
I	ním	ňou	nimi
L	ňom	nej	nich

REVIEW OF CONJUGATIONAL TYPES

1. Verbs in –ať –ám –ajú

čakať *wait*
  čakám   čakáme
  čakáš   čakáte
  čaká   čakajú
čakaj! čakajme!
  čakajte!
čakal čakala čakalo
  čakali

bývať *live*
  bývam   bývame
  bývaš   bývate
  býva   bývajú
bývaj! bývajme!
  bývajte!
býval bývala bývalo
  bývali

mať *have*
  mám   máme
  máš   máte
  má   majú
maj! majme!
  majte!
mal mala
  malo mali

vracať sa *return*
  vraciam sa   vraciame sa
  vraciaš sa   vraciate sa
  vracia sa   vracajú sa
vracaj sa! vracajme sa!
  vracajte sa!
vracal sa vracala sa
vracalo sa vracali sa

2. Verbs in –eť –em –ejú

rozumieť *understand*
  rozumiem   rozumieme
  rozumieš   rozumiete
  rozumie   rozumejú
rozumej! rozumejme! rozumejte!
rozumel rozumela rozumelo rozumeli

irregular infinitive and 3.p.pl.:

vedieť *know*

viem	vieme
vieš	viete
vie	vedia

veď veďme
veďte
vedel vedela
vedelo vedeli

3. Verbs in –ať –em –u with a consonant change in the present:

písať *write*

píšem	píšeme
píšeš	píšete
píše	píšu

píš! píšme!
 píšte!
písal písala
 písalo písali

česať *comb*

češem	češeme
češeš	češete
češe	češú

češ! češme!
češte!
česal česala
 česalo česali

4. Consonant stems and similar verbs:

niesť *carry*

nesiem	nesieme
nesieš	nesiete
nesie	nesú

nes! nesme!
 neste!
niesol niesla
 nieslo niesli

pomôcť *help*

pomôžem	pomôžeme
pomôžeš	pomôžete
pomôže	pomôžu

pomôž! pomôžme!
 pomôžte!
pomohol pomohla
 pomohlo pomohli

vziať *take (perf.)*

vezmem	vezmeme
vezmeš	vezmete
vezme	vezmú

vezmi! vezmime!
 vezmite!
vzal vzala
 vzalo vzali

brať *take*

beriem	berieme
berieš	beriete
berie	berú

ber! berme!
 berte!
bral brala
 bralo brali

ísť *go*

idem	ideme
ideš	idete
ide	idú

poď! poďme!
  poďte!
išiel išla
  išlo išli

chcieť *want*

chcem	chceme
chceš	chcete
chce	chcú

chci! chcime!
  chcite!
chcel chcela
  chcelo chceli

5. Verbs in -núť

minúť *pass*

miniem	minieme
minieš	miniete
minie	minú

miň! miňme!
  miňte!
minul minula
  minulo minuli

stihnúť *meet*

stihnem	stihneme
stihneš	stihnete
stihne	stihnú

stihni! stihnime!
  stihnite!
stihol stihla
  stihlo stihli

6. Verbs in -ať -nem and in -ať -anem

začať *begin (perf.)*

začnem	začneme
začneš	začnete
začne	začnú

začni! začnime!
  začnite!
začal začala
  začalo začali

dostať *get*

dostanem	dostaneme
dostaneš	dostanete
dostane	dostanú

dostaň! dostaňme!
  dostaňte!
dostal dostala
  dostalo dostali

7. Verbs in -iť -ijem -ijú, in -yť -yjem -yjú and in -úť -ujem -ujú:

piť *drink*

pijem	pijeme
piješ	pijete
pije	pijú

pi! pime!
  pite!
pil pila
  pilo pili

kryť *cover*

kryjem	kryjeme
kryješ	kryjete
kryje	kryjú

kry! kryme!
  kryte!
kryl kryla
  krylo kryli

žuť *chew*

žujem	žujeme
žuješ	žujete
žuje	žujú

žuj! žujme!
žujte!
žul žula
žulo žuli

8. Verbs in -ovať -ujem -ujú:

pracovať *work*

pracujem	pracujeme
pracuješ	pracujete
pracuje	pracujú

pracuj! pracujte! pracujme!
pracoval pracovala pracovala pracovali

9. Verbs in -iť -ím -ia:

robiť *do*

robím	robíme
robíš	robíte
robí	robia

rob! robme!
  robte!
robil robila
  robilo robili

cítiť *feel*

cítim	cítime
cítiš	cítite
cíti	cítia

cíť! cíťme!
  cíťte!
cítil cítila
  cítilo cítili

10. Verbs in -eť -ím -ia, in -ať -ím -ia, and in -áť -ojím

vidieť see		kričať shout	
vidím	vidíme	kričím	kričíme
vidíš	vidíte	kričíš	kričíte
vidí	vidia	kričí	kričia
viď! viďme!		krič! kričme!	
viďte!		kričte!	
videl videla		kričal kričala	
videlo videli		kričalo kričali	

stáť stand
stojím	stojíme
stojíš	stojíte
stojí	stoja
stoj! stojme!	
stojte!	
stál stála	
stálo stáli	

cukrová vata cotton candy

THE MOST IMPORTANT PREPOSITIONS AND THE CASES THEY REQUIRE

Genitive:

bez *without;* **do** *to, into, up to;* **od** *from, away from;* **u** *at (someone's);* **z** *from (out of),* **podľa** *according to;* **okrem** *besides:*

> **bez pomoci** *without help*
> **do mesta** *to town*
> **okrem toho** *besides that*
> **od ujka** *from uncle*
> **podľa predpisu** *according to rule.*

Dative:

k *toward;* **proti** *against (opposed to):*

> **k rodičom** *to my parents*
> **proti nám** *against us.*

Accusative:

cez *through, during across;* **pre** *for (the benefit of).*

> **cez rieku** *across the river*
> **pre nás** *for us.*

Instrumental:

nad *above, over;* **pred** *before, in front of;* **medzi** *between, among;* **pod** *under, beneath;* **s** *(together) with;* **za** *behind, beyond.*

> **pred domom** *in front of the house*
> **s mamou** *with mother*
> **pod stromom** *under the tree*
> **nad strechami** *over the roofs*
> **medzi nami** *between us.*

In motion-to uses, the Instrumental prepositions of location will take the Accusative:

ísť pod strom *go to underneath the tree.*

XV

Locative: pri *at, by;* na *on, at;* po *after;* **v** *in;* o *about:*

> po smrti *after death*
> **v** jazere *in the lake*
> na jazere *at the lake*
> pri stene *next to the wall*
> o nás *about us.*

In motion-to uses, na governs the Accusative:

> na universitu *to the university* .

In addition, the prepositions na, **v,** o, po all have special uses with the Accusative, cf.

> čakať na niekoho *wait for someone*
> **v** stredu *on Wednesday*
> báť sa o niekoho *fear for someone*
> po roky *for years*

and so on.

THE EXPRESSION OF MOTION—TO, LOCATION, AND MOTION—FROM.

The preposition used to express motion to, motion from, or location at depends on the noun object. With most nouns, "motion—to" is expressed with **do** + Genitive, "motion—from" with z (zo) plus Genitive, and "location—at" with **v** plus Locative:

To:	From:	At:
do mesta	z mesta	**v** meste
do hotela	z hotelu	**v** hoteli
do školy	zo školy	**v** škole

Nouns referring to large open spaces, performances and activities, and some other nouns express motion—to with na plus Accusative, motion—from with z (zo) plus Genitive, and location—at with na plus Locative:

Na trhu

To:	From:	At:
na trh	z trhu	na trhu
na film	z filmu	na filme
na večierok	z večierka	na večierku
na poštu	z pošty	na pošte

Names for people require the prepositions **k** plus Dative, **od** plus Genitive, and **u** plus Genitive:

To:	From:	At:
k rodičom	od rodičov	u rodičov
k bratovi	od brata	u brata
k Eve	od Evy	u Evy

vedúci *leader*

Situácie

a. Prišli ste do nového mesta. Musíte nájsť hotel. Opýtate sa niekoho, ktorý hotel odporúča. Povedzte, aký hotel chcete (lacný, drahý, v strede mesta, za mestom a tak ďalej). Opýtajte sa tiež ako sa tam dostanete (autobusom, električkou, atď).

b. Našli ste hotel. Chcete izbu. Akú? (s jednou posteľou, so sprchou, atď). Koľko stojí? Na koľko dní?

c. Musíte ísť na policajnú stanicu. Zastavte policajta a opýtajte sa, kde je a ako ďaleko.

d. Ste na policajnej stanici. Chcete zostať dlhšie. Opýtajte sa, čo potrebujete, koľko to stojí, koľko tlačív musíte vyplniť.

e. Stratili ste pas, peniaze. Povedzte policajtovi, kde sa to stalo a ako.

f. Mali ste nehodu s autom (bicyklom). Opýtajú sa vás: Čo sa stalo? Ste ranený? Bolí vás niečo?

g. Chcete zameniť doláre. Opýtajte sa, kde je banka, obchodná spoločnosť. Kde je lepšie ísť?

h. Ste v banke. Koľko peňazí chcete vymeniť? Chcete papierové bankovky alebo drobné?

i. Boli ste celý mesiac v (dajakom meste). Opíšte ako ste sa mali, čo ste robili, aké jedlo ste jedli, čo ste videli atď.

Situácie (Bill a Mary): Bill odchádza skôr z roboty.

Situácie (Bill a Mary): Bill sa trápi.

SLOVNÍK

atď (a tak ďalej) *and so forth*

banka -y bánk *bank*

bankovky -viek *banknotes*

batožina -y *baggage*

bolieť -ím -ia *hurt*

bravčový *pork (adj.)*

brať beriem -ú *take*

celý *whole, all, entire*

delegácia -ie -ií *delegation*

diétny *dietetic*

doklady *documents*

dolár -a *dollar*

dopustiť sa -ím *commit (pf.)*

dovolený *permitted*

drobný *small, petty*

dvojposteľový *two-bed (adj.)*

guma -y gúm *gum, eraser*

jazda -y *drive, ride*

jednoposteľový *one-bed (adj.)*

kľúč -a *key*

karta -y kariet *card*

kryť kryjem -ú *cover*

lístok -tka *ticket*

lacný *cheap*

malinovka -y *raspberry drink*

minúť -iem -ú *pass (by)*

nehoda -y -hôd *accident*

neskoršie *later (adv.)*

niekoľko *some, a few*

občiansky preukaz *citizen's identification*

oblok -u *window*

obsadený *occupied, full*

obsluha -y *service*

odporúčať -am -ajú *recommend*

opísať -šem -u *describe (Perf.)*

opýtať sa -am -ajú *(perf.) ask*

otvárať -am -ajú *open*

otvorený *open (adj.)*

otvoriť -ím -ia *(perf.) open*

pán čašník *waiter*

pán hlavný *headwaiter*

papierový *paper (adj.)*

párok *frankfurter.* rožok v párku *hotdog*

pas *passport*

platiť -ím -ia *pay*

plakať plačem -ú *cry*

počas *during (+G)*

pokuta *fine*

policajný *police (adj.)*

policajt -a *policeman*

pomoc -i *help, aid (noun)*

porozprávať sa -am
-ajú *converse*
poschodie -a -í *floor,
storey*
posteľ -le *pl.* -le -lí
bed
prízemie -a -í *first
floor*
prečítať -am -ajú
*(perf.) read, finish
reading*
predstaviť -ím -ia
*(perf.) present,
introduce*
pridelenie -ia -í
allocation
priestupok -u *crime*
rezeň -zňa *chop (meat)*
rodný *native, native
born*
rýchlosť -ti *speed*
schod -u *stair*
spať spím spia *sleep*
spievať -am -ajú *sing*
spomínať -am -ajú
recall
sprcha -y spŕch
shower
stanica -e staníc
station
stratiť -ím -ia *(perf.)
spend*
špargľa -le *asparagus*
tanier -a *plate*
ťažkosť -ti *difficulty*
ťažký *heavy, difficult*

teľací *veal (adj.)*
telefón -u *telephone
(call)*
tlačiť -ím -ia *press*
udalosť -ti *happening,
occurence, event*
účet -u *receipt, bill,
check*
uvoľniť sa -ím -ia
(perf.) become free
užívať -am -ajú *use*
variť -ím -ia *cook, boil*
vodič *driver*
vodičský preukaz
driver's license
voľný *free*
volať -ám -ajú *call*
vrátiť sa -ím -ia
(perf.) return
vstávať -am -ajú *get
up, arise*
všimnúť si *notice (perf.)*
vyhovovať -ujem *suit*
vyplniť -ím -ia *(perf.)
fill up*
vyprážať -am *roast,
fry*
výťah -u *elevator*
vziať vezmem -ú
(perf.) take
zabaliť -ím *wrap
(perf.)*
zameniť -ím -ia
*(perf.) change,
exchange, replace*

zastaviť -ím -ia *stop*
zatvárať -am -ajú
  close
zatvorený *closed*
zdržať sa -ím -ia
(perf.)   *stay*
zemiak -a *potato*
zmeniť -ím -ia (perf.)
  change
značka -y *sign*
zostať -stanem -ú
  (perf.) *stay*
žemľa -le *roll, bun*

Michalská brána (Bratislava)

a and, but 1
aby in order to, so that 2
adresa -y -ries address 8
advokát -a lawyer 6
Afrika -y Africa 13
ahoj hi, bye (informal) 1
aj even, also, too 1
ak if 4
ako how, in the function of.
ako sa máte? how are
   you? 1
akonáhle as soon as 4
akosi somehow 10
akosť -ti quality 12
akože how (emphatic) 13
aký aká aké what kind,
   what kind of 2
akýkoľvek whatever 7
ale but 1
alebo either
alebo...alebo... either... or...
   1
alkohol -u alcohol 11
alkoholický alcoholic 14
ambulancia -ie outpatient
   dept. 9
Američan -a pl. -nia
   American 1
Američanka -y -niek
   American woman 1
americký American (adj.)
Amerika -y America 2
Anglia -ie England 12
angličtina -y English
   (language) 7
anglický English (adj.) 7. po
anglicky in English 3
ani.. ani.. neither, nor 1
áno yes 1
apríl -a April 12
asi probably, perhaps 13
aspoň at least 14
atď (=a tak ďalej) and so
   forth 15

atletika -y -ík track and
   field 13
august -a August 12
auto -a aút car 6
autobus -u bus 12
automatizovať -ujem
   -ujú automate 10
avšak however 3
Azia -ie Asia 13
až as many as (part.) 13
bábika -y -ik doll 12
babka -y babiek puppet
bahniatko -a catkins
   (plant) 12
balíček -čka package 13
balík -a package 13
baliť -ím -ia pack 13
balkón -u balcony 14
baňa -ne pl. bane baní
   mine 12
banán -u banana 7
banka -y bánk bank 15
bankovka -y -viek
   banknote (adj.) 15
baran -a ram. Aries 12
báseň -ne -ní poem 5
basketbal -u basketball
   (the sport) 13
báť sa bojím -a be afraid.
   neboj sa don't be afraid
batožina -y -ín luggage
beh -u race 13
beloch -a pl. **belosi** white
   man 9
benzín -u gasoline 13
benzínový gasoline (adj.)
bez without (+ Gen.) 11
bezpečnosť -ti safety 8
bezpečnostný safety (adj.)
   12
bežať -ím -ia run
béžový beige 8
bicykel -kla bicycle 12
bielizeň -zne (f.)

483

underwear 7
biely white 8
biológ -a biologist 9
biológia -ie biology 7
blíženci twins, Gemini
blízko near (+ Gen.) 11
blízky narrow 9
blúza -y blouse 7
blýskať sa -a lightening
bobuľa -le -úľ berry 14
bodnúť -nem -nú stab
Boh -a God. **Bože môj!** oh
   dear! 4
bohatý rich 6
bohužiaľ unfortunately
bolesť -ti pain, ache 11
bolieť bolí hurt 9
borovička -y -čiek juniper
   gin
brať beriem -ú take 15
brada -y -ád beard 6
brána -y gate 15
brat -a pl. bratia
   brother 3
bratov brother's (adj.)
bravčové -ého pork (neut.
   adj. form) 14
bronzový bronze (adj.)
broskyňa -ne pl. -ne -ýň
   apricot 10
brucho -a brúch stomach
   14
brzda -y bŕzd brake 10
budem I will (fut. of **byť**)
budúcnosť -i the future
budúci future 13
bufet -u buffet, snack **bar**
   14
búrka -y -rok storm 11
by (conditional particle). 4
chcel by som ísť I'd like
   to go
býk -a bull, Taurus 12
byť som si je sme ste sú

be 1
byt -u apartment 6
bývať -am -ajú live 2
bývanie -ia living 2
celý whole
ceruza -y -úz pencil 1.
   dim. **ceruzka**
celkom completely 9
cena -y cien price 8
cesnak -u garlic 10
cesta -y ciest trip 12
cesto -a ciest dough 12
cestovať -ujem -ujú
   travel 6
cez through, by (+ Acc.) 11
cibuľa -le onion 10
cieva -y ciev vein 9
cigareta -y -riet
   cigarette 8
cirkus -u circus 8
cit -u feeling
cítiť (sa) -im -ia feel 10
citrón -a lemon 7
clivo sad (adv.) 10
cnieť cnie +Dat. be sad
colný customs (adj.) 2
cudzí foreign. **cudzí jazyk**
   foreign language 3
cukor -kru sugar 11
cukrík -a (piece of) candy
   8
cvičenie -ia exercise 1
cvičiť -ím -ia practice,
   exercise 14
cvikla -y pl. -le cvikiel
   beet 10
čakať -ám -ajú na (+Acc.)
   wait (for), expect 2
čaj -u tea 10
čapica -e -íc cap 7
čas -u time. 4 **mať čas** to
   have time. **na čas** on
   time
časopis -u magazine 5

často often, frequently 4
čašník -a waiter 15
čašníčka -y waitress 15
čelo -a čiel brow 14
čepeľ -le blade
čerešňa -ne cherry 10
černoch -a pl. černosi
 black man 9
čerpadlo -a -diel filling
 station 13
čerstvý fresh 11
červený red 6
česať -šem -ú comb 15
Česko-Slovensko
 Czechoslovakia 13
český Czech (adj.) 7
 čeština -y Czech
 (language) 7
či whether 2
čí čia čie whose 3
čiarka -y -rok comma
čiarkovitý striped 12
čierny black 5
činnosť -ti activity 10
čínsky Chinese (adj.) 7
čínština -y Chinese
 (language) 7
číslo -a čísel/čísiel
 number 8
čistota -y -ôt cleanliness
 9
čítanie -ia reading 1
čítať -am -ajú read 5
článok -nku article 5
člen -a member 12
človek -a man, human
 being; pl. ľudia people 3
čo what 1. čo takého
 what (in the world) 8
čokoláda -y chocolate 10
čokoládový chocolate (adj.)
 11
čokoľvek whatever (adv.) 7
čoskoro right away 9

črenový cuspid 9
črienka -y laft 13
čudný strange 3
čudovať sa -ujem -ú be
 surprised 15
dá sa one may 7
dačí someone's 9
dajaký some kind 11
dakedy sometime(s) 14
dakto dakoho etc. anyone 3
ďakovať -ujem -ujú
 thank 1
ďaleký far 2. adv. ďaleko
ďalší next, further 13
dar -u gift 11
darček small gift 11
dariť sa -í -ia do well +
 Dat. 6
dať dám dajú (perf.) give
dávno long ago 9
dážď -a rain 11
dbať -ám -ajú o + Acc.
 take care about 13
dcéra -y daughter 3
december -bra December
 12
decko -a pl. deti detí baby
 3
dedina -y -ín village 12
dedinský village (adj.) 12
dedo -a granddad 9
delegácia -ie delegation 14
deň dňa pl. dni day. dobrý
 deň hello 1
desatoro ten (coll. num) 14
desať -ti ten 10
desiaty tenth 10
deti see dieťa
deväť -ti nine 12
deväťdesiat -ti ninety 12
deväťdesiaty ninetieth 12
devätnásť -ti nineteen 12
devätnásty nineteenth 12
devätoro nine (coll. num.)

485

14

deviaty ninth 9

diaľka -y distance 13

dielňa -ne workshop 13

dieťa -ťaťa (n.) child 1

diétny dietetic 15

dievča -čaťa -at n. girl
1

div -u wonder

divadlo -a -diel theater 6

divný strange 3

dlaň -ni pl. -ne -ní palm
(of hand) 11

dlátko -a chisel

dlhý long 6. comp. dlhší

dnes (adverb) today 3

dno -a bottom 11

do to, till, up to

doba -y dôb time, era 10

dobrý good 1. dobre good,
fine, well 1

dodatočný additional 14

dohodnutý in agreement,
arranged 4

dokázať -žem -žu prove
10

doklad -u document 15

dokonca even, in the end,
after all 11

dokončiť -ím -ia finish
(perf.) 9

doktorát -u doctorate 14

dokvasovať -ujem -ú
ferment through 14

dolár -a dollar 12

doľava to the left 13

dolný lower 9

dolu down (below),
downstairs 14

dom -u house, home 2.
doma at home.

domov home. (adv.) to
home

domáci household (adj.) 14

doplatiť -ím -ia pay into
(perf.) 14

doplňujúci additional,
supplementary 6

doprava to the right 13

doprava -y
transport(ation) 10

dopravovať -ujem -ú
transport 13

dopustiť sa -ím -ia
commit (perf.) 15

dospelý adult 9

dosť enough; dosť času
enough time 1

dostávať -am -ajú get,
obtain 14

dostať -stanem -ú get
(perf.) 14

dovidenia goodbye 1

doviezť -veziem -ú carry
to (by vehicle; perf.) 13

dovnútra (to) inside 14

dovolenka -y -niek
vacation 12

dovoliť -ím -ia allow,
permit (perf.) 9

dozaista no doubt 8

dôležitý important 6

drahý dear, expensive 5

dreň -ni pulp 9

drevo -a wood 1

drobný small, petty.
drobné change (money)
15

drobučký tiny 11

druh -u type, kind, sort 10

druhý another 12

družstvo -a team 14

dub -u oak 11

dúfať -am -ajú hope 8

duch -a spirit

duna -y dún dune 12

dusno stuffy 10

duša -e Gpl. -í soul 12

duševný spiritual 14

dva, f. & n. dve mp. dvaja two 4

dvadsať -ti twenty 12

dvadsiaty twenty 12

dvanásť -ti twelve 12

dvanásty twelfth12

dvere -í (pl. form) door 10

dvojaký of two sorts 11

dvoje two (coll. num.) 14

dvojka (reif. num.) two

dvojposteľový two-bed (adj.) 15

dvor -a yard, outdoors 14

dýchať -am -ajú breathe 10

dym -u smoke 10

džús -u juice

ekstrémny extreme 10

električka -y -čiek trolley 12

elektronický electronic 10

energický energetic 3

ešte still 1

Európa -y Europe 12

fabrika -y -rík factory 8

fajčiť -ím -ia smoke 3

fajčiar -a smoker 8

fajka -y -jok pipe 3

fanatik -a fanatic 14

farba -y -rieb color 8

farbiť -ím -ia color, paint 10

farebný color(ed) (adj.) 6

fazuľa -le -úl bean

február -a February 12

fetovať -ujem -ú use drugs 15

fialový purple, violet 8

filharmónia -ie symphony 13

film -u film, movie 4

filológ -a philologist, linguist 9

filológia -ie philology 7

filozof -a philosopher 9

filozófia -ie philosophy 7

finančný financial 15

flákať sa -am -ajú goof off (coll.) 14

fľaša -e fliaš bottle 8, 11

fotoaparát -a camera 13

frajer -a philanderer. (in folk songs) suitor 15

Francia -ie France 12

francúzština -y French (language) 7

francúzsky French 7

futbal -u football (sport) 13

futbalový football (adj.) 14

fúzatý bearded 15

fúzy -ov (pl. form) moustache

fyzika -y physics 7

gauč -a couch, sofa 14

gitara -y gitár guitar 13

gramofón -a record player

grapefruitový grapefruit 12

gratulovať -ujem -ujú congratulate 14

guma -y gúm gum, eraser 15

gymnastika -y gymnastics 13

hádzaná -ej (European) handball 13

had -a snake 5

hádať -am -ajú suppose hádam I suppose, probably 14

halier -a halier (mon.) 11

halo hello, hey 1

haluška -ky -šiek noodle 10

hej (interj.) yes, right 1

herec herca actor 6

herečka -y -čiek actress 6

historický historical 15

hlad -u hunger 10

hľadať -ám -ajú seek, look for 9

hladký smooth 9

hladný hungry 6

hlásiť -im -ia announce 14

hlasný loud 7

hlava -y hláv head 9

hlavný main, chief. pán hlavný (head) waiter 15

hlučný noisy 9

hlúpy stupid 15

hneď right away, soon, immediately 4

hnedý brown

hnevať sa -ám -ajú be angry 10

ho him Accusative of on 3

hoci although

hocičo whatever 6

hodiť sa -í suit (+ Dat.) 13

hodina -y hodín hour 4

hodinky -niek clock (pl. form) 11

hokej -a hockey 13

hokejový hockey (adj.) 13

holiť -ím -ia shave 8

horčica -e mustard 11

horný upper 9

horší worse, (comp. of zlý) 5

hora -y hôr mountain 12

hore up (above), upstairs 14

horoskop -u horoscope 12

horúci hot 11

hosť -a pl. hostia guest 9

hotel -a hotel 8

hotový ready, finished 2

hovoriť -ím -ia say, speak, talk 3

hra -y hier play, game 6

hračka -ky -čiek toy 11

hrach -u peas 10

hranica -e -íc border 6

hrať -ám -ajú play, work (of machinery). hrať sa +Inst. play with 3

hrdlo pl. -á hrdiel throat 14

hrdý proud 14

hríb -a mushroom 10

hrmieť -í thunder 14

hrozienko -a -nok raisin 7

hrozno -a -zien grape 10

hrozný main 12

hrôza -y terror, horror 15

hrubý thick, coarse 6

hruška -y -šiek pear 12

hruď -de pl. -de -dí chest, breast 14

hrýzť -iem -ú bite 7

huba -y húb 1) mouth (coll.) 15. 2) mushroom 11

hudba -y -dieb music 5

hus -i pl. -i -í goose 10

chata -y chát cottage 12

chcieť chcem chcú want 2

chémia -ie chemistry 7

chemický chemical 11

chemik -a chemist 9

chirurg -a surgeon 9

chladno cool 12

chlap -a fellow 9

chlapec -pca boy 3

chlieb -a bread 6

chobot -a trunk (of elephant) 8

chodba -y -dieb corridor 14

chodiť -ím -ia go, walk 2

chór -u chorus 15
choroba -y -ôb disease
chorý sick 3
chrániť -im -ia
  safeguard, protect 14
chrbát -u back, backone 14
chrobák -a bug 7
chudobný poor 6
chuť chuti taste 12. mať
chuť feel like 5
chutiť -ím -ia taste
  (intrans.) 10
chutný tasty 11
chvíľa -le chvíľ moment
  1
chyba -y chýb mistake 7
chýbať -am -ajú be
  lacking 15
chystať sa -ám -ajú
  ready oneself 14
chytať -ám -ajú catch 10
chytiť -ím -ia catch
  (perf.) 13
i and 14
iba only 3
ich (poss. pron.) their 3
ináč otherwise 13
informácia -ie
  information 8
informačná veda
  computer science 7
inokedy at other times 14
iný other, different 7
inžinier -a engineer 5
isteže certainly 14
istota -y certainty. s
istotou certainly 9
istotne really 13
istý true, real, certain 3.
iste really, truly 8
ísť idem idú go (indet.) 1
izba -y izieb room 8
ja mňa mi mnou mne I,
  me 2

jablko -a jabĺk apple 10
jablkový apple (adj.) 11
jahňa -aťa -niat (n.)
  lamb 10
jahoda -y -ôd strawbery
  10
január -a January 12
japonština -y Japanese
  (language) 7
japonský Japanese 7
jar -i spring 11
jarný spring (adj.) 12
jasný clear 10
jazda -y ride, drive 15
jazdiť -ím -ia ride (often)
  11
jazero -a jazier lake 12
jazyk -a language, tongue
  3
jedáleň -lne pl. -lne -lní
  dining room 14
jedálny edible, dining (adj.)
  13
jedávať -am -ajú eat
  (frequ.)
jeden jedna jedno one 4
jedenásť -ti eleven
jedenásty eleventh 11
jedenie -ia food
jedlo -a food 13
jednako however, equally 7
jednoducho simply 11
jednotka -y (reif. num.)
  one 14
jedovatý poisonous 11
jeho (poss. pron.) his, its 3
jej (poss. pron.) her 3
jeseň -ne autumn, fall 11
jesenný autumn (adj.) 12
jesť jem jedia eat 7
ju her (Accusative of ona)
  3
juh -u south 13
júl -a July 12

jún -a June 12
južný southern 13
k to, toward (+ Dat.) 13
kabát -a coat 7
kačica -e duck 10
kaďa -de tub 14
kam where to 1
kamarát -a friend 1
kamenný stone (adj.) 13
kamkoľvek where-,
   whithersoever 7
Kanada -y Canada 12
kanva -y -nví can 13
kapor -pra carp 10
kapusta -y cabbage 10
karta -y -riet card,
   postcard 5
kartón -u carton
katolícky Catholic 9
káva -y coffee 10. dim.
   kávička
kaviareň -rne pl. -rne
   -rní cafe 11
kaz -u flaw
kazeta -y -ziet cassette
   10
kaziť -ím -ia spoil, ruin
   13. - sa rot
každý each, every 4
kde where 1
keď when, if 4
keďže since 7
keby if (conditional
   conjunction) 13
kedy when 2
kedykoľvek whenever 7
kel kla tusk 8
kemping -u camping 12
ker kra bush 12
keramika -y -ík ceramic
   7
kilo kilogram 12
kino -a kín cinema 10
klásť -iem -ú lay, place 13

klobása -y sausage
klobúk -a hat 7
klub -u club 2
kľúč -a key 15
knedľa -le dumpling 10
knižnica -e -níc library
   11
kniha -y kníh book 11
koberec -rca rug 14
kofeín -u caffeine 12
koláč -a kolach (sweet
   bread) 11
kolega -u colleague (m.) 11
kolegyňa -ni -ín colleague
   (f.) 11
koleno -a -lien knee 14
koleso -a -lies wheel 11
koľko how many 12
kolo -a kôl wheel 12
komora -y -ôr pantry 14
kôň koňa horse 7
koňak -u brandy 8
koncert -u concert 4
konečne finally 13
koniec -nca end 11
kontrolovať -ujem -ujú
   check 13
koreň -a root 9
koruna -y -rún crown 11
korunka -y -niek crown
   (dim.) 9
kosť -ti pl. -ti -tí bone 11
kostol -a church 8
kôš -a basket 11. - na
   odpadky wastebasket 14
košeľa -le košiel shirt 7
košík -a little basket 12
kozmický cosmic 10
kozorožec -žca Capricorn
   12
koža -e skin, leather 14
kôra -y bark 12
krab -a crab 10
krájať -am -ajú cut (e. g.

bread) 6
krajší prettier (comp. of
   pekný) 5
kraj -u edge, land 11
krajec -jca piece 14
krajina -y -jín country
   12
krátky short 6
kravata -y -át tie 7
krček -čka neck (dim.) 9
kričať -ím -čia shout 7
krídlo -a -diel wing 12
krieda -y chalk 1
krk -u neck 14
krok -u step 11
kryť kryjem -ú cover 15
kto koho komu kým kom
   who 1
ktokoľvek whoever 7
ktorýkoľvek whichever 7
ktorý (rel. pron.) who,
   which, what 6
kuc-kuc hack-hack (cough)
kuchyňa -ne pl. -ne -ýň
   kitchen 14
kufor kufra suitcase 11
kufrík -a small trunk,
   suitcase 8
kuchynský kitchen (adj.)
   13
kukurica -ce corn 10
kúpele -ľov (pl. form)
   baths 14
kúpalisko -a swimming
   pool 12
kúpeľňa -ne pl. -ne -ní
   bathroom 14
kúpiť -im -ia buy (perf.) 5
kupovať -ujem -ujú buy
   5
kus -a piece 11
kúsok -ska little piece. pl.
   tricks 8
kút -a corner 15

kvalita -y -ít quality 12
kvapka -y -ôk drop 11
kvasenie -ia fermentation
   14
kvet -u flower 11
kybernetický cybernetics
   10
kyslý sour 8
laboratórium laboratory
   11
lacný cheap 5
lačný hungry 9
ľahký light, easy 13
laket -kťa elbow 14
lampa -y lámp lamp, light
   1
láska -y -sok love 12
láskavosť -i favor,
   kindness 5
látka -y -tok material 11
lavica -e -íc bench 8
ľavý left 13
lebo because 9
ledva barely 14
lekár -a doctor 6
lekárka -y -rok fem.
   doctor 9
lekcia -ie lesson 1
len only 11
lenivý lazy 3
lenže but, that 8
lepší better, (comp. of
   dobrý) 5
les -u forest 11
letecký air mail 6
letectvo -a -tiev
   aeronautics 11
letieť -ím -ia fly 12
letisko -a letísk airport
   11
letný summer (adj.) 12
leto -a liet summer 12
lev lva lion 12
ležať -ím -ia lie, be in a

491

lying position 6
líce -a líc pl. cheeks 14
liečenie -ia cure,
    treatment 14
liečiť -im -ia treat 14
liek -u medicine 14
lietadlo -a -diel airport
    12
lietať -ám -ajú fly (often)
    12
linka -y -niek line 8
list -u letter 5
listina -y -ín document,
    deed 12
lístok -tka ticket 4
literatúra -y literature
    14
loď lode pl. lodí boat 12
lokomotíva -y locomotive
    13
lopta -y lôpt ball 13
losos -a salmon 10
lovec -vca hunter 8
lôžkový vozeň sleeping car
    13
ľúbiť -im -ia love, like a
    lot 5
ľudia ľudí people 6
ľudský human 10
luster -tra chandelier 14
ľutovať -ujem -ujú be
    sorry
ľúto sorry, regret (+Dat.) 9
mačka -y mačiek cat 3
maďarčina -y Hungarian
    (language) 7
maďarský Hungarian 7
magnetofón -u tape
    recorder 3
máj -a May 12
mak -u poppy 10
mäkký soft 9
makovník -a poppy-seed
    cake 10

maľba -y -lieb painting
maliar -a painter (m.) 6
maliarka -y -rok
    painter (f.) 6
maliarstvo -a painting 10
malička: od malička since
    (being) a child 3
malinovka -y -viek
    raspberry drink 11
málo little, not much 7
malý small
manžel -a pl. -lia
    husband 3
manželka -ky -liek wife 3
mapa -y máp map 9
marec -rca March 12
maslo -a butter 11
mäso -a mias meat 10
mať mám majú have,
    have to, be supposed to 2
mať rád (rada) to like 5
mať, matka mother 3
matematika -y
    mathematics 7
matkin (poss. adj.)
    mother's 12
med -u honey 8
medový honey (adj.).
medový mesiac
    honeymoon 8
medzi among, between
    (+Inst.) 6
medzinárodný
    international 12
melón -a melon 7
menší smaller, (comp. of
    malý) 5
menej less 12
meniny -ín namesday 9
meniť -ím -ia change 14
mesiac -a month 4
mesto -a miest town 7
mestský town (adj.), local
    14

492

meškať -ám -ajú miss, be late. z- 12

meter -tra meter 9

mi see ja

mier -u peace 12

miesto -a place 8

milý nice (of a person) 3

mimoriadny exceptional 13

minca -e pl. -e -í coin 7

minerálny mineral (adj.) 8

minulý past, last 13

minúta -y minute 4

minúť -nem -nú pass (by) 15

misa -y -mís bowl 8

miska -y misiek bowl (dim.) 12

mizerný miserable 13

mladší younger 3

mladý young 6

mlieko -a milk 8

mňa, ma me (Gen.-Acc. of ja)

mnoho many 6

mnou see ja

množstvo -a multitude, variety 13

mocný (physically) strong 8

moderný modern 6

modrý blue 6

môj moja moje my, mine 3

more -a pl. moria morí sea 7

morka -ky moriek turkey 10

morský ocean (adj.) 10

most -a bridge 7

motocykel -kla motorcycle 12

motor -a engine 11

motorka -y -riek motor bike 13

motýľ -a butterfly 7

mozog -zgu brain 10

možno maybe, perhaps. as a modal: one can, may 4

možnosť -ti possibility 13

môcť môžem -u can, be able 3

mrak -u cloud 11

mrkva -y mrkiev carrot 10

mŕtvy dead 8

mrzutý annoyed, peevish 14

múčnik -a pastry 13

múdry smart 8

musieť -ím -ia must, have to 2

muška -y fly (dim.), aim 13

mušt -u juice, cider 14

múzeum -ea (n.) museum 1

muž -a pl. -i/-ovia man 3

myška -ky myšiek mouse 8

mydlo -a mydiel soap 12

mýliť sa -im -ia be wrong, make a mistake 8

myseľ -sli mind 10

myslieť -ím -ia think 4

myšlienka -y -nok idea 8

myš -i mouse 9

na on, at (+Loc.) 8. for (+Acc.)

nábytok -tku furniture 14

načas on time 2

načo for what? 5

nad over, above (+Inst.)

nádej -e hope 14

nádejný promising 7

nafta -y petroleum 13

náhliť -i hurry, speed 13

nahnevaný angry 7

nachádzať -am -ajú find. - sa be located 8

najmä especially 14
najobľúbenejší favorite 12
najprv first (adv.) 8
nájsť nájdem -u find
  (perf.) 7
najviac most (adv.) 14
nákladný freight (adj.) 13
nakoniec finally, at last 13
nákup -u purchase 11
nakúpiť -im -ia purchase,
  shop (perf.) 1
nakupovať -ujem -ujú go
  shopping 1
nálada -y nálad mood 10
nálepka -y -iek label 7
namerať -ám -ajú
  measure 10
námestie -ia square 11
namiesto in place of (+
  Gen.) 9
nanešťastie unfortunately
  8
naopak the opposite, other
  way 11
naozaj really 10
nápad -u idea 7
napísať -šem -u write,
  finish writing (perf.) 8
napiť sa -pijem -ú drink
  (perf.) 11
nápoj -u drink, beverage
  11
naposledy in the end, for
  the last time 11
napriek despite (+ Dat.) 7
napríklad for example 9
narkoman -a drug addict
  15
narodeniny narodenín
  birthday 9, 11
narodiť sa -ím -ia be
  born (perf.) 12
národ -a nation 12
národný national 2

nasledujúci next 14
násobilka -y -liek
  multiplication 10
nástenka -y message
  board, bulletin board 14
nastúpiť -im -ia get on
  (bus; perf.)
naštastie fortunately 8
náš naša naše our 3
navariť -ím -ia cook
  (perf.) 15
návrh proposal 11
návšteva -y -tev
  meeting 12
navštíviť -im -ia visit
  (perf.) 13
navštevovať -ujem -ujú
  visit 13
nazdar hi 1
názor -u opinion 3
nedeľa -le pl. -le -dieľ
  Sunday 4
nehoda -y -ôd accident 15
nechávať -am -ajú let,
  make, have (s.o.) do
  something) 8
nech sa páči go ahead,
  help yourself 11
nechať -ám -ajú let 13
neistý uncertain 11
nejaký some (sort of) 5
nejako somehow, anyhow 9
nemčina -y German
  (language) 7
nemecký German 7
nerast -u mineral 7
neraz often 9
nerv -u nerve 9
neskoro (adv.) late 4. do
neskora until late 7
neskoršie later 15
neskôr later 1
neslušný wrong, improper
  12

nešťastie –ia unhappiness 11

neter –e Gpl –í niece 12

neuveriteľný unbelievable 8

neznámy unknown 6

než than 7

nič nothing 2

nie no, not 1

niečo niečoho something 5

niekde somewhere 7

niekedy ever, sometimes 8

niekoľko some, a few, several 15

niekto niekoho someone, anyone 8

niektorý some 13

nielen not only 15

niesť nesiem –ú carry 9

niet there isn't any (+ Gen.) 10. niet divu no wonder

nikam nowhere, to nowhere 2

nikde nowhere 2

nikdy never 2

nikto nikoho no one, nobody 2

no yeah 1

noc –i pl. –i –í noci night 4. dobrú noc good night 1

noha –y nôh leg 14

nohavice –íc trousers (pl. form)

normálny normal 3

nos –a nose 14

novela –y –viel novel 5

november –bra November 12

noviny –vín newspaper 5

nový new 1

nôž noža knife 6

nožnice –íc (pl. form) scissors, shears 14

nudný boring 11

nuž well, but 2

o +Acc. by (an amount) + Acc. 5. +Loc. about 8

obal –u cover (of book) 6

obálka –y –lok envelope 6

občan –a citizen 6

občiansky preukaz citizen's ID

obdobie –ia period, season 12

obed –u lunch, afternoon dinner. na obed for lunch 1

obchod –u store 8

obchodný business (adj.) – dom department store 7

obidva –dve –dvaja both 9

objednať –ám –ajú unite 11

oblak –u cloud 10

oblečený dressed 9

oblečenie –ia clothing 11

oblek –u suit 7

obličaj –u face 14

obliecť –čem –ú get dressed (perf.) 14

oblok –u window 15

obložený chlebík (open faced) sandwich 11

obľúbený favorite 8

obrábať –am –ajú cultivate 14

obrátiť –im –ia turn over (perf.) 14

obrať –beriem –ú harvest (perf.) 14

obraz –u picture 1

obrva –y obŕv eyebrow 14

obsadený filled up, occupied 15

obsluha –y service 15

obslúžiť –im –ia serve, service (perf.) 14

obtočiť –ím –ia encircle
(perf.)
obyčajný ordinary 8
obytný dom residence
obývačka –y –čiek living
room 14
oceán –u ocean 12
oceľ –le steel
ochutnať –ám –ajú taste
(perf.) 10
očakávať –am –ajú expect
13
očný eye (adj.) očný lekár
oculist
od from, than (+ Gen.) 12
odísť odídem –u leave,
depart (perf.) 4
od malička from an early
age 3
od, odo (+Gen.) from, than 5
mladší odo mňa
younger than I/me
oddelenie –ia department
9
odev –u piece of clothing 7
odchádzať –am –ajú go
away, leave 13
odkedy from when 15
odkiaľ from where 3
odkundes –a
son-of-a-bitch 15
odpočívať –am –ajú rest,
relax 4
odporúčať –am –ajú
recommend 15
odpovedať –ám –ajú
answer 13
odrážať sa –a be reflected
14
odroda –y –ôd variety 12
odtiaľto from here 2
odviezť –veziem –ú take,
transport (perf.) 14
ohybný flexible 12

ochrana –y –án
protection 12
okamžite right away 10
okno –a okien window 1
oko pl. oči očí eye 14
okolo around, about (+ Gen.)
13
okraj –a edge, brim 12
okrem besides (+Gen.). –
toho besides that 1
október –bra October 12
okuliare –ov eyeglasses
(pl. form) 14
okúň –a pike (fish) 10
omietka –y –tok plaster
12
on jeho (ho), jemu (mu),
ním, ňom he, him 2
ona jej ju ňou nej she,
her 2
oneskoriť sa –ím –ia be
late (perf.) 2
ono jeho (ho) ním ňom it
2
opaľovať sa –ujem –ú
sunbathe 14
opáliť sa –ím –ia
sunbathe, get a tan
(perf.) 14
opatrovať –ujem –ú look
after 5
opísať –šem –u describe
(perf.) 15
opiť sa –pijem –ú get
drunk (perf.)
opravovať –ujem –ú fix 9
opýtať –am –ajú ask
(perf.) 15
opýtať sa –am –ajú ask,
inquire (perf.) 3
opiecť opečiem –ú bake
(perf.) 14
opica –e –íc monkey 5
oplešivieť –iem –ejú grow

bald (perf.) 13
oranžový orange (adj.)
orech -a nut 7
orechovník -a nut roll 10
organizácia -ie
  organization 12
organizovať -ujem -ú
  organize 6
osadený planted 14
osem ôsmi eight 12
osemdesiat -i eighty 12
osemdesiaty eightieth 12
osemnásť -ti eighteen 12
osemnásty eighteenth 12
oslavovať -ujem -ujú
  celebrate 9
osmoro eight (coll. num) 14
osoba -y osôb person 3
osobitný special 13
osobne in person 8
osobný vlak passenger
  train 13
ostatne after all
ostrý sharp 8
osviežiť sa -im -ia
  freshen up (perf.) 8
ošetriť -ím -ia nurse
  (perf.)
ošetrovateľ -a nurse 6
otázka -y -zok question 1
otcov (poss. adj.) father's
  12
otec otca pl. otcovia
  father 3
otrava -y -áv poison 11
otužiť -ím -ia strengthen
  (perf.) 11
otvárať -am -ajú open 15
otvorený open (adj.) 15
otvorený open 8
otvoriť -ím -ia open
  (perf.) 10
ovca -e oviec sheep 5
ovčiak -a sheepdog 5

oveľa (by) a lot 7
ovládať -am -ajú have
  mastery over, control 7
ovocie -ia fruit 7
ovocný fruit (adj.) 8
oxid -u oxide 14
ozaj really 12
označenie -ia designation
  10
oznámenie -ia (= reklama
  -y) advertisement 5
ôsmy eighth 8
pacient -a (medical)
  patient 13
páčiť sa -im -ia please (+
  Dat.) 12
padnúť -nem -nú fall
  (perf.) 10
palivo -a -ív fuel 11
pamätať sa -am -ajú
  na remember (+Acc.) 6
pamäť -i memory 8
pančucha -y -čúch
  stocking 7
pán -a pl. páni Mr. 6
pani panej pl. panie paní
  Mrs., Ms. 6
panna -y panien maiden
  12
papier -u paper 1
papierový paper (adj.) 15
paprika -y -ík paprika,
  pepper 12
pár -u pair, couple 12
para pary pár steam 12
paradajka -y -jok tomato
  10
pardón excuse me, sorry 1
park -u park 2
párok -rka frankfurther
  15
pás -a belt, waist 14
pátranie -ia search 8
päť piati five 12

498

pokladnica -e cashier's (stand) 12

pokoj -u peace 11

pokuta -y -út fine, ticket 15

pol half 13

pole -a pl. polia polí field 1

policajná stanica police station 15

policajný police (adj.) 15

policajt -a policeman 15

polievka -y -vok soup 10

polkila half a kilo 12

polnoc -i pl. -i -í midnight 13

položiť -ím -ia lay, put down (perf.) 13

poľština -y Polish (language) 7

poľský Polish 7

pomôcť -môžem -u help (perf.) 13

pomáhať -am -ajú help (+ Dat.) 13

pomaranč -a orange 10

pomerne comparatively

pomník -u monument 11

pomoc -i help, aid 11

poň = po neho for him

ponáhľať sa -am -ajú you are in a hurry 1

pondelok -lka Monday 4

ponechať -ám -ajú leave 9

ponožky -žiek socks 7

ponúkať -am -ajú offer 10

poobede in the afternoon 4

popolník -a ashtray 3

popoludní afternoon (adj.) 13

populárny popular 5

poradiť -ím -ia advise (perf.) 14. - sa get along

porcia -ie portion 15

poriadok -dku order schedule 13

porozprávať -am -ajú converse 15

posadiť -ím -ia plant (perf.) 13

poschádzať sa -am -ajú congregate 12

poschodie -ia floor 15

poslať pošlem -ú send (perf.) 1

posledný last 10

poslušný obedient 14

postava -y -áv figure, character 8

posteľ -le G pl. -lí bed 6

posúdiť -ím -ia judge (perf.) 14

pošta -y -pôšt post office, mail 1

potok -a stream 12

potom then, later 13

potrava -y -áv food, dish 9

potraviny -ín (pl. form) food 12

potrebný necessary 9

potrebovať -ujem -ujú need 5

používať -am -ajú use 11

použiť -žijem -ú use (perf.) 12

povaha -y -áh mood 12

povala -y -ál ceiling 1

povedať -ám -ajú say 12

povinnosť -ti duty, obligation 14

povrch -u surface 9

pozajtra day after tomorrow 4

pozdný late 13

pozerať -ám -ajú watch,

view (e. g. television) 5

poznámka -y -mok note 5

poznať -ám -ajú know (a person) 3

pozor -u caution 15

pozrieť sa -iem -ú take a look (perf.)

pozvať -em -ú invite (perf.) 13

požičať -ám -ajú lend 5

práca -e work, job

pracovať -ujem -ujú work 2

pracovňa -ne pl. -ne -ní workroom 14

pracovný deň work-day 14

pracovitý diligent, hard-working 9

pracovník -a worker 9

pračka -y -čok washing machine

pravdaže for sure 8

pravda -y právd truth. mať pravdu be right 7. sentence tag: right? 2

práve right, only just 11, 13

praveký primieval, prehistoric 13

právo -a right, law 14

prázdny empty 8

pre (+Gen.) for (the benifit of) 9

prečítať -am -ajú read (through) (perf.) 13

prečo why 2

prechádzka -y -dzok walk, stroll 2

pred in front of (+Inst.) 6

predavačka -y -čiek saleslady 12

predávať -am -ajú sell 12

predčiť -ím -ia surpass 10

predmet -u subject 7

predpoludnie -ia forenoon 13

predpoveď -de forecast 14

predsa after all 12

predsieň -ne pl. -ne -ní (front) hall 14

predstaviť -ím -ia present, introduce (perf.) 9

predstaviť si -ím -ia imagine (perf.) 14

predtým earlier 10

predvádzať -am -ajú perform 8

predvčerom day before yesterday 4

predvolanie -ia summons 15

prehrávať -am -ajú lose 13

prehrať -ám -ajú lose (perf.) 13

prechodne temporarily 8

prejsť prejdem -ú cross (perf.) 10

prekvapený startled 14

preliezť -leziem -ú crawl across (perf.) 15

prenajať -jmem -ú hire, rent (perf.) 12

prepáčiť -im -ia excuse, forgive (perf.) 9.

prepáč(te) excuse me 1

presný soon 13

prestavba -y restructuring, "perestroika" 14

presvedčený convinced 3

presýtiť -im -ia saturate (perf.) 14

pretáčať -am -ajú draw off 14

preto therefore, because 12
previsnutý hung across 12
pri near, next to (+Loc.) 8
priam douwnright 14
priamo adv. straight,
  directly 14
priať prajem -jú wish 14
priateľ -a friend (m.) 3
priateľka -y -liek friend
  (f.) 3
príbuzný relative (adj.
  noun) 13
pridelenie -ia allocation
  15
priemerný average 10
priestupok -pku
  infraction 15
prievan -u draft 10
prichádzať -am -ajú
  arrive (often) 12
príjemný agreeable 9
priletieť -ím -ia arrive
  by air (perf.) 12
prilietať -am -ajú arrive
  by air (Imperf.) 12
príliš too (much) 3
primeraný appropriate 14
priniesť -nesiem -ú bring
  (perf.) 7
prípad -u case, incident 9
  v každom prípade in
  any case
priplatiť -ím -ia pay
  extra (perf.) 13
príplatok -tku surcharge
  13
pripravený ready 3
pripraviť -ím -ia fix
  (perf.) 13
pripravovať -ujem -ujú
  fix, cook 14
príslovie -ia proverb 8
príslušenstvo -a things that
  belong; utensils 13

pristať -stanem -ú suit
  (perf.)
prísť prídem -u come,
  arrive (perf.) 13
príťažlivý attractive 11
prítomnosť -ti the
  present 7
prízemie -ia first
  (ground) floor 15
priznať -ám -ajú confess
  (perf.) 5
problém -u problem 7
profesor -a professor 6.
  -ka fem.
program -u program 8
prosiť -ím -ia ask for, beg
  1. prosím please
proti against (+ Dat.) 11
protivný opposite,
  repugnant, dispicable 5 , 9
prsia prs (pl. form)
  breast 14
prst -a finger 14
pršať -í rain
prút -a rod, switch 12
prvý first 1
pstruh -a trout 10
puding -u pudding
pudlík -a poodle 5
pulóver -a pullover 7
pýtať sa -am -ajú ask 2
rad -u row
rád rada glad. mať rád
  like
rada -y rád advice 10
rádio -ia radio 3
radnica -e -níc city hall
  11
radosť -ti pleasure 6
radšej rather 5
rak -a crab, Cancer (zod.)
  12
raňajky -jok (pl. form)
  breakfast 14

ranený injured, hurt 15
ráno -a morning; in the
    morning. **dobré ráno**
    good morning 1
rastlina -y -ín plant 7
rásť rastiem -ú grow 9
ráz -u once, time 12
raz (counting) one
remeň -a belt 7
remíza -y tie (game) 13
rentabilný profitable 3
repa -y riep beet 13
rešpektovať -ujem -ujú
    respect 14
reštaurácia -ie
    restaurant 6
reuma -y rheumatism 14
rezák -a incisor 9
rezeň -zňa chop 10
riadiť -im -ia drive,
    manage 10
rieka -y riek river 11
ročný yearly 12
robiť -ím -ia do, work 2
robot -a robot 10
robota -y -ôt work 14
robotník -a worker,
    laborer 3
ročný yearly 12
rodič -a pl. **rodičia** parent
    4
rodina -y -ín family 13
rodiť sa -í be born 14
rodný native, native born
    15
roh -u corner 6
rok -u year 4
ropa -y rôp crude oil 11
rovnaký equally 7, 14
rozbiť -bijem -ú break
    apart (perf.) 15
rozdiel -u difference 12
rozhodovať -ujem -ujú
    decide 12

rozličný various 7
rozmanitý diverse 12
rozmeliť -ím -ia grind up
    (perf.) 9
rozmyslieť si -ím -ia
    reconsider (perf.) 13
rozmýšlať -am -ajú
    think 8
rozoznať -ám -ajú
    recognize (perf.) 8
rozprávanie -ia tale 8
rozprávať -am -ajú tell,
    narrate. **- sa** converse 7
rozprávka -y -vok story,
    tale 9
rozpúšťať -ám -ajú
    dissolve 11
rozsiahly extensive 14
rozšíriť -im -ia
    disseminate, make wide
    (perf.) 10
rozum -u mind 7
**rozumieť -umiem
    -umejú** understand 2
rozvetvený branched,
    diversified 12
rozvíjať sa -a -ajú
    unfold, develop 12
rožok -žka bun, croissant
    10
rôzny various 11
rukavica -e -íc glove
ruština -y Russian
    (language) 7
ruža -e Gpl -í rose 11
ružový rose (colored), pink
    8
ruka -y rúk hand, arm 14
ruský Russian 7
ryba -y rýb fish 5
rýchlik -a express train
    13
rýchlosť -ti speed 15
rýchly quick, rapid 9

ryža -e rice 10
s, so (together) with
  (+Inst.) 2
sako -a sák jacket 7
saláma -y salami 11
sám sama samo self, by
  oneself, alone 4
samostatný independent
  14
samozrejme of course,
  obviously 4
sardinky -niek (pl.)
  sardines
seba sebou sebe si (refl.
  pron.) (one)self. vedľa
  seba next to each other
  15
sedem siedmi 7
sedemdesiat -ti seventy
  12
sedemdesiaty seventieth
  12
sedemnásť -ti seventeen 8
sedemnásty seventeenth
  12
sedieť -ím -ia sit 5
sedmoro seven (coll. num.)
  14
sekunda -y -únd second 4
sem this way 14
september -bra
  September 12
servus hi, bye (informal) 1
sesternica -e -íc f. cousin
  12
sestra -y -tier sister 3
sever -u north 13
severný northern 13
schádzať sa -am -ajú
  meet, assemble 12
schod -u stair 15
schôdza -e meeting 15
schopnosť -ti capability
  10

schopný capable 6
si see seba
sídlo -a -diel residence,
  seat 12
siedmy seventh 7
silný strong 8
situácia -ie situation 12
škebľa -le clam
sklovina -y -ín enamel 9
škodiť -ím -ia harm 10
skok do výšky high jump
  13
skončiť -ím -ia (perf.)
  finish 9
skontrolovať -ujem -ujú
  check (perf.) 13
skonzumovať -ujem -ujú
  consume (perf.) 8
skoro almost, soon,
  shortly, nearly
skorý soon
skôr sooner 6
skracovať -ujem -ujú
  shorten 10
skriňa -ne pl. -ne -íň
  cupboard 14
skrotený trained 8
skrotiť -ím -ia train
  (perf.) 8
skrutkovač -a corkscrew
  13
skúška -y skúšok
  examination 2
skúsiť -im -ia try (perf.)
  10
skrytý hidden 13
skutočne really, indeed 3
skvelý great 8
slabý weak 8
sladkosť -ti sweet (noun)
sladký sweet 5
slaný salty 10
slávny famous 6
slečna -y -čien miss 5

sliepka -y -pok chicken 10
slivka -y -viek plum 7, 12
slivovica -e -víc plum
   brandy 8
slnce -a sĺnc sun 12
slnečný sunny 11
slnko -a sun (= slnce) 11
sloboda -y -ôd freedom 12
slobodný free 6
slon -a elephant 8
Slovák -a pl. Slováci
   Slovak (man) 1
slovenčina -y Slovak
   (language) 7
Slovenka -y Slovak
   woman 1
Slovensko -a Slovakia 2.
   na Slovensku in Slovakia
slovenský Slovak (adj.). po
slovensky in Slovak 3
slovník -a glossary,
   dictionary 1
slovo -a slôv word 12.
slovom in brief 14
slušný right, proper 12
smäd -u thirst 10
smädný thirsty 10
sme ste sú see byť
smer -u direction 8
smiať sa smejem -ú
   laugh 14
smieť smiem smú dare,
   may 8
smiešny funny 10
smrť -ti death 11
smrdieť -ím -ia smell
   bad, stink 8
smutný sad 3. smutno
   sad, sadly (adv.) 10
smútočný mournful 12
snívať -am -ajú dream of
   10
snúbenec -nca fiancé 6
snúbenica -e -níc fiancée

6

sneh -u snow 11
sóda -y sôd soda (pop) 8
sobota -y -bôt Saturday 4
soľ -li salt 11
soliť -ím -ia salt 10
soška -y -šiek statue 7
Sovietský zväz Soviet
   Union
spálňa -ne bedroom 8
spaľovací combustion
   (adj.) 11
spať spím spia sleep 13
spievať -am -ajú sing 15
splašiť sa -ím -ia panic
   (perf.) 8
spojenie -ia connection 13
Spojené štaty United
   States 6
spokojný satisfied 3
spoločnosť -ti society,
   company, party 7
spolu together 14
spolupracovať -ujem
   -ujú cooperate 12
spolužiačka -y -čok
   school-mate 3
spolužiak -a schoolmate 3
spomínať -am -ajú recall
   15
spomínať si -am -ajú
   recall 8
sporiť -ím -ia save 12
spôsobiť -ím -ia cause
   (perf.) 8
spôsobovať -ujem -ujú
   cause 11
správa -y piece of news 14
spresňovať -ujem -ujú
   make precise 10
sprcha -y spŕch shower
   15
spýtať sa -am -ajú ask,
   inquire (perf.) 7

504

srdce -a srdc heart 14
stačiť -í be enough 13
stále constantly 5
stanica -e -níc station 11
stánok -nka kiosk, sales booth 12
starať sa -ám -ajú o (+ Acc.) try for
starostlivý careful 14
starý old 1
stať sa stanem -nú happen (perf.) 12
stáť stojím -a stand, be standing 6
stavať -ám -ajú build 9
stavanie -ia building 12
staviteľ -a architect 6
stehno -a stehien thigh 14
stejk -u steak 10
stena -y stien wall 1
stiahnuť -nem -nú pull off (perf.) 12
stíhať -ám -ajú arrive on time 13
stihnúť -nem -ú arrive on time (perf.) 4
sto hundred 8
stoka -y stôk sewer 9
stovka -y (reif. num.) one hundred (crowns)
stolička -y -čiek chair 1
stolný table (adj.) 13
stopka -y -piek stem 12
stôl stolu table 1
strach -u fear 14
strana -y -án side 8
stráň -ne hillside 14
stráviť -im -ia spend 9
strašný terrible 8
stratiť -ím -ia lose, waste (perf.) 15
strecha -y -riech roof 11
streda -y stried Wednesday 4

stredný middle 11
strelec -lca archer, Sagittarius 12
stretnúť nem -nú (perf.) meet 6
strieborný silver (adj.) 13
stroj -a machine 7
strom -u tree 6
strýko -a (paternal) uncle 3
studený cool 14
stý hundredth 12
súčasť -ti component 12
súčasný contemporary 12
sud -a barrel 14
súd -u court 15
súhlasiť -ím -ia agree 3
suchý dry 8
sukňa -ne pl. -ne -kien skirt 7
súrodenec -nca sibling 5
sused -a pl. susedia neighbor (m.) 6
susedný neighboring 9
súvislosť -ti connection 14
sypať -em -ú pour 12
svet -a world 12
sveter -tra sweater 7
svetlý light (colored) 8
svetový word (adj.) 5
svietiť -im -ia shine, light 11
svieži fresh 9
svokor -kra father-in-law 9
svokra -y -kier mother-in-law 9
sympatický nice 3
syn -a pl. synovia son 3
synovec -vca nephew
syr -a cheese 11
šabľa -le pl. -le -biel saber 12

šalát -a salad 11
šálka -y -lok cup 8
šampanské -ého
champagne 8
šaty šiat (pl. form)
clothing, dress 5, 7
šedý gray 8
šéf -a chief, boss 13
šesť šiesti six 6
šesťdesiat -i sixty 12
šestdesiaty sixtieth 12
šestnásť -ti sixty 12
šestnásty sixtieth 12
šestoro six (coll. num.) 14
šiesty sixth 6
šíriť -im -ia widen,
broaden 12
široký wide, broad 8
škaredý ugly 1
škatuľka -y -liek box 8
škoda harm. too bad.
škoda času a waste of
time 4
škodec -dca pest 14
škola -y škôl school 1
škorpión -a scorpion,
Scorpio 12
španielština -y Spanish
(language) 7
španielsky Spanish 7
špargľa -le asparagus
šport -u sport(s)
športový sport, sports
(adj.) 2
šťastie -ia happiness 13
šťastný happy 3
štát -u state 12
štátny state (adj.) 12
šťava -y juice 11
štrnásť -ti fourteen 12
štrnásty fourteenth 12
študent -a student (m.) 1
študentka -y -tiek
student (f.) 1

študovať -ujem -ujú
study 3
štvoro four (coll. num.) 14
štvrtok -tka Thursday 4
šврť šврti quarter 12
štyri four 4
štyridsať -ti fourty 12
štyridsiaty fourtieth 12
švihadlo -a -diel jump
rope 13
šesťdesiaty sixtieth 12
štврť -ti quarter hour,
part of town 14
štvrtý fourth 4
šumivé víno sparkling
wine 14
taška -y -šiek handbag 1
tabletka -y -tiek tablet 9
tabuľa -le -búl
blackboard 1
ťahať -ám -ajú pull, drag,
tow 13
tak so, then, as 1
talent -u talent 6
taliansky Italian 7
tam there 1
tancovať -ujem -ujú
dance 7
tanier -a plate 15
tavený melted, processed
(cheese) 12
ťažkosť -ti difficulty 15
ťažký heavy, hard,
difficult 5
taxík -u taxi, cab 12
taxíkový taxi (adj.) 15
teda then, so, in that case
1
teľací veal 15
telefón -u telephone 15
telefonicky by phone 8
telefonovať -ujem -ujú
telephone 13
televízia -ie television,

television set 3
telo -a tiel body 14
ten tá to that 1
tenis -u tennis 13
tenký thin 6
tento táto toto this 1
tentokrát this time 14
teplota -y -ôt
  temperature 10
teplý warm 14
teraz now 3
tesť -a pl. tesťovia
  father-in-law 9
testiná -y -tín
  mother-in-law 9
tešiť -ím -ia gladden,
  make glad, please 9
teta -y tiet aunt 3
tetka -y -tiek aunt 3
tichý quiet 7
tiež also 1
tlačiť -ím -ia press, print
  15
tmavý dark 8
tolerantný tolerant 9
toľko so many 13
topánka -y -nok shoe 7
torta -y toriet (layer)
  cake 5
tovar -u freight, goods
továreň -rni factory 11
trafiť -ím -ia hit 13
tranzistor -a transistor
  radio 13
tradičný traditional 10
trafika -y -fík news and
  tobacco shop 8
trápiť sa -im -ia worry
  15
trať -te track, route 13
tráva -y grass 8
tráviť -im -ia spend,
  digest. s- 12
treba it is necessary, one

must, one ought, it is
  necessary (+Dat.) 1, 3, 4
treska -y -siek cod 10
trestný criminal 8
tretí -ia -ie third 3
trh -u market 11
tri traja three 4
tridsať -ti thirty 12
tridsiaty thirtieth 12
trieda -y tried class 13
trinásť -ti thirteen 12
trinásty thirteenth 12
trochu a little 7
troje three (coll. num.) 14
trolejbus -u trackless
  trolley 12
trošku a little 8
trup -a trunk (of body) 14
trvalý permanent 8
trvať -ám -ajú last,
  persist 12
tu here 12
turecký Turkish 8
turista -u tourist 1
tvár -i pl. -e -í face 1
tváriť sa -i become,
  pretend 14
tvoj -a -e your (sg.) 3
tvrdiť -ím -ia claim 3
tvrdý hard 9
ty teba ťa tebe ti tebou
  you (sg., informal) 1
typ -u type 11
týždeň -dňa week 4
u at, near, by (+Gen.). u vás
  at your place 3
ublíženie -a injury, wrong
  15
učeň učňa pupil 12
učenec -nca scientist 7
učenie -ia learning
učesať sa -šem -ú comb
  one's hair (perf.) 14
účet -u receipt, bill, check

učiť -ím -ia teach 3

učiť sa -ím -ia study 2

učiteľ -a pl. -lia teacher
1

učiteľka -ky -liek
teacher (f.) 1

úcta -y úct honor 12

účtovníctvo -a -tiev
book-keeping 10

účtovníčka -y -čiek
accountant (f.) 6

účtovník -a accountant 6

udalosť -ti happening,
occurrence, event 15

udrieť -iem udrú hit,
strike (perf.) 12

udržiavať -am -ajú keep,
maintain 9

uhličitý carbon (adj.) 14

uhlie -ia coal 11

uhorka -y -riek
cucumber, pickle 7

uchádzať -am -ajú run
away (imperf.) 12

ucho -a pl. uši uší ear 14

uistiť -ím -ia assure
(perf.) 13

ujko -a pl. ujkovia
(maternal). uncle 3

ujo = ujko

ujsť ujdem -ú run away
(perf.) 12

ukazovať -ujem -ujú
show 13

uľahčiť -ím -ia make
easier (perf.) 10

ulica -e ulíc street 7

úloha -y úloh lesson 5

umenie -ia art 10

umožniť -ím -ia make
possible (perf.) 10

umyváreň -ne washroom
8

umývať -am -ajú wash
14

umyť sa umyjem -ú
wash (self; perf.) 14

unavený tired 3

univerzita -y -zít
university 2

úplne completely 13

uplatňovať -ujem -ujú
be of use 10

upokojovať sa -ujem -ú
calm down (perf.) 15

upratovanie -ia cleaning
14

upratovať -ujem -ú
clean, straighten up 14

upravený arranged 13

úrad -u office 2

úradník -a clerk, office
worker 6

úradníčka -y -čiek clerk,
office worker (f.) 6

určite surely, really, of
course 8

urobiť -ím -ia do, make
(perf.) 13

úroda -y úrod harvest 12

usilovný diligent 9

usmažiť -ím -ia fry
(perf.) 14

usmievať sa -am -ajú
laugh 8

úspech -u success 14

ústa úst mouth (pl. form)
14

utekať -ám -ajú run off 2

utiecť utečem -ú run off
(perf.) 1

útorok -rka Tuesday 4

uvariť -ím -ia cook, boil
(perf.) 14

uveriť -ím -ia (perf.)
believe 8

uvidieť -ím -ia see, spot

(perf.) 13

uvoľniť sa -ím -ia free oneself (perf.) 15

uznať -ám -ajú acknowledge (perf.) 10

úzky narrow 8

už already, yet 2

užasnutý astonished 14

užívať -am -ajú use 15

v, vo in (+Loc.) 2, 8

vagón -a railroad car 13

váha -y váh scale 12

vajce -a pl. vajcia vajec egg 7

vajcovitý oval (adj.) 12

valec -lca steam roller 13

vaňa -ne pl. -ne -ní bath

varenie -ia cooking, boiling 14

variť -ím -ia cook, boil 7

váš vaša vaše your (pl.) 3

vážiť -im -ia weigh 13

vážny serious, important

väčmi more, for the most part 13

väčší greater (comp. of veľký) 5

väčšina -y majority 11

včera yesterday 4

vďačne gladly, kindly 8

vďačný thankful, grateful 14

vďaka thanks 1

vec -i pl. -i -í thing 1

večer -a evening. dobrý večer good evening 1

večera supper 5

večierok -rka party 7

veda -y vied science 10

veď why, indeed 12

vedieť viem vedia know, know how 2

vedľa alongside, next to (+ Gen.) 14

vedúci (decl. like adj.) leader, manager 15

vek -u age 12

veľa much, a lot. veľa práce a lot of work 3

veľký great, large, huge 5

veľkosť -ti size 11

veľmi very 2

veľmoc -i great ("super") power 12

venovať -ujem -ujú na (+Acc.) devote to 7

veranda -y -ánd porch 14

verejný public 8

veriť -ím -ia believe 8

veru truly, in tru

vetva -y -tiev branch 12

viac more (of). najviac most (of) 5

Vianoce (pl. form) Christmas

video VCR 7

vidieť -ím -ia see 3

vidiek -a country(side) 12

viesť vediem -ú lead 7

vietor -tra wind 10

viezť veziem -ú drive 7

víkend u week-end 5

vina -y vín fault 2

vinársky wine-grower's (adj.) 14

vinica -e -íc vineyard 14

vinič -a vine 14

víno -a wine 5

vinohradník -a vintner, winegrower 14

visieť -ím -ia hang 6

vlak -u train 12

vlasť -ti country 11

vlas -u hair

vlastnosť -ti property, trait 12

vlastný own 8

vľavo on the left 8

509

vlčiak -a German shepherd (dog) 5
vlhký moist 12
vlk -a wolf 6
vnučka -y -čiek granddaughter 12
vnuk -a pl. vnuci grandson 9
vnútri inside 14
vôbec at all 14
voda -y vôd water 11
vodič -a driver 15
vodičský preukaz -u driver's license 15
vodnár -a Aquarius 12
vodopád -u waterfall 12
vojak -a pl. vojaci soldier 9
vojna -y vojen war 12
voľakedy long ago
volať -ám -ajú call 15
volať sa -ám -ajú be called 2
volejbal -u volley ball 13
voľný free 15
von outside (dir. adv.) 3
vonku outside (loc. adv.) 3
voz -u car
vozeň vozňa wagon 13
vozidlo -a -diel vehicle 12
vpravo on the right 8
vpredu up front, in front 14
vracať sa -iam -ajú return, come back 8
vrátiť sa -im -ia return (perf.) 8
vravieť -ím -ia say, gab (perf.) 13
vravievať -am -ajú talk, gab 13
vŕba -y willow 12
vrece -a bag, sack 1
vrecko -a -ciek bag, sack

(dim.); pocket 12
vreckový pocket (adj.) 13
vstávať -am -ajú rise, get up 13
vstať vstanem -nú get up (perf.) 9
všade everywhere 5
však however, to be sure 13
všeličo all sorts of (adv.) 12
všelijako all kinds of (adv.) 14
všeobecne generally 10
všetko everything 5.
všetko jedno it's all the same 11
všetok všetka všetko all 9 všetci all, everyone (m. pers. pl.)
všimnúť si -nem -nú notice (perf.)
vták -a pl. vtáci or vtáky bird 5
vy vás vám vami you (pl., formal) 2
vybaviť -ím -ia take care of, provide (perf.) 11
vybavovať -ujem -ujú execute, work on, take care of 9
výber -u choice 7
výbor -a committee 12
výborný excellent 8
vybrať -beriem -ú choose, pick, select (perf.) 14
výbušný combustive 11
vyčistiť -ím -ia clean (perf.) 14
vydatá married (of a woman) 6
vydržať -ím -ia endure 3
vyháňať -am -ajú chase 10
vyhovieť -iem -ejú please

(perf.) 10

vyhovovať -ujem -ú suit
(+ Dat.) 15

vyhrávať -ám -ajú win
13

vyhrať -ám -ajú win
(perf.) 13

vyhubiť -ím -ia
exterminate (perf.) 8

vychádzať -am -ajú
leave, depart 13

východ -u east 13

východný eastern 13

vyjadrovať -ujem -ú
reveal 14

vyjsť *vyjdem* -ú go out
(perf.) 3

vykúpať sa -em -u bathe
(perf.) 14

vykvasiť -ím -ia ferment
(perf.) 14

výlet -u excursion, trip 14

vylisovať -ujem -ujú
press 7

vypadať -ám -ajú turn
out 11

vypadnúť -nem -nú fall
out; slang: clear out
(perf.)

výpar -u fume 11

vypiť *vypijem* -ú drink
(up) (perf.) 9

vyplatiť -ím -ia pay out
(perf.) 12

vyplniť -ím -ia fill up
(perf.) 15

vyprážaný roasted, fried
15

vyrábať -am -ajú earn,
make, produce 3

vyrásť -rastiem -tú
grow up (perf.) 12

výroba -y -ôb
product(ion) 10

vyrobiť -ím -ia earn,
produce (perf.)

výskum -u research 14

vysoký high 2

vystúpiť -im -ia get out
(perf.) 8

vystupovať -ujem -ujú
get out 6

vysvedčenie -ia
certificate 12

vyše above 12

výška -y height. *vo výške*
in the amount 15

výťah -u elevator, lift 3

vytiahnuť -nem -nu pull
out (perf.) 11

vytrhnúť -nem -nú pull
out (perf.) 9

využívať -am -ajú utilize
11

vyvesený displayed, hung
out 13

výkvrtka -y corkscrew

vyzerať -ám -ajú look,
appear 3

výživa -y nourishment 9

vzadu in back, behind 14

vzájomný mutual 12

vzdialený distant 12

vzduch -u air 14

vznikať -á arise, originate
14

vziať *vezmem* -ú take
(perf.) 9

vzťah -u relationship 12

vždy always 9

z from, out of (+ Gen.) 11

za (+Acc.) in, after. 4.
(+Inst.) behind, beyond 6

zabaliť -ím -ia wrap up
(perf.)

zábava -y -bav party 7

zabávať sa -am -ajú
enjoy oneself, have a good

time 9

zabaviť sa -ím -ia amuse, enjoy o.s. (perf.) 7

zabrať -beriem -ú take up (perf.) 11

zabudnúť -nem -nú forget (perf.)

začať začnem -nú begin (perf.) 13

začiatok -tku beginning 11

začínať -am -ajú begin 14

zadovažovať -ujem -ujú procure 7

zachádzať -am -ajú set (of sun) 12

zadok -dka backside, rear 14

záhrada -y záhrad garden 12

záhradka -y -diek garden (dim.) 12

zahraničný foreign 6

zahrať -ám -ajú play (perf.) 13

zachádzať -am -ajú drop in on

záchod -u toilet 15

zaistiť -ím -ia ensure (perf.) 13

zajac -a rabbit 10

zájsť zájdem -u happen, go after (perf.) 12

zajtra tomorrow 2

zakázať -žem -žu forbid (perf.) 10

zakaždým always 2

zakladať sa -ám -ajú be based on 12

záležať -í -ia depend 12

zameniť -ím -ia change, replace (perf.) 15

zamestnanie -ia professioin 9

zamračený cloudy 14

zaneprázdený busy 3

zaoberať -ám -ajú concern oneself with 10

zaostávať -am -ajú lag behind 8

západ -u west 13

zapadnúť -nem -nú sink, fall into, set (perf.) 10

západný western 13

zápach -u smell 8

zápalka -y -liek match 7

zápas -u match, game, contest 13

zaplatiť -ím -ia pay (perf.) 13

zarábať -am -ajú earn, "make" (perf.) 3

zasa however 14

zasadanie -ia session 12

zasnúbený engaged 6

zástava -y -av flag, banner

zastávka -y -vok (bus) stop

zastavovať -ujem -ujú stop 13

zastaviť -ím -ia stop (perf.) 15

zástupca -u representative 12

zastúpiť -im -ia substitute 12

zatelefonovať -ujem -ujú telephone (perf.) 13

zato for that reason, therefore 14

zatrepať -em -ú shake, beat (perf.) 1

zatvárať -am -ajú close 15

zatvorený closed 8

zatvoriť -ím -ia close (perf.) 10

zaujímať -am -ajú to

interest 5. – **sa o** (+Acc.) be interested in

zaujímavý interesting 3

závisieť závisí depend 10

závod -u factory, plant 14

zavolať -ám -ajú call (perf.) 11

zavše sometimes14

zázračný wonderful, marvelous 8

zazvoniť -ím -ia call up (perf.) 11

zberateľ -a collector 7

zbierať -am -ajú gather, collect 7

zbierka -y -rok collection 7

zblízka (adv.) not far away 13

zdať sa -á -ajú seem (perf.) 7

zďaleka far away 13

zdobený decorated 13

zdravie -ia health 15

zdravý healthy, well 5

združený associated 12

zdržať sa -í -ia stay (perf.)

zelený green 8

zelenina -y greens, vegetables 8

zeleninový vegetable (adj.) 12

zem –e pl. **zeme ziem** land, country, earth 11

zemeguľa -le globe, the earth 13

zemiak –a potato 12

zhoršovať sa -ujem -ú worsen 14

zhotovený constructed 13

zhotoviť -ím -ia make, complete (perf.) 12

zhromaždenie -ia

gathering 12

zhromaždiť -ím -ia accumulate (perf.) 7

zima -y zím winter; (adv.) cold 12

zimný wintry 12

získavať -am -ajú obtained 11

zistiť -ím -ia discover 9

zjesť zjem zjedia eat (perf.) 13

zlatý gold(en) 13

zlepšiť sa -ím -ia improve (perf.) 14

zlepšovať sa -ujem -ú improve

zlodej -a robber 5

zlozvyk -u bad habit 8

zlý bad. zle bad(ly) 1

zmeniť -ím -ia change (perf.) 15

zmenšiť -ím -ia make smaller (perf.) 10

zmeškať -ám -ajú miss (perf.) 12

zmiešať sa -am -ajú become mixed 11

zmrzlina -y ice cream 10

zmysel -slu sense 8

značka -y -čiek sign 15

znak -u sign 12

známka -y -ok stamp, mark, grade 14

znamenať -ám -ajú mean 13

znamenie -ia sign 12

známy acquaintance 12

znášať -am -ajú stand, endure 12

zodiak -u Zodiak 12

zoologická záhrada zoological garden, zoo 8

zostať -stanem -nú remain, stay (perf.) 12

zostávať -am -ajú
  remain, stay 14
zošit -u notebook 1
zoznámiť -im -ia get to
  know (perf.) 9
zrejme evidently 13
zrkadlo -a -diel mirror
  14
zubár -a dentist 12
zub -a tooth 14
zúbkovaný ridged 12
zubný lekár dentist 6
zubovina -y -ín enamel
zvádzať -am -ajú seduce
  15
zväz -u union
zvedavý curious 3
zvesť -ti report, piece of
  news 15
zviera -aťa animal 3
zvláštny special,
  particular 8
zvolať -ám -ajú summon
  (perf.) 12
zvyk -u custom, habit 8
zvyknúť -nem -nú
  accustom (perf.) 11
žalúdok -dka stomach 14
žart -u joke 8
žartovať -ujem -ujú to
  joke 4
že that (subord. conj.) 2
želať -ám -ajú wish 9
železničiar -a
  railwayman 13
žemľa -le pl. -le -lí roll,
  bun 15
žena -y žien woman 3
ženatý married (of a man)
  6
žiadať -am -ajú demand 8
žiadny (žiaden) žiadna
  žiadne none, no 8
žiarlivosť -ti jealousy 15

žičlivo wholeheartedly 10
žiť žijem -ú live, be alive 3
život -a life 14
žlčník -a gall bladder 14
žltý yellow 8
živý alive 8
žuť žujem -ú chew 10

INDEX

"none, no" 225.

nouns. declensional tables 462ff. see gender, case, verbal noun.

numbers. 11, 91. masc. pers. pl. 250, 349ff.

numerals, aadverbial 431. reified 428. collective 427. complete declension 426.

obligation 254.

"one another" 431.

participles 458ff. active adjectival p. 458. active adverbial p. 458. passive p. 459. passive used with **maɫ** 460. participial use of infinitive 461.

past tense 88. summary 384. placement of past auxiliary 386. meanings of 386. perfective past 387.

Perfective verbs 93, 355. vivid Perfective present 355. perfective past 387. Perfective-Imperfective pairs 270, 390. see also: aspect, tense, past tense.

personal names 123.

personal possessive adjectives 320.

personal pronouns 63, 84, 86. Accusative case 118. Instrumental case 84. Locative case 8-15.

persons 62. see also under masculine personal plural.

"please" 287.

plural (Nominative) of nouns 185. of masculine persons 249. of pronominal adjectives 251.

possessive adjectives 320.

possessive pronouns 63. reflexive poss. pron. 122.

predicate nouns 152.

predicate-subject order 121

"prefer" 148, 194.

prepositions taking Instrumental 155. Locative 218. Accusative 224. Dative 281. summary tables 473ff.

present tense 36. summary tables 468ff.

professional names 159, 191.

prohibition 66.

pronominal adjectives, plural. 226ff, 251ff. declensional tables 466.

pronouns. demonstrative 11, 116, use with verbs 38. personal 63, 86, 467. possessive 63ff., 122. relative 156. intensive 188. indefinite 192.

question words 32. as subordinating conjunctions 386.

pronominal adjectives with numerals 431.

pronunciation vii ff., xii ff.

"read" 125.

reflexive particle 35, 85ff. placement of 386.

reflexive pronouns 122.

reflexive verbs 85.

reified numerals 428.

relations (family) 61ff.

relative pronouns 156.

"remember" 159.

reported thought and speech 33, 229.

rooms of the house 432.

"same" 158.

seafood 289.

seasons 352.

sentence tags 34.

sequence of tense 229.

sounds vii ff.

sports 395.

stem of noun 185.

"stand" 155.

"still" 35, 313.

stress (accent) vii

"study" 60.

subject and predicate 121.

subordinate clause 33, 34.

subordinating conjunction 8ff., 34.

sweets 288.

syllable division vii.

Koniec školského roku

OTHER BOOKS FROM SLAVICA

Patricia M. Arant: *Russian for Reading,* 214 p., 1981.

Howard I. Aronson: *Georgian: A Reading Grammar,* 526 p., 1982.

James E. Augerot and Florin D. Popescu: *Modern Romanian,* xiv + 330 p., 1983.

Natalya Baranskaya: Неделя как неделя *Just Another Week,* edited by L. Paperno *et al.,* 92 p., 1989.

Adele Marie Barker: *The Mother Syndrome in the Russian Folk Imagination,* 180 p., 1986.

R. P. Bartlett, A. G. Cross, and Karen Rasmussen, eds.: *Russia and the World of the Eighteenth Century,* viii + 684 p., 1988.

John D. Basil: *The Mensheviks in the Revolution of 1917,* 220 p., 1984.

Henrik Birnbaum & Thomas Eekman, eds.: *Fiction and Drama in Eastern and Southeastern Europe: Evolution and Experiment in the Postwar Period,* ix + 463 p., 1980.

Henrik Birnbaum and Peter T. Merrill: *Recent Advances in the Reconstruction of Common Slavic (1971-1982),* vi + 141 p., 1985.

Marianna D. Birnbaum: *Humanists in a Shattered World: Croatian and Hungarian Latinity in the Sixteenth Century,* 456 p., 1986.

Feliks J. Bister and Herbert Kuhner, eds.: *Carinthian Slovenian Poetry,* 216 p., 1984.

Karen L. Black, ed.: *A Biobibliographical Handbook of Bulgarian Authors,* 347 p., 1982.

Marianna Bogojavlensky: *Russian Review Grammar,* xviii + 450 p., 1982.

Rodica C. Boțoman, Donald E. Corbin, E. Garrison Walters: *Îmi Place Limba Română/A Romanian Reader,* 199 p., 1982.

Richard D. Brecht and James S. Levine, eds: *Case in Slavic,* 467 p., 1986.

Gary L. Browning: *Workbook to Russian Root List,* 85 p., 1985.

Diana L. Burgin: *Richard Burgin A Life in Verse,* 230 p., 1989.

R. L. Busch: *Humor in the Major Novels of Dostoevsky,* 168 p., 1987.

Catherine V. Chvany and Richard D. Brecht, eds.: *Morphosyntax in Slavic,* v + 316 p., 1980.

Jozef Cíger-Hronský: *Jozef Mak* (a novel), translated from Slovak, 232 p., 1985.

J. Douglas Clayton, ed.: *Issues in Russian Literature Before 1917 Selected Papers of the Third World Congress for Soviet and East European Studies,* 248 p., 1989.

Julian W. Connolly and Sonia I. Ketchian, eds.: *Studies in Russian Literature in Honor of Vsevolod Setchkarev,* 288 p. 1987.

Gary Cox: *Tyrant and Victim in Dostoevsky,* 119 p., 1984.

Anna Lisa Crone and Catherine V. Chvany, eds.: *New Studies in Russian Language and Literature,* 302 p., 1987.

OTHER BOOKS FROM SLAVICA

Michael Heim: *Contemporary Czech,* 271 p., 1982.

Michael Heim, Zlata Meyerstein, and Dean Worth: *Readings in Czech,* 147 p., 1985.

Warren H. Held, Jr., William R. Schmalstieg, and Janet E. Gertz: *Beginning Hittite,* ix + 218 p., 1988.

M. Hubenova & others: *A Course in Modern Bulgarian, Part 1,* viii + 303 p., 1983; *Part 2,* ix + 303 p., 1983.

Martin E. Huld: *Basic Albanian Etymologies,* x + 213 p., 1984.

Charles Isenberg: *Substantial Proofs of Being: Osip Mandelstam's Literary Prose,* 179 p., 1987.

Roman Jakobson, with the assistance of Kathy Santilli: *Brain and Language Cerebral Hemispheres and Linguistic Structure in Mutual Light,* 48 p., 1980.

Donald K. Jarvis and Elena D. Lifshitz: *Viewpoints: A Listening and Conversation Course in Russian, Third Edition,* iv + 66 p., 1985; *Instructor's Manual,* v + 37 p.

Leslie A. Johnson: *The Experience of Time in Crime and Punishment,* 146 p., 1985.

Stanislav J. Kirschbaum, ed.: *East European History: Selected Papers of the Third World Congress for Soviet and East European Studies,* 183 p., 1989.

Emily R. Klenin: *Animacy in Russian: A New Interpretation,* 139 p., 1983.

Andrej Kodjak, Krystyna Pomorska, and Kiril Taranovsky, eds.: *Alexander Puškin Symposium II,* 131 p., 1980.

Andrej Kodjak, Krystyna Pomorska, Stephen Rudy, eds.: *Myth in Literature,* 207 p., 1985.

Andrej Kodjak: *Pushkin's I. P. Belkin,* 112 p., 1979.

Andrej Kodjak, Michael J. Connolly, Krystyna Pomorska, eds.: *Structural Analysis of Narrative Texts (Conference Papers),* 203 p., 1980.

Demetrius J. Koubourlis, ed.: *Topics in Slavic Phonology,* vii + 270 p., 1974.

Ronald D. LeBlanc: *The Russianization of Gil Blas: A Study in Literary Appropriation,* 292 p. 1986.

Richard L. Leed, Alexander D. Nakhimovsky, and Alice S. Nakhimovsky: *Beginning Russian, Vol. 1,* xiv + 426 p., 1981; *Vol. 2,* viii + 339 p., 1982.

Richard L. Leed and Slava Paperno: *5000 Russian Words With All Their Inflected Forms: A Russian-English Dictionary,* xiv + 322 p., 1987.

Edgar H. Lehrman: *A Handbook to Eighty-Six of Chekhov's Stories in Russian,* 327 p., 1985.

Lauren Leighton, ed.: *Studies in Honor of Xenia Gąsiorowska,* 191 p.

OTHER BOOKS FROM SLAVICA

R. L. Lencek: *The Structure and History of the Slovene Language*, 365 p.

Jules F. Levin and Peter D. Haikalis, with Anatole A. Forostenko: *Reading Modern Russian*, vi + 321 p., 1979.

Maurice I. Levin: *Russian Declension and Conjugation:* A Structural Description with Exercises, x + 159 p., 1978.

Alexander Lipson: *A Russian Course. Part 1*, ix + 338 p., 1981; *Part 2*, 343 p., 1981; *Part 3*, iv + 105 p., 1981; *Teacher's Manual* by Stephen J. Molinsky (who also assisted in the writing of Parts 1 and 2), 222 p.

Yvonne R. Lockwood: *Text and Context Folksong in a Bosnian Muslim Village*, 220 p., 1983.

Sophia Lubensky & Donald K. Jarvis, eds.: *Teaching, Learning, Acquiring Russian*, viii + 415 p., 1984.

Horace G. Lunt: *Fundamentals of Russian*, xiv + 402 p., reprint, 1982.

Paul Macura: *Russian-English Botanical Dictionary*, 678 p., 1982.

Thomas G. Magner, ed.: *Slavic Linguistics and Language Teaching*, x + 309 p., 1976.

Amy Mandelker and Roberta Reeder, eds.: *The Supernatural in Slavic and Baltic Literature: Essays in Honor of Victor Terras*, Introduction by J. Thomas Shaw, xxi + 402 p., 1989.

Vladimir Markov and Dean S. Worth, eds.: *From Los Angeles to Kiev Papers on the Occasion of the Ninth International Congress of Slavists*, 250 p., 1983.

Mateja Matejić and Dragan Milivojević: *An Anthology of Medieval Serbian Literature in English*, 205 p., 1978.

Peter J. Mayo: *The Morphology of Aspect in Seventeenth-Century Russian (Based on Texts of the Smutnoe Vremja)*, xi + 234 p., 1985.

Arnold McMillin, ed.: *Aspects of Modern Russian and Czech Literature Selected Papers of the Third World Congress for Soviet and East European Studies*, 239 p., 1989.

Gordon M. Messing: *A Glossary of Greek Romany As Spoken in Agia Varvara (Athens)*, 175 p., 1988.

Vasa D. Mihailovich and Mateja Matejic: *A Comprehensive Bibliography of Yugoslav Literature in English, 1593-1980*, xii + 586 p., 1984.

Vasa D. Mihailovich: *First Supplement to A Comprehensive Bibliography of Yugoslav Literature in English 1981-1985*, 338 p., 1989.

Edward Mozejko, ed.: *Vasiliy Pavlovich Aksenov: A Writer in Quest of Himself*, 272 p., 1986.

Edward Możejko: *Yordan Yovkov*, 117 p., 1984.

Alexander D. Nakhimovsky and Richard L. Leed: *Advanced Russian, Second Edition, Revised*, vii + 262 p., 1987.

Felix J. Oinas: *Essays on Russian Folklore and Mythology*, 183 p., 1985.

OTHER BOOKS FROM SLAVICA

Hongor Oulanoff: *The Prose Fiction of Veniamin Kaverin,* v + 203 p.

Temira Pachmuss: *Russian Literature in the Baltic between the World Wars,* 448 p., 1988.

Lora Paperno: *Getting Around Town in Russian: Situational Dialogs,* English translation and photographs by Richard D. Sylvester, 123 p.

Slava Paperno, Alexander D. Nakhimovsky, Alice S. Nakhimovsky, and Richard L. Leed: *Intermediate Russian: The Twelve Chairs,* 326 p.

Ruth L. Pearce: *Russian For Expository Prose, Vol. 1 Introductory Course,* 413 p., 1983; *Vol. 2 Advanced Course,* 255 p., 1983.

Jan L. Perkowski: *The Darkling A Treatise on Slavic Vampirism,* 169 p.

Gerald Pirog: *Aleksandr Blok's* Итальянские Стихи *Confrontation and Disillusionment,* 219 p., 1983.

Stanley J. Rabinowitz: *Sologub's Literary Children: Keys to a Symbolist's Prose,* 176 p., 1980.

Gilbert C. Rappaport: *Grammatical Function and Syntactic Structure: The Adverbial Participle of Russian,* 218 p., 1984.

David F. Robinson: *Lithuanian Reverse Dictionary,* ix + 209 p., 1976.

Don K. Rowney & G. Edward Orchard, eds.: *Russian and Slavic History,* viii + 303 p., 1977.

Catherine Rudin: *Aspects of Bulgarian Syntax: Complementizers and WH Constructions,* iv + 232 p., 1986.

Gerald J. Sabo, S.J., ed.: *Valaská Škola, by Hugolin Gavlovič, with a linguistic sketch by Ľ. Ďurovič, 730 p., 1988.*

Ernest A. Scatton: *Bulgarian Phonology,* xii + 224 p., 1975 (reprint: 1983).

Ernest A. Scatton: *A Reference Grammar of Modern Bulgarian,* 448 p.

Barry P. Scherr and Dean S. Worth, eds.: *Russian Verse Theory Proceedings of the 1987 Conference at UCLA,* 514 p., 1989.

William R. Schmalstieg: *Introduction to Old Church Slavic, second edition,* 314 p., 1983.

William R. Schmalstieg: *A Lithuanian Historical Syntax,* xi + 412 p., 1988.

R. D. Schupbach: *Lexical Specialization in Russian,* 102 p., 1984.

Peter Seyffert: *Soviet Literary Structuralism: Background Debate Issues,* 378 p., 1985.

Kot K. Shangriladze and Erica W. Townsend, eds.: *Papers for the V. Congress of Southeast European Studies (Belgrade, September 1984),* 382 p., 1984.

J. Thomas Shaw: *Pushkin A Concordance to the Poetry,* 2 volumes, 1310 pages total, 1985.

Efraim Sicher: *Style and Structure in the Prose of Isaak Babel',* 169 p., 1986.

Mark S. Simpson: *The Russian Gothic Novel and its British Antecedents,* 112 p., 1986.

OTHER BOOKS FROM SLAVICA

David A. Sloane: *Aleksandr Blok and the Dynamics of the Lyric Cycle*, 384 p., 1988.

Greta N. Slobin, ed.: *Aleksej Remizov: Approaches to a Protean Writer*, 286 p., 1987.

Theofanis G. Stavrou and Peter R. Weisensel: *Russian Travelers to the Christian East from the Twelfth to the Twentieth Century*, L + 925 p.

Gerald Stone and Dean S. Worth, eds.: *The Formation of the Slavonic Literary Languages, Proceedings of a Conference Held in Memory of Robert Auty and Anne Pennington at Oxford 6-11 July 1981*, 269 p.

Roland Sussex and J. C. Eade, eds.: *Culture and Nationalism in Nineteenth-Century Eastern Europe*, 158 p., 1985.

Oscar E. Swan: *First Year Polish, second edition, revised and expanded*, 354 p., 1983.

Oscar E. Swan: *Intermediate Polish*, 370 p., 1986.

Jane A. Taubman: *A Life Through Verse Marina Tsvetaeva's Lyric Diary*, 296 p., 1989.

Charles E. Townsend: *Continuing With Russian*, xxi + 426 p., 1981.

Charles E. Townsend and Veronica N. Dolenko: *Instructor's Manual to Accompany* Continuing With Russian, 39 p., 1987.

Charles E. Townsend: *Czech Through Russian*, viii + 263 p., 1981.

Charles E. Townsend: *The Memoirs of Princess Natal'ja Borisovna Dolgorukaja*, viii + 146 p., 1977.

Charles E. Townsend: *Russian Word Formation, corrected reprint*, viii + 272 p., 1975.

Janet G. Tucker: *Innokentij Annenskij and the Acmeist Doctrine*, 154 p.

Boryana Velcheva: *Proto-Slavic and Old Bulgarian Sound Changes*, Translation of the original by Ernest A. Scatton, 187 p., 1988.

Walter N. Vickery, ed.: *Aleksandr Blok Centennial Conference*, 403 p.

Essays in Honor of A. A. Zimin, ed. D. C. Waugh, xiv + 416 p., 1985.

Daniel C. Waugh: *The Great Turkes Defiance On the History of the Apocryphal Correspondence of the Ottoman Sultan in its Muscovite and Russian Variants*, ix + 354 p., 1978.

Susan Wobst: *Russian Readings and Grammatical Terminology*, 88 p.

James B. Woodward: *The Symbolic Art of Gogol: Essays on His Short Fiction*, 131 p., 1982.

Dean S. Worth: *Origins of Russian Grammar Notes on the state of Russian philology before the advent of printed grammars*, 176 p., 1983.

Что я видел *What I Saw* by Boris Zhitkov, Annotated and Edited by Richard L. Leed and Lora Paperno, 128 p. (8.5 x 11" format), 1988.